A EDUCAÇÃO DOMICILIAR (*HOMESCHOOLING*) NO BRASIL E EM PORTUGAL

CLÁUDIO MÁRCIO BERNARDES

A EDUCAÇÃO DOMICILIAR (*HOMESCHOOLING*) NO BRASIL E EM PORTUGAL

Del Rey
Belo Horizonte
2024

Impresso no Brasil | *Printed in Brazil*

EDITORA DEL REY LTDA.
www.editoradelrey.com.br

Editor: Arnaldo Oliveira

Editora Adjunta: Aldria Oliveira Bretas

Coordenação Editorial: Letícia Neves

Diagramação: Know-how Editorial

Capa: Lado B estúdio

Editora:
Rua dos Goitacazes, 71 – Lojas 20 a 24
Centro – Belo Horizonte – MG
CEP 30190-050

Comercial:
Tel.: (31) 3284-3284
vendas@editoradelrey.com.br

Editorial:
editorial@editoradelrey.com.br

B518e Bernardes, Cláudio Márcio
A educação domiciliar (homeschooling) no Brasil e em Portugal / Cláudio Márcio Bernardes. – Belo Horizonte: Del Rey, 2023.
264 p. – Inclui bibliografia.

ISBN: 978-65-00-78702-3

1. Educação. 2. Educação no lar. 3. Ensino individualizado. 4. Família. 5. Crianças e adolescentes. I. Título.

CDU: 371.39

Junio Martins Lourenço – Bibliotecário – CRB 6-3167

AGRADECIMENTOS

Agradeço à Divindade, pela oportunidade e possibilidade de buscar a minha reforma interior e, de alguma forma, contribuir para transformar um pouco o mundo ao meu redor.

Agradeço à minha família, Mariana, Joaquim e Francisco, em nossa amorosa memória e em nosso coração, por serem meu esteio e inspiração.

Agradeço ao professor Carlos Roberto Jamil Cury, da Pontifícia Universidade Católica de Minas Gerais, pelas orientações e afetuosos conselhos. A oportunidade de conhecer esse grande ser humano me proporcionou também ser uma pessoa melhor.

Agradeço aos professores Teodoro Adriano Costa Zanardi, da Pontifícia Universidade Católica de Minas Gerais, e à professora Maria Celi Chaves Vasconcelos, da Universidade do Estado do Rio de Janeiro, pelas intervenções carinhosas e pertinazes em meu trabalho de pesquisa.

Agradeço ao professor Justino Pereira de Magalhães, do Instituto de Educação da Universidade de Lisboa, pela acolhida, gentileza, condução do meu estágio em Portugal e pelas conversas muito produtivas sobre Paulo Freire.

"Há escolas que são gaiolas. Há escolas que são asas."
Escolas que são gaiolas existem para que os pássaros desaprendam a arte do voo. Pássaros engaiolados são pássaros sob controle. Pássaros engaiolados sempre têm um dono. Deixaram de ser pássaros. Porque a essência dos pássaros é o voo.

Escolas que são asas não amam pássaros engaiolados. O que elas amam são os pássaros em voo. Existem para dar aos pássaros coragem para voar. Ensinar o voo, isso elas não podem fazer, porque o voo já nasce dentro dos pássaros. O voo não pode ser ensinado. Só pode ser encorajado.[1]

1 ALVES, 2001.

SUMÁRIO

I

INTRODUÇÃO

Das 35 metas para 100 dias do governo de Jair Messias Bolsonaro, presidente do Brasil, de 1.º de janeiro de 2019 a 31 de dezembro de 2022, eleito pelo Partido Social Liberal (PSL), apenas três foram dedicadas à educação[1]. Destaca-se aqui a educação domiciliar, alternativa educacional cujo direito se objetivava regulamentar por meio de uma medida provisória, "beneficiando 31 mil famílias que se utilizam desse modo de aprendizagem"[2]. A matéria não estava vinculada ao Ministério da Educação, mas ao Ministério da Mulher, Família e Direitos Humanos, pasta cuja titular era a Ministra Damares Regina Alves, notória defensora da legalização dessa alternativa no Brasil. Em maio de 2022, foi aprovado pela Câmara dos Deputados o Projeto de Lei nº 3.179-B, de 2012[3], que presentemente se encontra em tramitação no Senado Federal.

Durante o distanciamento social provocado pela pandemia da COVID-19 no Brasil[4], percebeu-se um "empoderamento da casa" (expressão tomada em seu sentido figurado), então o único espaço de convivência social, no qual as pessoas se alimentavam, dormiam, cumpriam, enfim, suas necessidades vitais, mas também trabalhavam, estudavam e adquiriam conhecimento, além de praticarem lazer e entretenimento. Com isso, surgiu a necessidade de adaptar o ambiente doméstico.

---

1 MAZUI; CASTILHOS, 2019.
2 BRASIL, 2019[a].
3 BRASIL, 2012.
4 BRASIL, 2020.

A casa, abrigo e lugar de privacidade, de acolhimento e afeto, albergou outras atividades que ocorriam fora dela. As pessoas, no geral, tiveram de ressignificar seus conceitos, adaptar seus costumes e instrumentalizar sua rotina, inclusive para o que os sistemas escolares disponibilizaram como tarefas.

A desigualdade estrutural nunca esteve tão presente nesse novo contexto social, e as pessoas com menos recursos financeiros, principalmente os sem-casa, novamente sofreram as consequências mais prejudiciais impostas pelo isolamento.

A escola, que sempre significou mais do que apoio didático-pedagógico e, às vezes, local de se fazer a única refeição do dia, deixava de cumprir sua função socializadora naquele momento. O fechamento dela serviu para demonstrar também a sua relevância, principalmente como *locus* de socialização e, por que não dizer, de solidariedade e de fraternidade, ao acolher "todos" os que a ela recorriam.

Inúmeras famílias, com o fim do distanciamento, voltaram-se para a escola com saudade, dada a lacuna enorme provocada pelo seu fechamento, e reconhecendo a necessidade vital da sua existência. Em outros casos, mesmo com famílias anteriormente dependentes da escolarização, a educação domiciliar passou a se tornar uma opção possível e viável para o ensino de seus filhos em idade escolar. A nova ordem social que se impunha provocou, então, um olhar diferente para esse modelo educacional, identificando-o como uma proposta pedagógica, mais do que possível, necessária, visto que era, naquele momento, a única opção de ensino.

A escolha do tema em análise justifica-se, pois, pela sua atualidade e pela necessidade de discussões legislativas no Brasil sobre a escolaridade compulsória e a educação domiciliar, como exceção à regra.

Também fruto de discussões recentes, a legislação portuguesa atualizou a regulamentação, em 2021, sobre o ensino doméstico, por meio do Decreto-Lei nº 70/2021[5], que substituiu a Portaria 69/2019[6]. Não se tem notícia de proibição dessa modalidade de ensino nesse país europeu, e sua oficialidade é registrada inicialmente no século XX, pelo Decreto-Lei de 29/3/1911, que a admitia como exceção à escolaridade obrigatória, o que será visto em capítulo próprio.

5 PORTUGAL, 2021[c].

6 PORTUGAL, 2019.

Meu contato com o assunto se deu a partir do trabalho como servidor público na Promotoria de Justiça da Comarca de Itaúna, quando, em 2016, confrontei-me com uma situação processual, até então desconhecida para mim, em que se discutia uma lide relacionada à educação domiciliar no município. Uma família itaunense, em razão de uma denúncia do Conselho Tutelar local, estava sendo processada no Juízo da Infância, uma vez que os pais retiraram seus filhos menores da escola e adotaram o *homeschooling*. Como eu cursava o Mestrado em Direitos Fundamentais, levei a discussão para as aulas de jus-filosofia do Prof. Dr. Carlos Alberto Simões de Tomaz e alterei meu objeto de estudo para análise da educação doméstica à luz do direito fundamental à educação. Ao longo desse período, acompanhei o desfecho do processo da família itaunense e, em 2019, pelo fato de eles terem se tornado maiores de idade, o processo judicial perdeu a razão de ser e foi arquivado. Presume-se que o mesmo destino seja dado a inúmeros processos judiciais brasileiros relativos à educação domiciliar, até que seja aprovada uma lei federal que trate desse assunto.

Em nova perspectiva acadêmica, a comparação com os estudos desenvolvidos no doutoramento se faz, neste momento, necessária pela sua atualidade de discussão no Brasil e pela possibilidade de se trazer a experiência portuguesa ao tema, dada a identidade histórico-linguística entre Portugal e o Brasil.

A pesquisa do objeto de estudo escolhido - a alternativa de educação domiciliar - conduziu a uma constatação: o aumento no número de famílias no Brasil que têm aderido à educação domiciliar, segundo dados apresentados pela Associação Nacional de Educação Domiciliar - ANED - provocou o incremento da produção de projetos e de leis específicas no âmbito dos entes federados, após decisão do STF sobre o tema, em 2018. A inclusão dessa alternativa educacional na esfera municipal e estadual fere a escolaridade obrigatória, prevista na Lei de Diretrizes e Bases da Educação[7] e no Estatuto da Criança e Adolescente[8], ambos com fundamento na Constituição. Além disso, entre os projetos de lei que tramitam sobre o assunto, o Projeto de Lei nº 3.179-B/2012[9] constitui o que mais se aproxima de um desfecho, pois atualmente se

7 BRASIL, 1996.

8 BRASIL, 1990[a].

9 BRASIL, 2012.

encontra no Senado Federal, onde a maioria, eleita em 2022, identifica-se com os valores liberais de direita, defendidos pelo então presidente Jair Bolsonaro. Relembre-se que as metas dos 100 dias de seu governo contemplaram e defenderam a educação doméstica no Brasil.

Observam-se nos recentes debates legislativos sobre o assunto posicionamentos diversos de concordância ou discordância, vantagens e desvantagens dessa alternativa de ensino. O posicionamento favorável alicerça-se no fato de que quem deve tutelar os filhos, sem a interferência do Estado, são os pais, a quem foi dada a guarda e a responsabilidade pelos cuidados deles. Ou seja, os filhos não são "propriedade" do Estado. Os defensores da escolarização obrigatória, por sua vez, entendem que não há uma exclusividade na consolidação do direito-dever de educar, solidariamente disposto pela Constituição da República como sendo da família, do Estado e da sociedade. Em reiteração à decisão do Ministro Peçanha Martins, do STJ, "os filhos não são dos pais"[10].

Com isso, surgem as perguntas: a tutela sobre os filhos garante aos pais o direito pleno à escolha da educação deles, inclusive optando pela desescolarização, ou o direito-dever à educação deve ser entendido solidariamente entre família, Estado e sociedade? Caso seja aprovada no Brasil, essa alternativa de ensino deveria chancelar a autonomia dos pais na educação de seus filhos ou, a exemplo do ensino doméstico português, funcionar sob a autorização, supervisão e fiscalização do Estado?

Uma das hipóteses que se defende no presente estudo é a de que, caso aprovado o projeto no Senado, a supervisão do poder público pode e deve contribuir para minimizar a prática de violência simbólica, psicológica e/ou física de alguns pais fundamentalistas sobre seus filhos no âmbito doméstico, que aumentou consideravelmente com o distanciamento social.[11] Não se deve conceder um "cheque em branco" do Estado a esses pais, para que possam ensinar os filhos sem uma articulação com os conteúdos exigidos pela escolaridade. Além disso, uma reclusão doméstica pode acobertar negligências ou abusos de qualquer natureza contra seus filhos em idade escolar. Afinal a política do melhor interesse da criança e do adolescente deve ser preservada, tendo em vista serem eles detentores do direito público subjetivo à educação.

10 BRASIL, 2001, p. 13.
11 FÓRUM..., 2021.

Empiricamente, algumas condicionantes devem ser consideradas, de acordo com o contexto em que vive a família: se há escolas próximas da residência; se a criança ou o/a adolescente sofreu algum tipo de violência física ou psicológica na escola, de forma a ter de se afastar daquele ambiente; se a família mora no campo e não há opção de escola em distância razoável; se o pai, mãe ou responsável tem, realmente, condições de assumir o ensino dos filhos. Nesse aspecto, percebe-se um retrocesso, tanto na legislação portuguesa, quanto, no Brasil, no PL 3.179-B[12], uma vez que se suprimiu a exigência de experiência pedagógica do condutor dos estudos em casa. De qualquer forma, em todos os casos que possam surgir, a criança e o/a adolescente, como sujeitos de direitos e deveres, devem ser ouvidos, e suas opiniões, respeitadas.

A alternativa *homeschooling* em Portugal, prevista em lei desde o Decreto-Lei de 29/3/1911[13] - já mencionado - como exceção à escolaridade obrigatória, atualmente possui uma crescente adesão, tendo o ensino doméstico - como é chamado no país - sido regulamentado pela Portaria 69/2019 e, posteriormente, pelo Decreto-Lei nº 70, de 2021[14]. Segundo dados do Ministério da Educação de Portugal, fornecidos ao jornal eletrônico *Observador*[15], em 2012/2013, eram apenas 63 jovens que faziam o seu percurso educativo fora da escola; em 2018, esse número subiu para mais de oitocentos alunos que se submeteram a essa alternativa de ensino, principalmente entre os estrangeiros que residem no país.

Pode-se inferir que, na atualidade, tanto a proposta da educação domiciliar no Brasil, em tramitação, quanto o ensino doméstico português possuem características comuns, no que diz respeito a um maior controle estatal sobre o movimento. Historicamente também se observa uma rejeição ou não aceitação desse movimento social em substituição ao modelo escolarizado, conquistado e defendido no Brasil e em Portugal como direito do cidadão e dever do Estado por uma "escola para todos".

As razões alegadas pelo movimento dos defensores da modalidade *homeschooling* passam pelo histórico de precariedade das escolas públicas, seja no aspecto material, seja na qualidade do ensino, assinalado

12 BRASIL, 2012.
13 PORTUGAL, 1911.
14 PORTUGAL, 2021[c].
15 ENSINO..., 2018.

pela baixa remuneração e desvalorização dos professores e pelo sucateamento das escolas. Alega-se também ser a violência simbólica, física ou psicológica, praticada intencional e reiteradamente contra pessoas indefesas – conhecida como *bullying* – a motivação dos pais que resolvem retirar seus filhos da escola. Existem ainda famílias que, por questões religiosas, rejeitam o ensino tradicional e assumem eles próprios os estudos dos seus filhos, com base em doutrinação religiosa ou ideológica.

A hipótese genérica que se defende neste trabalho diz respeito à constatação de que as recentes proposições legislativas brasileiras e a legislação portuguesa referentes ao *homeschooling* assemelham-se pelo interesse dos pais em manterem algum vínculo com o sistema regular de ensino. Na realidade da produção legislativa dos dois países, percebe-se uma interferência regulatória e fiscalizatória do Estado. No *homeschooling* brasileiro, na fase de discussão parlamentar, com o apoio da Frente Parlamentar Evangélica, vários mecanismos de controle dos órgãos estatais de educação, com maior ou menor grau, constam em todos os projetos de lei em tramitação. Em Portugal, pelo Decreto-Lei nº 70, de 3 de agosto de 2021[16], o ensino doméstico depende da autorização da escola para a matrícula e da fiscalização e avaliação de um professor-tutor, como representante da mesma escola. Nos dois países, o monitor dos estudantes em casa pode ser o pai, a mãe ou outro responsável que tenha curso superior, não necessariamente com formação pedagógica profissional – formação tão importante, principalmente nas fases iniciais dos estudos.

No que diz respeito ao ensino doméstico, interessa, particularmente, em sua origem remota, o estudo acerca das práticas sociais mais comuns à modalidade no século XIX. Em sua origem mais próxima, destaca-se o contexto histórico do pós-Segunda Guerra Mundial (1945), em que se prevê a educação doméstica no âmbito da Constituição da República brasileira, em 1946[17], e a edição, em Portugal, da Lei 2.033, de 27 de junho de 1949, Lei de Bases do Ensino Particular[18], que derrogou o Decreto-Lei nº 23.447, de 5 de janeiro de 1934[19]. Nesse ponto, destaca-se que, cronologicamente, tanto o Brasil quanto Portugal já previam a

16 PORTUGAL, 2021[c].
17 BRASIL, 1946.
18 PORTUGAL, 1949[b].
19 PORTUGAL, 1934.

educação doméstica, sob influência da doutrina liberal ou positivista, bem antes do movimento histórico estadunidense, que a expandiu para o mundo no final da década de 1970.

A relação colonial entre os dois países no passado permite, ainda, um estudo da história da educação quanto à escolaridade obrigatória – em muitos pontos coincidentes. Além disso, o aspecto linguístico semelhante facilita a pesquisa de documentos educacionais dos dois países.

A justificativa da escolha pelos países – Brasil e Portugal – deve-se ao fato de que a experiência portuguesa sobre o tema pode contribuir para subsidiar o processo legislativo brasileiro na construção de uma legislação nacional, que permita que a alternativa se torne efetivamente uma modalidade de ensino ou a proíba expressamente, uma vez que cabe somente à União legislar sobre as diretrizes e bases da educação nacional, segundo o art. 5º, XXIV, da Constituição da República Federativa do Brasil de 1988 – CR/88[20].

O **objetivo geral** da pesquisa consiste, pois, em analisar a educação domiciliar no Brasil e em Portugal, a partir de estudo histórico e analítico acerca das políticas públicas estatais direcionadas para essa modalidade. Ao final, deve-se responder à pergunta-central: os filhos são propriedades dos pais, do Estado ou são sujeitos de direito? A conclusão deve convergir no sentido de que eles são sujeitos de direito e suas opiniões sobre sua educação sempre devem ser consideradas.

Para cumprir essa tarefa, alguns **objetivos específicos** serão levados em conta: destacar os aspectos relevantes da história da obrigatoriedade escolar portuguesa e brasileira; aferir os pontos divergentes e semelhantes do processo legislativo (muitas vezes, secular) dos dois países sobre o ensino doméstico; e verificar, por meio de pesquisa documental, como se deram os debates em torno da produção legislativa sobre o tema.

O estado atual da produção de conhecimento científico sobre a educação domiciliar tem sido polarizado pela presença da proposta da *homeschooling*: de um lado os defensores da escola pública universal, gratuita e obrigatória, como um direito social, sendo contrários à desescolarização e, de outro, os neoconservadores, que defendem a liberdade de ensino sem o controle do Estado, o liberalismo religioso e a propriedade

20 BRASIL, 1988.

privada como bases dessa proposta. Estes últimos costumam ser associados historicamente à causa *homeschooling*. Como corolário desse fato, percebe-se que houve recentemente um aumento das discussões acadêmicas e legislativas sobre o *homeschooling* tanto pelo Congresso brasileiro quanto pela Assembleia portuguesa. Por outro lado, há uma lacuna acadêmica no sentido de haver poucas pesquisas históricas acerca da legislação brasileira – das leis provinciais até a Constituição de 1988 – e da portuguesa, tendo em vista o escasso material disponível nas fontes de pesquisa sobre o assunto naquele país. Considerando esse registro, o presente objeto de estudo é avaliado numa perspectiva da pesquisa comparada histórico-legislativa entre o ensino doméstico em Portugal e a prática da educação domiciliar no Brasil.

A decisão do Supremo Tribunal Federal, em 12 de setembro de 2018, no julgamento do Recurso Extraordinário 888.815, do Rio Grande do Sul[21] simbolizou um paradigma nacional no enfrentamento da questão: aceitar ou não a alternativa de ensino? O ministro-relator Luís Roberto Barroso reconheceu a repercussão geral do tema, fixando a seguinte tese: "É constitucional a prática de ensino domiciliar (*homeschooling*) a crianças e adolescentes em virtude da sua compatibilidade com as finalidades e os valores da educação infanto-juvenil, expressos na Constituição de 1988."[22]

No plenário, Barroso foi voto vencido, prevalecendo o voto do ministro redator, Alexandre de Moraes, que sustentou a necessidade de se criar uma lei federal a regulamentar a educação domiciliar na modalidade "utilitarista" ou "por conveniência circunstancial", com a supervisão, avaliação e fiscalização do poder público. A partir dessa definição conceitual, a Câmara dos Deputados aprovou, no mês de maio de 2022, o texto-base do Projeto de Lei 3.179-B, de 2012[23], em sintonia com o pensamento liberal-utilitarista, sob o viés da liberdade de escolha dos pais e a marca do utilitarismo, na relação do indivíduo com a coletividade.

A doutrina ética do utilitarismo clássico, articulada pelos ingleses Jeremy Bentham (1748-1832) e John Stuart Mill (1806-1873), citados por Vergara (1995), servirá como base teórica para este trabalho,

21 BRASIL, 2019[b].
22 *Ibidem.*
23 BRASIL, 2012.

na medida em que se considera que o movimento denominado *homeschooling* caracteriza-se por ser praticado por uma minoria, sob a fiscalização do poder público e da sociedade, visando ao bem-estar das crianças e dos adolescentes. Com efeito, a decisão dos pais pela recusa da escolarização dos seus filhos não é absoluta e, em casos de abuso de qualquer natureza, cabe ao Estado intervir, utilizando-se do seu poder-dever de justiça.

Em consonância com o pensamento liberal-utilitarista, procura-se estabelecer, neste trabalho, uma conexão epistemológica entre a gradual construção do ensino público gratuito, universal e obrigatório inserido na história da educação dos dois países e o caráter familiar da prática dos *homeschoolers*.

A inter-relação entre cidadão e Estado será revisitada, também, por Georg Jellinek (1851-1911), jurista e filósofo alemão, na sua Teoria dos *Status*, articulada nas obras *Sistema dei diritti pubblici subbiettivi*[24] e *Teoria general del estado*[25]. Segundo esse autor, o indivíduo vincula-se ao Estado por meio de diferentes condições de sujeição (*status* passivo), de quase nenhuma interferência estatal (*status* negativo), de prestação de serviços sociais (*status* positivo) e do ativismo do indivíduo (*status* ativo). Como as famílias inserem-se nessa mesma relação de subordinação ao Estado, em função do direito-dever à educação, serão articulados os conceitos de Estado liberal (utilitarista), social e democrático. Percebe-se que há mais identificação das famílias *homeschoolers* com o Estado liberal ou o "libertarismo", conforme o autor estadunidense Murray Rothbard (1926-1995), cujas ideias apontam para uma não intervenção estatal na educação, que deve ser livre e não obrigatória. Para fazer valer sua liberdade de escolha, os pais *homeschoolers* argumentam suas sustentações baseando-se nas conquistas proporcionadas pelo Estado Democrático de Direito, especialmente pelo questionamento da obrigatoriedade.

Nesse contexto, será apresentado um histórico do avanço de uma educação individualizada e elitista - na sua origem, domiciliar - para o legado de uma escola cidadã, voltada para o coletivo, instância de resistência e redução das desigualdades sociais. Essa evolução do ensino será delineada pelos historiadores da educação em Portugal Rômulo de

24 JELLINEK, 1912.
25 JELLINEK, 2000.

Carvalho (1986) e Justino Magalhães (2010) e, no Brasil, Demerval Saviani e Otaíza Romanelli; sua repercussão na educação domiciliar será avaliada pelas pesquisas de Maria Celi Chaves Vasconcelos, Luciane Muniz Ribeiro Barbosa, Romualdo Portela de Oliveira, Fernanda São José e Carlos Roberto Jamil Cury.

O método hipotético-dedutivo será utilizado como forma de construir o raciocínio baseado nas hipóteses e premissas apresentadas. O raciocínio das conclusões genéricas relacionadas à educação em analogia à educação doméstica, como sua categoria, tem aplicabilidade no presente estudo, na medida em que analisa a educação na sua condição de direito social e na rejeição a esse modelo pelas famílias que resolveram assumir o ensino de seus filhos no âmbito privado do lar.

A metodologia utilizada para a realização da pesquisa compreenderá o procedimento bibliográfico – coleta e análise de documentos, de legislações, jurisprudências, tendo em vista os debates produzidos no âmbito das discussões legislativas e jurisprudenciais, a análise crítica do conteúdo documental coletado e a observação *in loco*, principalmente nas casas legislativas tanto do Brasil quanto de Portugal. A pesquisa nesse país, pioneiro na regulamentação do ensino doméstico, deu-se na Universidade de Lisboa, na Biblioteca Nacional, na Assembleia da República e na Torre do Tombo, onde me foram evocadas imagens e sensações de quando lecionava literatura brasileira e portuguesa na escola pública. Como educador, falava de um lugar distante, em que se assinalava a historiografia portuguesa, com a nomeação de Fernão Lopes como cronista-mor da Torre do Tombo, em 1418. Agora, mais proximamente, na função de pesquisador, pude manusear os originais (amarelados pelo tempo) da proposta de lei do governo de António de Oliveira Salazar (1889-1970), depois da Segunda Guerra Mundial, em 1949, o que será visto em capítulo próprio.

Na consulta empreendida a material teórico-bibliográfico e documental disponível, foram utilizados livros, revistas, periódicos, textos e artigos doutrinários, além de leis e projetos de lei que possuíam relação direta ou indireta com o tema. Foram consultadas, ainda, as obras *A casa e os seus mestres*: a educação doméstica como uma prática das elites no Brasil de Oitocentos, da professora Maria Celi Chaves Vasconcelos[26], e *O ensino doméstico em Portugal*: uma abordagem sobre novas

26 VASCONCELOS, 2005.

epistemologias organizacionais da educação, das subjetividades e dos quotidianos familiares, do pesquisador Álvaro Chaves Ribeiro[27].

A divisão dos capítulos será vista da seguinte forma: a prática do *homeschooling* em alguns países; a dicotomia do interesse público e privado no âmbito da família; a evolução do conceito de família: do *pater familias* à emancipação dos filhos; o ensino doméstico como exceção à escolaridade obrigatória em Portugal; a alternativa da educação domiciliar no Brasil diante da escolaridade obrigatória e a aplicação do melhor interesse da criança e do adolescente. Ou seja, o estudo parte do conceito genérico de *homeschooling* e da visão panorâmica das responsabilidades da família, da sociedade e do Estado, tendo em vista o interesse público (coletivo) e privado, na visão liberal-utilitarista. Na sequência, serão analisadas as realidades do Brasil e de Portugal, tendo em vista as proposições legislativas quanto à aplicabilidade do *homeschooling* nesses diferentes países, como exceção à regra da escolaridade obrigatória, com ênfase à política do melhor interesse das crianças, dos adolescentes e dos jovens *homeschoolers*.

27 RIBEIRO, 2016.

2

A PRÁTICA DO *HOMESCHOOLING* EM ALGUNS PAÍSES

O *homeschooling* vem crescendo no mundo. Por essa razão, serão destacados neste capítulo, por Continente, alguns países em que essa alternativa é legalmente permitida, bem como trazidos outros Estados que a proibiram.

Como provocação inicial, alguns dados desenvolvidos neste capítulo foram obtidos no *site* da *Home School Legal Defense Association* – HSLDA[1], instituto estadunidense de pesquisa sobre o *homeschooling*.

A fim de verificar melhor os dados desta fonte, foram consultadas as fontes primárias relacionadas aos países que constituíram legislação ou jurisprudência sobre o *homeschooling*, permitindo ou proibindo a alternativa.

Por constituírem objeto de estudo desta pesquisa, a educação domiciliar no Brasil e o ensino doméstico em Portugal – onde há registro de legislação sobre o tema desde 1911 – constituirão estudo reservado em capítulo próprio.

Antes de existirem ambientes escolares em que se garantiriam a gratuidade e, paulatinamente, a universalidade da educação, o registro histórico, seja na Europa, seja no Brasil, assinala que ela – não apenas em seu sentido mais amplo, mas também de acesso inicial à leitura e à escrita – era praticada no ambiente doméstico. Com o passar do tempo

1 Disponível em: https://hslda.org/es/legal/internacional. Acesso em 30 jun. 2023.

e a complexificação das sociedades, especialmente as europeias - mas não só –, a educação elementar foi se tornando obrigatória em quase todos os países e, para tanto, houve a montagem de uma estrutura pública com o objetivo de alcançar praticamente toda a população em idade escolar. O direito à educação, especialmente após a Revolução Francesa, veio dos movimentos populares, que clamaram pela democratização do ensino, em vista da substituição do vassalo pelo cidadão.

Na contramão das conquistas proporcionadas pela universalização da escola, visando abarcar todas as crianças em idade escolar, surgiu, na década de 1970, um movimento denominado *homeschooling*. O termo, atribuído ao educador estadunidense John Caldwell Holt (1923-1985), surgiu como *unschooling*, apresentado na revista *Growing Without Schooling*, em 1977.[2] Fica evidente, no entanto, uma diferença conceitual: enquanto o *unschooling* nega a escola como instituição legítima de ensino, o *homeschooling* busca transpor a escola (*school*) para dentro de casa (*home*). Convém destacar que essa tarefa não pode ser levada a termo, uma vez que se trata de diferentes ambientes, com experiências sociais diversas e complementares, não excludentes. A família constitui a primeira socialização, e a escola, a segunda, *locus* onde se deve haver o ensinar/aprender e praticar a cidadania, da qual faz parte a coexistência da pluralidade dos sujeitos.

> Mas a família não dá conta das inúmeras formas de vivência de que todo o cidadão participa e há de participar para além dessa primeira socialização. Na consolidação de formas coletivas de convivência democrática, a educação escolar dada em instituições próprias de ensino torna-se uma importante agência de socialização secundária para a vida social e formação da personalidade.[3]

A expressão em inglês, no entanto, consagrou-se para ilustrar o movimento defendido por famílias que optaram por não matricular seus filhos em alguma escola que oferecesse instrução primária. Em português, algumas expressões são conhecidas: educação no lar, educação domiciliar, ensino doméstico (como em Portugal) ou ensino domiciliar. A

2 Disponível em: file:///C:/Users/User/Downloads/Growing-Without-Schooling-Volume-2-GWS-The-Complete-Collection-by-John-Holt-z-liborg_PVQW5.pdf. Acesso em: 7 mar. 2023.

3 CURY, 2006, p. 670.

expressão "educação domiciliar", contida no Projeto de Lei 3.179-B/2012[4], que tramita no Senado Federal, será utilizada com mais frequência neste trabalho, quando se aludir à alternativa de educação no Brasil; a mesma opção de tratamento linguístico será dada à expressão portuguesa "ensino doméstico", inserida no Decreto-Lei 70/2021[5], de Portugal.

AMÉRICA DO NORTE

Canadá

O Canadá atualmente possui um vasto número de praticantes do *homeschooling*. Segundo o *Fraser Institute*[6], são mais de 21 mil crianças registradas como *homeschoolers*, um crescimento de 29% nos últimos cinco anos. Entre as principais razões apontadas pelos pais para não optar pelo ensino na escola estão: salas de aulas superlotadas, currículos escolares pouco flexíveis, crianças com necessidades especiais sem atendimento especializado, sistema de avaliação ineficaz, além de problemas com a disciplina e com a organização dos alunos. Cada província tem seus regulamentos próprios, que variam de acordo com a localidade em que está inserida. De qualquer forma, as famílias que queiram se submeter ao *homeschooling* devem se registrar em um conselho escolar e apresentar quem vai ministrar as aulas e quais são os planos de ensino.

Como a educação está sob a jurisdição provincial, as leis variam de província para província. Cada uma – exceto Ontário – exige que as famílias *homeschoolers* informem o conselho escolar local da sua intenção de aderir ao ensino doméstico em cada ano escolar. Algumas províncias exigem que os planos sobre *homeschooling* sejam submetidos ao superintendente de educação local (Alberta, Saskatchewan, Manitoba e Prince Edward Island); dessas, apenas Manitoba exige a apresentação de dois relatórios de progresso anuais para cada criança *homeschooler*. Em cada província, as leis ou políticas indicam que, quando houver evidências de que uma família pode não estar fornecendo instruções satisfatórias em casa, o Ministério da Educação tem o direito-dever de iniciar uma investigação e suspender a autorização.[7]

---

4 BRASIL, 2012.

5 PORTUGAL, 2021[c].

6 Disponível em: https://www.fraserinstitute.org/. Acesso em: 5 fev. 2021.

7 Disponível em: http://naturalparentsnetwork.com/homeschooling-law-canada. Acesso em: 5 fev. 2021.

Estados Unidos

Os Estados Unidos, país difusor da prática *homeschooling* em suas unidades federativas, têm aproximadamente 2,2 milhões de alunos submetidos à modalidade, segundo o NHERI. Isso representa mais de 2% da parcela total de crianças e adolescentes nessa faixa etária. Como na maioria dos países, na década de 1980, pelo fato de essa modalidade de ensino não ser permitida, algumas famílias que tiraram seus filhos da escola foram condenadas judicialmente. Diante da expansão do movimento no início dos anos 1990, o modelo foi regulamentado na maioria dos estados e se expandiu pelo país.

Os *homeschoolers* estadunidenses típicos são, majoritariamente, segundo pesquisa da *National Center for Education Statistics* - NCES, realizada em 2016, brancos e cristãos (59% e 64% respectivamente), não pobres (79%), filhos de pais com formação universitária (69%). As famílias são, predominantemente, de áreas rurais, compostas por três ou mais filhos. As preocupações com o ambiente escolar levaram à escolha do ensino em casa (razão citada por 34% das famílias), seguida da insatisfação com a instrução (17%) e do desejo de instrução religiosa (16%).[8]

O matemático britânico Heath-Brown (2021), em uma análise política do *homeschooling* nos Estados Unidos, por meio do discurso político público e institucional, articula a tese de que o movimento, fortalecido no final da década de 1990, na era pós-Reagan, inaugurou e vem mantendo uma "política paralela" no país[9]. Fortemente relacionado ao ultraconservadorismo cristão estadunidense, como o *Tea Party*[10], os *homeschoolers* conseguiram representatividade durante o mandato de Donald Trump, uma vez que contribuíram para a sua eleição em 2016, por meio do uso de *lobbies* políticos. Como retribuição ao movimento, Trump nomeou Betsy DeVos, advogada da causa *homeschooling* por muito tempo no país, sua primeira Secretária de Educação. O autor

8 Disponível em: https://nces.ed.gov/programs/schoolchoice/summary.asp. Acesso em: 10 jan. 2021.

9 BROWN, 2021.

10 O movimento político-social *Tea Party*, ou "festa do chá", alusão à *Boston Tea Party*, protesto dos colonos estadunidenses em 1773 contra o monopólio colonial inglês em relação ao chá que entrava na colônia, surgiu em 2009, em reação à política econômica federal. Trata-se de uma ala radical do Partido Republicano estadunidense, identificada com as bandeiras conservadoras do partido, principalmente em relação à economia liberal. (N.A.)

destaca que não se pode, evidentemente, creditar a vitória do presidente republicano eleito aos cidadãos *homeschoolers*, mas a identificação deles com as causas conservadoras e o expressivo número de eleitores e representantes no Congresso dos Estados Unidos constituem uma força política a se considerar.

Esse poder de pressão – "política paralela" – é argumentado por Heath-Brown em quatro principais aspectos para a defesa da política *homeschooling*: 1) é ideologicamente significante, com foco na salvaguarda da propriedade privada e da família cristã; 2) apresenta a fusão de aspectos religiosos e políticos com o liberalismo econômico na sustentação das causas conservadoras; 3) promove a institucionalização do movimento, mediante a criação de uma vasta rede – política ou não –, como amparo ao seu projeto socioeducacional; 4) é marcado pela influência política, assinalada pela vitória de candidatos apoiadores da modalidade. Por fim, o autor destaca a relevância do movimento para além da esfera educacional, justificando-se como articulação político-ideológica a garantir o *American way of life* da família branca, cristã, heterossexual, não pobre, enclausurada nas suas propriedades.

> As a consequence, homeschooling successes have not been isolated to single localities and have resulted in durable political institutions; moreover, homeschoolers maintain considerable influence over many aspects of American politics. The homeschooling movement is not just about the freedom of some families to educate at home; its meaning and impact have to be understood in a much broader historical, political, and democratic context.
>
> Frequent policy successes and effective lobbying over thirty years have resulted in a steadily growing percentage of Americans, Democrats and Republican alike, who support the right to educate at home. To be homeschooled – like living in a gated community, joining the *Tea Party*, or voting for Donald Trump – has not meant living at the fringes of American politics. In actuality, the parallel politics that has defined American politics since the 1980s – the rise of homeschooling, ALEC, and private militias – shows that what has appeared marginal or even hidden from sight has had a great impact on mainstream politics.[11]

11 BROWN, 2021, p. 17. "Como consequência, os sucessos do *homeschooling* não foram isolados em localidades únicas e resultaram em instituições políticas duráveis; além disso, os *homeschoolers* mantêm uma influência considerável sobre muitos

Cada um dos 50 estados estadunidenses tem a sua própria legislação acerca do assunto, mas, segundo a *Education Commission of the States* – ECS –, agência interestadual estadunidense, algumas políticas para o *homeschooling* são aplicadas pela maioria dos estados: notificação de intenção à modalidade; qualificações do instrutor; matérias que devem ser ensinadas em casa; requisitos de avaliação; participação em atividades extracurriculares e acadêmicas em escolas públicas locais; participação em escolas *on-line*. Alguns estados aplicam testes independentes para avaliar os estudantes, mas a avaliação geral é feita em provas nacionais, como a *Scholastic Aptitude Test* – SAT, gerida pelo *College Board*, teste de admissão ao ensino superior mais comum nos Estados Unidos e que consiste em três áreas de avaliação: escrita, linguagem e interpretação de textos e matemática.[12]

O modelo de aplicação do *homeschooling* nesse país, apesar de não contar com uma legislação nacional uniforme, comunga com o sistema público de ensino, uma vez que há a possibilidade de o *homeschooler* estudar em regime parcial (*part-time*) na escola pública. O que se observa é a autonomia dos estados federados e mesmo dos distritos dentro do próprio estado. Por outro lado, ainda considerando a autonomia dos estados, alguns deles, segundo o *American Legislative Council* – ALEC, em 2019, não permitiram que crianças *homeschoolers* participassem de esportes e atividades extracurriculares (*part-time*) em escolas públicas[13]. Os estados da Califórnia, Connecticut,

aspectos da política dos Estados Unidos. O movimento *homeschooling* não é apenas sobre a liberdade de algumas famílias para educar em casa; seu significado e impacto devem ser compreendidos em um contexto histórico, político e democrático muito mais amplo.

Sucessos políticos frequentes e *lobby* eficaz ao longo de trinta anos resultaram em uma porcentagem cada vez maior de cidadãos – democratas e republicanos – que apoiam o direito de educar em casa. Ser educado em casa – assim como morar em um condomínio fechado, ingressar no *Tea Party* ou votar em Donald Trump – não significa viver à margem da política dos Estados Unidos. Na verdade, a política paralela que definiu a política do país desde a década de 1980 – a ascensão do *homeschooling*, ALEC (*American Legislative Council*) e milícias privadas – mostra que o que parecia marginal ou mesmo escondido da vista das pessoas teve um grande impacto na política dominante. " (tradução livre)

12 Disponível em: https://www.ecs.org/clearinghouse/01/20/42/12042.pdf. Acesso em: 10 jan. 2021.

13 Disponível em: https://www.alec.org/article/when-the-public-school-system-prioritizes-control-instead-of-children/. Acesso em: 3 out. 2021.

Delaware, Maryland, Mississippi, Montana, Nova York, Carolina do Norte, Oklahoma e West Virginia têm restrições quanto à regulamentação referente ao *homeschooling*.

> Homeschoolers access public school resources in a variety of ways, and the degree of access afforded them ranges widely by state, and often even by districts within the same state. Currently, fourteen states have laws mandating that homeschoolers be allowed to enroll as part-time students, and nine states explicitly prohibit it; the rest leave it up to district discretion.[14]

Os estados também diferem bastante entre si no que respeita à avaliação diagnóstica da aprendizagem dos alunos. Pouco mais da metade deles requer alguma espécie de teste ou avaliação. Em alguns, as crianças que frequentam o ensino doméstico têm de se submeter a testes padronizados (algumas vezes, de uma lista preestabelecida) ou realizar uma avaliação narrativa (oral), feita por um professor qualificado. Outros deixam ao critério dos pais o tipo de avaliação a que os filhos serão submetidos.

A maior parte dos estados do país não exige qualquer notificação dirigida às autoridades educacionais, no sentido de que a criança seja educada em regime de *homeschooling*; outros requerem o preenchimento de uma notificação para a escola oficial local. Somente dois estados – Rhode Island e Massachusetts – requerem a aprovação dos pais para a educação domiciliar. Outras restrições incluem, ainda, a necessidade de a criança ser supervisionada por um professor credenciado.

Os requisitos curriculares também variam de um estado para outro. Alguns exigem que os pais informem sobre o currículo ou sobre os planos de aula; outros apenas que determinadas disciplinas sejam contempladas, não impondo submissão a currículo.

Em Washington D.C., a frequência escolar, obrigatória dos oito aos 18 anos, pode ser exercida em escolas públicas ou privadas, em

14 KUNZMAN; GAITHER, 2013, p. 27. "O acesso dos *homeschoolers* aos recursos de escolas públicas, de diversas maneiras, e o grau de acesso a eles dispensado varia amplamente por estado e, muitas vezes, até mesmo por distritos dentro do mesmo estado. Atualmente, quatorze estados têm leis determinando que *homeschoolers* sejam autorizados a inscreverem-se como estudantes em regime de tempo parcial, e nove estados proíbem explicitamente a modalidade; os demais deixam a critério do distrito. " (tradução livre)

tempo integral, de acordo com o Código Revisado de Washington RCW § 28A.225.010[15]. Uma das exceções à frequência escolar em tempo integral (RCW § 28A.225.010, 1.b), as aulas em casa - ou *home-based instruction* - podem ser oferecidas pelos pais ou responsáveis, desde que obedeçam a alguns critérios, baseados em atividades educacionais planejadas e supervisionadas. Essas aulas devem incluir currículo e instrução nas habilidades básicas de ciências, matemática, linguagem, estudos sociais, história, saúde, leitura, escrita, ortografia e o desenvolvimento da apreciação da arte e da música. O currículo deve ser equivalente ao total de horas do programa anual por série estabelecido para escolas particulares. A Lei reconhece, na Seção 5 do mesmo Código, que a instrução em casa é menos estruturada e mais experiencial do que a instrução normalizada em sala de aula.

> RCW 28A.225.010
>
> Attendance mandatory—Age—Exceptions.
>
> (1) All parents in this state of any child eight years of age and under eighteen years of age shall cause such child to attend the public school of the district in which the child resides and such child shall have the responsibility to and therefore shall attend for the full time when such school may be in session unless: [...]
>
> (4) For the purposes of this chapter and chapter 28A.200 RCW, instruction shall be home-based if it consists of planned and supervised instructional and related educational activities, including a curriculum and instruction in the basic skills of occupational education, science, mathematics, language, social studies, history, health, reading, writing, spelling, and the development of an appreciation of art and music, provided for a number of hours equivalent to the total annual program hours per grade level established for approved private schools under RCW 28A.195.010 and 28A.195.040 and if such activities are:
>
> (a) Provided by a parent who is instructing his or her child only and are supervised by a certificated person. A certificated person for purposes of this chapter and chapter 28A.200 RCW shall be a person certified under chapter 28A.410 RCW. For purposes of this section, "supervised by a certificated person" means: The planning by the

15 Disponível em: https://apps.leg.wa.gov/rcw/default.aspx?cite=28A.225.010. Acesso em: 26 set. 2021.

certificated person and the parent of objectives consistent with this subsection; a minimum each month of an average of one contact hour per week with the child being supervised by the certificated person; and evaluation of such child's progress by the certificated person. The number of children supervised by the certificated person shall not exceed thirty for purposes of this subsection; or

(b) Provided by a parent who is instructing his or her child only and who has either earned forty-five college-level quarter credit hours or its equivalent in semester hours or has completed a course in home-based instruction at a postsecondary institution or a vocational-technical institute; or

(c) Provided by a parent who is deemed sufficiently qualified to provide home-based instruction by the superintendent of the local school district in which the child resides.

5. The legislature recognizes that home-based instruction is less structured and more experiential than the instruction normally provided in a classroom setting. [...][16]

---

16 Disponível em: https://apps.leg.wa.gov/rcw/default.aspx?cite=28A.225.010. Acesso em: 26 set. 2021.

"RCW 28A.225.010

Presença obrigatória – Idade – Exceções.

(1) Neste estado, os pais de crianças de oito a 18 anos de idade devem fazer com que ela frequente a escola pública do distrito em que reside, e a criança tem a responsabilidade de frequentar essa escola no tempo integral que ela oferecer, a menos que: [...]

(4) Para os fins deste capítulo e do capítulo 28A.200 RCW, a instrução deve ser domiciliar se consistir em atividades de instrução planejadas e supervisionadas e atividades educacionais relacionadas, incluindo um currículo e instrução nas habilidades básicas de educação ocupacional, ciências, matemática, línguas, estudos sociais, história, saúde, leitura, escrita, ortografia e desenvolvimento da apreciação da arte e da música, com carga horária equivalente ao total de horas anuais do programa por série estabelecida para escolas particulares aprovadas sob a lei RCW 28A.195.010 e 28A.195.040 e desde que tais atividades sejam:

(a) Fornecidas por um pai que esteja instruindo seu filho e seja supervisionado por uma pessoa certificada, de acordo com o capítulo 28A.410 RCW. Para os fins desta seção, "supervisionado por uma pessoa certificada" significa: o planejamento dos objetivos consistentes com esta subseção a serem realizados um mínimo a cada mês de uma média de uma hora de contato por semana com a criança sob supervisão do credenciado; e avaliação do progresso da criança por pessoa certificada. O número de crianças supervisionadas pelo credenciado não poderá ser superior a trinta para os fins desta subseção; ou

Existe também o ensino *on-line*, disponibilizado por empresas privadas, que possibilita aos alunos acesso a professores especializados em regime tutorial, com grande flexibilidade de horários. Também é comum as famílias associarem-se, criando redes que disponibilizam recursos.

Uma minoria de estados possui estatutos que possibilitam que as escolas públicas coloquem à disposição da educação domiciliar o acesso a biblioteca, computadores, atividades extracurriculares ou mesmo disciplinas acadêmicas. Em alguns, os aprendizes *homeschoolers* podem reunir-se periodicamente com um professor de escola pública para sugestões curriculares.

O Departamento de Educação do estado do Hawaii reconhece o método *homeschooling* como uma alternativa à frequência escolar obrigatória. Para iniciar o ensino autodirigido,[17] os pais devem preencher um formulário chamado "Exceções à educação obrigatória" ou escreverem uma carta indicando a intenção de praticar a modalidade. O formulário ou a carta de intenção devem ser enviados para o diretor da escola pública do bairro ou distrito onde residem. O pai que assina o aviso de intenção torna-se responsável pelo programa educacional total da criança, incluindo atletismo e todas as atividades extracurriculares. Obriga-se também a apresentar um relatório anual para cada um dos filhos submetidos à prática pedagógica. Um estudante *homeschooler* somente poderá receber diploma da escola secundária local se tiver estudado pelo menos três anos no sistema público de ensino. Se ele tiver 16 anos, poderá participar de testes locais e receber diploma de uma escola da comunidade.

(b) Fornecidas por um pai que esteja instruindo seu filho e que tenha 45 horas de crédito trimestrais de nível universitário ou seu equivalente em horas semestrais ou tenha concluído um curso de *homeschooling* em uma instituição pós-secundária ou profissionalizante; ou

(c) Fornecidas por um pai que seja considerado suficientemente qualificado para fornecer instrução domiciliar pelo superintendente do distrito escolar do local em que a criança reside.

5. "A legislatura reconhece que o ensino domiciliar é menos estruturado e mais experimental do que o ensino normalmente fornecido em sala de aula (RCW 28A.225.010, 2010)." (tradução livre)

17 Disponível em: https://www.hawaiipublicschools.org/ParentsAndStudents/EnrollingInSchool/Choosingaschool/Pages/Homeschooling-FAQs.aspx. Acesso em: 2 jul. 2021.

AMÉRICA CENTRAL

Ilhas Cayman

O *homeschooling* é permitido nas Ilhas Cayman. Pela legislação do país, os pais ou responsáveis devem fornecer a notificação ao *Department of Education Services* - DES - sobre educação em casa (Lei da Educação, 2010, § 16, d).

> 16. It is the duty of the parent of a child, on or before the child attains school age, to register the child at the Department and submit the following particulars with such registration: [...]
>
> d. name of the school to which it is proposed to send such child (which normally shall be that which is closest to the place of residence) or, if the parent of such child does not intend to send the child to school, the manner in which he proposes to provide efficient instruction for the child; and such other particulars as may be prescribed. (*Education Law*, 2010)[18]

Os regulamentos administrativos do DES incluem um aviso anual por escrito ao Diretor de Educação até 1º de agosto, mantendo os registros de frequência e fornecendo relatórios semestrais.

AMÉRICA DO SUL

Bolívia

Na América do Sul, a Bolívia permite a adoção do *homeschooling*. De acordo com a lei boliviana, os pais têm o direito de optar por ensinar os filhos no ambiente doméstico. Na prática, essa modalidade de ensino é muito incomum, especialmente para as famílias bolivianas, sendo a sua atividade mais usual entre os estrangeiros que residem no país.

---

18 Lei da Educação, 2010. Disponível em: http://gazettes.gov.ky/portal/pls/portal/docs/1/11527591.PDF. Acesso em: 7 mar. 2023. "16. É dever dos pais de uma criança, antes de ela chegar à idade escolar, registrá-la no Departamento e enviar os seguintes dados com tal registro: [...] d. nome da escola para a qual se propõe enviar a criança (que normalmente será a que estiver mais próxima do local de residência) ou, se os pais da criança não pretendem enviá-la para a escola, a maneira como se propõem a fornecer instrução eficiente para ela; e outros detalhes que possam ser prescritos." (tradução livre)

O Art. 88, II, da Constituição boliviana, estabelece que é direito das mães e dos pais escolherem a educação apropriada para seus filhos: "[...] II. Se respeta el derecho de las madres y padres a elegir la educación que convenga para sus hijas e hijos."[19] A Lei nº 070, *Ley de la Educación "Avelino Siñani - Elizardo Pérez"*, de 20 de dezembro de 2010, enfatiza a educação obrigatória, embora, tecnicamente, em termos de educação escolar e não de frequência à instituição: "Artículo 9. (Educación Regular). Es la educación sistemática, normada, obligatoria y procesual que se brinda a todas las niñas, niños, adolescentes y jóvenes, desde la Educación Inicial en Familia Comunitaria hasta el bachillerato."[20] No país, famílias que desejam submeter seus filhos à educação domiciliar costumam matriculá-los em uma escola e obter o *Registro Único de Estudiantes* - RUDE[21], não se obrigando a observarem a frequência escolar deles. Os colégios que fornecem esse documento são chamados de "*colegios sombrilla*". Eles podem, ao final de um ciclo de estudos em casa e de avaliações anuais, fornecer aos estudantes *homeschoolers* o título de *bachillerato*, correspondente ao ensino médio brasileiro.

Chile

No Chile, o ensino em casa, chamado *Educación en el hogar*, não é legalmente permitido, apesar de a menção à liberdade constitucional de escolha da educação dos filhos por seus pais ser arrogada por seus defensores. A *Constitución Política de La República*[22] declara que os pais têm o direito preferencial e o dever de educar seus filhos (Art. 19, § 10): "[...] *Los padres tienen el derecho preferente y el deber de educar a sus hijos*". Não há obrigatoriedade de frequência escolar na legislação educacional chilena.

---

19 Disponível em: https://www.oas.org/dil/esp/constitucion_bolivia.pdf. Acesso em: 7 mar. 2023.

20 Disponível em: https://siteal.iiep.unesco.org/sites/default/files/sit_accion_files/siteal_bolivia_0258.pdf. Acesso em: 30 set. 2021. "Artigo 9. (Educação regular). É a educação sistemática, regulamentada, obrigatória e processual oferecida a todas as meninas, meninos, adolescentes e jovens, desde a Educação Inicial em Família Comunitária até o Ensino Médio. " (tradução livre)

21 Disponível em: https://oeibolivia.org/saber-rude-estudiante/. Acesso em: 30 set. 2021.

22 Disponível em: https://www.oas.org/dil/esp/constitucion_chile.pdf. Acesso em: 7 mar. 2023.

Equador

No Equador, a *Constitución de la República* reconhece duas modalidades de ensino em seu Art. 28[23]: a forma escolarizada e a não escolarizada. O Art. 38 da Constituição conceitua a forma não escolarizada de educação, determinando que a Autoridade Educativa Nacional regulamentará a modalidade.

> La educación no escolarizada brinda la oportunidad de formación y desarrollo de los ciudadanos a lo largo de la vida y no está relacionada con los currículos determinados para los niveles educativos. El sistema de homologación, acreditación y evaluación de las personas que han recibido educación no escolarizada será determinado por la Autoridad Educativa Nacional en el respectivo Reglamento. (Constitución de la República del Ecuador, 1998)[24]

O *Acuerdo Ministerial 0067-13 de la educación en casa*, como o movimento é conhecido no país, regulamentou a modalidade da educação domiciliar, opção educacional mista e de caráter excepcional. De acordo com essa opção, os pais ou representantes dos alunos assumem a responsabilidade de educar seus filhos diretamente ou por meio de tutores, com o apoio e acompanhamento de uma instituição de ensino. Essa modalidade educacional só pode ser aplicada no nível de Educação Básica Geral e deverá seguir o disposto na lei nacional de educação do país.

> Art. 1 - La "Educación en Casa" es una opción educativa escolarizada, de modalidad semipresencial y de carácter excepcional, por la cual los padres de familia o representantes de los estudiantes asumen la responsabilidad de educar directamente o a través de tutores, a sus hijos o representados, con el apoyo y seguimiento de una institución educativa, que regularice y garantice su educación. Esta opción educativa sólo se podrá aplicar para el nivel de Educación General Básica; y se rige por lo dispuesto en la Ley Orgánica de Educación Intercultural, su Reglamento General y el presente Acuerdo.[25]

---

23 Disponível em: https://pdba.georgetown.edu/Parties/Ecuador/Leyes/constitucion.pdf. Acesso em: 30 set. 2021. "[...] El aprendizaje se desarrollará de forma escolarizada y no escolarizada".

24 Disponível em: https://pdba.georgetown.edu/Parties/Ecuador/Leyes/constitucion.pdf. Acesso em: 30 set. 2021.

25 Disponível em: https://educacion.gob.ec/wp-content/uploads/downloads/2013/04/ACUERDO%20067-13.pdf. Acesso em: 30 set. 2021. "Art. 1 - A "Educação

EUROPA

Albânia

A educação em casa, na Albânia, é possível, na medida em que o Ministério da Educação exime as famílias da frequência à escola regular. O Art. 49, da Lei nº 7952, de 21/6/1995 ("Sistemas de ensino pré-universitário"), prevê essa forma de ensino, mas exige exames na escola pública.

> The Ministry of Education defines the particular cases when the compulsory education is made at home. The assimilation of the teaching curricula is checked through the examinations that are given in the public schools of compulsory education.[26]

Bélgica

Na Bélgica, o *homeschooling* não é proibido, apesar de não haver permissão legal positivada que autorize explicitamente a prática. A educação é obrigatória, mas a frequência escolar, não. O Art. 24 da Constituição belga oferece aos pais a livre escolha no que diz respeito à educação de seus filhos, não estabelecendo frequência obrigatória em escola regular.

> Article 24
>
> § 1. Education is free. [...] The community offers free choice to parents. The community organises non-denominational education. This implies in particular the respect of the philosophical, ideological or religious beliefs of parents and pupils. Schools run by

---

Domiciliar" é a opção educacional escolar, mista e de caráter excepcional, em que os pais ou representantes dos alunos assumem a responsabilidade de educar seus filhos diretamente ou por meio de tutores, ou representados, com o apoio e acompanhamento de uma instituição de ensino, que regulariza e garante sua educação. Esta opção educacional só pode ser aplicada no nível de Educação Básica Geral e é regida pelas disposições da Lei Orgânica da Educação Intercultural, seu Regulamento Geral e este Acordo." (tradução livre)

26 Disponível em: https://hslda.org/docs/librariesprovider2/public/international/education-law-no-7952-1995-(english).pdf?sfvrsn=b0b8e3d1_1. Acesso em: 2 jul. 2021. "O Ministério da Educação define os casos particulares em que a escolaridade obrigatória é feita no domicílio. A assimilação dos currículos pedagógicos é verificada por meio de exames que são realizados nas escolas públicas de ensino obrigatório." (tradução livre)

> the public authorities offer, until the end of compulsory education, the choice between the teaching of one of the recognised religions and non-denominational ethics teaching. (The Belgian Constitution, 1993)[27]

Como a Bélgica está dividida em três comunidades de idiomas, outras regulamentações sobre educação domiciliar são observadas no âmbito regional, não havendo notícia de contestação judicial dessas normas.

França

O *Enseignement à Domicile*, como denominado na França, é regido pelo Código Educacional Francês, Artigo L131-2, de 24 de outubro de 2021.

> Article L131-2. L'instruction obligatoire est donnée dans les établissements ou écoles publics ou privés. Elle peut également, par dérogation, être dispensée dans la famille par les parents, par l'un d'entre eux ou par toute personne de leur choix, sur autorisation délivrée dans les conditions fixées à l'article L. 131-5. [...][28]

A legislação francesa que dispõe sobre a educação no país prescreve que "a instrução obrigatória é fornecida principalmente em instituições de ensino"; portanto, a instrução – e não a escola – é obrigatória dos seis aos 16 anos. Assim, as crianças submetidas ao ensino ministrado em casa participam de aulas por correspondência ou

27 Disponível em: https://www.dekamer.be/kvvcr/pdf_sections/publications/constitution/GrondwetUK.pdf. Acesso em: 21 set. 2021. "Artigo 24. § 1. A educação é livre. [...] A comunidade deve proporcionar a livre escolha aos pais. A comunidade organiza a educação não confessional. Isso implica, em particular, o respeito pelas crenças filosóficas, ideológicas ou religiosas dos pais e alunos. As escolas geridas pelo poder público oferecem, até o fim da escolaridade obrigatória, a escolha entre o ensino de uma das religiões reconhecidas e o ensino da ética não confessional." (tradução livre)

28 Disponível em: https://www.legifrance.gouv.fr/codes/article_lc/LEGIARTI000027682649. Acesso em: 26 jan. 2023. "Artigo L131-2: A escolaridade obrigatória é ministrada em estabelecimentos ou escolas públicas ou privadas. Pode ainda, em derrogação, ser prestada na família pelos progenitores, por um deles ou por qualquer pessoa que escolherem, mediante autorização emitida nas condições previstas no artigo L. 131-5." (tradução livre)

recebem as lições sob orientação da família. Um inspetor é encaminhado à residência das famílias onde haja crianças não matriculadas nos cursos por correspondência, a fim de analisar o rendimento pedagógico dos aprendizes.

Apesar de os pais franceses serem livres na forma de ensinar seus filhos, estes são obrigados a apresentar, até os 16 anos, as seguintes competências: língua francesa (escrita e oral); matemática, ciências básicas e tecnologia; pelo menos uma língua estrangeira; história, geografia e arte da França, da Europa e do resto do mundo; ciência da computação; competências sociais e cívicas; iniciativa e autonomia. Os alunos *homeschoolers* devem demonstrar, ainda, habilidade para: responder perguntas; fazer deduções de suas próprias observações e de documentos; raciocinar; criar ideias e produzir um trabalho final; usar computadores; avaliar riscos e fazer bom uso dos recursos disponíveis.

Hungria

Na Hungria, de acordo com a Lei CXC, de 2011, sobre Educação Pública Nacional[29] (Art. 27, Seção 45), a educação compulsória inicia-se aos seis e estende-se até os 16 anos de idade. A obrigatoriedade da educação pode ser cumprida pela frequência escolar ou, a pedido dos pais, consoante o Art. 45, Seção 5, da referida lei, como aluno particular. As crianças podem ser educadas em casa devido a doenças ou outras circunstâncias, como residência permanente no exterior, envolvimento em algum tipo de profissão (como esportes ou artes) ou necessidades educacionais especiais. A lei exige que os alunos educados em casa sejam matriculados em uma instituição específica, que, de acordo com suas regras, é obrigada a ajudá-los a completar sua educação, oferecendo consultas regulares e assistência pessoal do corpo docente. Esses alunos educados em casa devem ser testados em intervalos regulares (pelo menos duas vezes por ano); geralmente participam de exames finais, administrados por um júri que decide se o aluno pode prosseguir para o ano seguinte, conforme o Decreto 11/1994, sobre o funcionamento dos estabelecimentos de ensino, em seus artigos 16º a 26º.[30]

---

29 Disponível em: http://www.ilo.org/dyn/natlex/docs/ELECTRONIC/106832/131356/F1702001629/act_national_education.pdf. Acesso em: 10 fev. 2022.

30 Disponível em: https://hslda.org/post/hungary. Acesso em: 10 fev. 2022.

Inglaterra e País de Gales

Na Inglaterra e no País de Gales, o *homeschooling* é legalizado, sob a Lei da Educação de 1944, que foi consolidada em 1996. A Seção 7, da *Education Act*, de 1996, afirma que:"[...] *The parent of every child of compulsory school age shall cause him to receive efficient full-time education suitable — (a) to his age, ability and aptitude, and (b) to any special educational needs he may have, either by regular attendance at school or otherwise*".[31] O item (b), parte final, sobre a educação obrigatória, costuma ser interpretado como uma autorização ao *homeschooling*: "[...] a quaisquer necessidades educacionais especiais que ele possa ter, seja por frequência regular na escola 'ou por qualquer outro motivo'." (tradução livre; destaque nosso).

Não há requisitos para informar as autoridades quando alguém estiver estudando em casa, a menos que o aluno tenha sido matriculado anteriormente no sistema escolar do governo. Os pais devem informar à escola que estão retirando o aluno dela para educá-lo em casa. Não existem outros requisitos para a prática dessa modalidade.

Irlanda

Na Irlanda, o *homeschooling* é oficialmente reconhecido pela *Constitution Of Ireland*, conforme estabelecido em seu Art. 42.

> ARTICLE 42
>
> 1 The State acknowledges that the primary and natural educator of the child is the Family and guarantees to respect the inalienable right and duty of parents to provide, according to their means, for the religious and moral, intellectual, physical and social education of their children.
>
> 2 Parents shall be free to provide this education in their homes or in private schools or in schools recognised or established by the State.
>
> 3 1° The State shall not oblige parents in violation of their conscience and lawful preference to send their children to schools established by the State, or to any particular type of school designated by the State.

31 Disponível em: https://www.legislation.gov.uk/ukpga/1996/56/contents. Acesso em: 26 jan. 2023. "Os pais de todas as crianças em idade escolar obrigatória devem fazer com que ela receba educação em tempo integral eficiente e adequada: a) à sua idade, capacidade e aptidão, e (b) a quaisquer necessidades educacionais especiais que ela possa ter, seja por frequência regular na escola ou por qualquer outro motivo." (tradução livre)

> 2° The State shall, however, as guardian of the common good, require in view of actual conditions that the children receive a certain minimum education, moral, intellectual and social.
>
> 4 The State shall provide for free primary education and shall endeavour to supplement and give reasonable aid to private and corporate educational initiative, and, when the public good requires it, provide other educational facilities or institutions with due regard, however, for the rights of parents, especially in the matter of religious and moral formation. (Constitution of Ireland, 1937)[32]

O Estado irlandês, pela sua Constituição, reconhece que o educador primário e natural da criança é a família e garante respeitar o direito inalienável e o dever dos pais de proverem, segundo seus meios, a educação religiosa e moral, intelectual, física e social de seus filhos. Ainda de acordo com o texto legal, os pais devem ser livres para fornecer a educação em suas casas ou em escolas particulares, reconhecidas ou estabelecidas pelo Estado.

A lei destaca que o Estado, no entanto, como guardião do bem comum, exige, em vista das condições reais, que as crianças recebam uma educação mínima, moral, intelectual e social. Para tanto, são necessárias

---

32 Disponível em: https://www.irishstatutebook.ie/eli/cons/en/html. Acesso em: 26 jan. 2023.

"Artigo 42

1. O Estado reconhece que o educador primário e natural da criança é a família e garante respeitar o direito inalienável e o dever dos pais de proverem, segundo seus meios, a educação religiosa e moral, intelectual, física e social de seus filhos.

2. Os pais devem ser livres para fornecer essa educação em suas casas ou em escolas particulares ou em escolas reconhecidas ou estabelecidas pelo Estado.

3. 1° O Estado não obrigará os pais em violação de sua consciência e preferência legal a enviar seus filhos para escolas estabelecidas por ele, ou para qualquer tipo de escola particular por ele designada.

2° O Estado, no entanto, como guardião do bem comum, exige, em vista das condições reais, que as crianças recebam certa educação mínima, moral, intelectual e social.

4. O Estado providenciará o ensino primário gratuito e se esforçará por suplementar e dar ajuda razoável a iniciativas educacionais privadas e corporativas e, quando o bem público o exigir, fornecer outras instalações ou instituições educacionais, com a devida consideração pelos direitos dos pais, no entanto, especialmente em matéria de formação religiosa e moral." (tradução livre)

avaliações estatais acerca das condições a que são submetidas as crianças *homeschoolers*.

Itália

Na Itália, o Ministério da Educação chama de *educazione o istruzione parentale* a decisão dos pais de não matricular as crianças na escola, assumindo o controle de sua educação. O Art. 34 da Constituição italiana[33] assevera que a educação primária é obrigatória e gratuita durante, pelo menos, oito anos de estudos, mas não obriga os pais a matricularem seus filhos em uma escola. O país mantém *sites* de organizações educacionais com fóruns, dicas e atividades que informam, direcionam e orientam as famílias adeptas e as que desejam aderir ao "ensino parental". Entretanto, para ministrá-lo, a família deve enviar uma notificação por escrito ao conselho de educação de sua competência, anualmente. Por meio de um pedido da família, as crianças podem fazer um exame no final do ano para testar o nível de aprendizado, se quiserem obter um diploma ou mesmo se desejarem frequentar a escola ou voltar para ela.

De acordo com o Decreto Legislativo nº 76, de 25 de abril de 2005, Art. 1º, parágrafo 4º, as famílias que, para garantirem o cumprimento da obrigação educativa, pretendam assumir, no plano doméstico, o ensino dos seus filhos menores, devem comprovar possuir capacidade técnica ou econômica e comunicarem a sua intenção anualmente à autoridade educacional. A escola não exerce poder de autorização em sentido estrito, mas uma verificação da existência dos requisitos técnicos e econômicos das pessoas sujeitas à modalidade.

> Art. 1 4. I genitori, o chi ne fa le veci, che intendano provvedere privatamente o direttamente all'istruzione dei propri figli, ai fini dell'esercizio del diritto-dovere, devono dimostrare di averne la capacita' tecnica o economica e darne comunicazione anno per anno alla competente autorita', che provvede agli opportuni controlli.[34]

33 Disponível em: https://www.senato.it/sites/default/files/media-documents/COST_PORTOGHESE.pdf. Acesso em: 1º out. 2021. Artigo 34, da Constituição italiana: "A instrução de primeiro grau, ministrada durante pelo menos oito anos, é obrigatória e gratuita. "

34 Disponível em: https://www.gazzettaufficiale.it/atto/serie_generale/caricaDettaglioAtto/originario?atto.dataPubblicazioneGazzetta=2005-05-05&atto.codiceRedazionale=005G0100&elenco30giorni=false. Acesso em: 1º out. 2021. "Decreto

Em 16 de maio de 2017, o parlamento italiano aprovou o Decreto-Lei nº 62, (Reforma Escolar, denominada *Buona Scuola*); em seu Art. 23, afirma-se que o cumprimento do dever de educação pelos pais deve ser comprovado por meio de exames escolares anuais.

> Art. 23
>
> Istruzione parentale
>
> 1. In caso di istruzione parentale, i genitori dell'alunna o dell'alunno, della studentessa o dello studente, ovvero coloro che esercitano la responsabilita' genitoriale, sono tenuti a presentare annualmente la comunicazione preventiva al dirigente scolastico del territorio di residenza. Tali alunni o studenti sostengono annualmente l'esame di idoneita' per il passaggio alla classe successiva in qualita' di candidati esterni presso una scuola statale o paritaria, fino all'assolvimento dell'obbligo di istruzione.[35]

Portugal

Como será visto em capítulo próprio, a pesquisa realizada em Portugal pautou-se pelas fontes legislativas e doutrinárias encontradas na Torre do Tombo; Assembleia da República; Biblioteca Nacional e Universidade de Lisboa. O ensino doméstico, atualmente, é permitido em Portugal, por meio de atualização da regulamentação promovida pelo Decreto-Lei nº 70/2021. De acordo com o Art. 13º, "São intervenientes no processo educativo do aluno: a) A escola de matrícula; b) O encarregado de educação; c) O professor-tutor; d) O responsável

Legislativo nº 76, de 15 de abril de 2005. Art. 1º – 4. Os pais, ou quem os substitua, que pretendam prover particular ou diretamente a educação dos filhos, para efeito do exercício do direito-dever, devem demonstrar que possuem capacidade técnica ou econômica e dar comunicação ano a ano à autoridade competente, que procede ao controle oportuno." (tradução livre)

35 Disponível em: https://www.gazzettaufficiale.it/eli/id/2017/05/16/17G00070/sg. Acesso em: 1º out. 2021. "Decreto Legislativo nº 62, de 13 de abril de 2017. Art. 23. Educação parental. No caso da educação parental, os pais da aluna ou do aluno, da estudante ou do estudante, ou que exerçam a responsabilidade parental devem apresentar anualmente a notificação prévia ao diretor da escola próxima de sua residência. Os alunos devem fazer anualmente o exame de admissão para a passagem para a próxima turma como candidatos externos em uma escola estadual ou equivalente, até que a escolaridade obrigatória seja cumprida." (tradução livre)

educativo".[36] O encarregado (a) da educação, que também poderá ser o responsável educativo, ou um professor-tutor indicado por ele (a), deverá escolher uma escola de matrícula, aderir a um protocolo-padrão, desenvolver um projeto pedagógico e submeter os (as) filhos (as) estudantes a avaliações no país.

ÁFRICA

África do Sul

A educação em casa (*education at home*) foi legalizada pela Lei das Escolas da África do Sul - *Act* nº 84, de 1996. Cada província tem autoridade para estabelecer seus próprios padrões. Os *homeschoolers* devem se registrar nos departamentos provinciais de educação, que estabelecem as condições prévias para o registro, conforme previsto no item 51 do referido Ato.

> Registration of learner for education at home
>
> 51. (1) A parent may apply to the Head of Department for the registration of a learner to receive education at the learner's home. (2) The Head of Department must register a learner as contemplated in subsection (1) if he or she is satisfied that - (a) the registration is in the interests of the Iearner; (b) the education likely to be received by the Iearner at home - (i) will meet the minimum requirements of the curriculum at public schools; and (ii) will be of a standard not inferior to the standard of education provided at public schools; and (c) the parent will comply with any other reasonable conditions set by the Head of Deportment. (3) The Head of Department may, subject to subsection (4), withdraw the registration referred to m subsection (1). (4) The Head of Department may not withdraw the registration until he or she - (a) has informed the parent of his or her intention so to act and the reasons therefor; (b) has granted the parent an opportunity to make representations to him or her in relation to such action; and (c) has duly considered any such representations received. (5) A parent may appeal to the Member of the Executive Council against the withdrawal of a registration or a refusal to register a Iearner in terms of this Act.[37]

---

36 PORTUGAL, 2021[c].

37 Disponível em: https://www.gov.za/sites/default/files/gcis_document/201409/act84of1996.pdf. Acesso em: 30 set. 2021. "Registro do aprendiz para educação em casa. 51. (1) Os pais podem solicitar ao Chefe do Departamento o registro de um

Em outros países, apesar de não se ter notícia de proibição legal expressa, o *homeschooling* não é permitido. Essa proibição pode-se dar por força da escolaridade obrigatória, garantida, em muitos casos - como na Alemanha, na Espanha e no Brasil -, por decisões judiciais contrárias à pretensão dos pais que desejam adotar essa modalidade.

Alemanha

Apesar de ter sediado em Berlim a Conferência Global de Educação Domiciliar, em 2012, o *homeschooling* na Alemanha não é permitido, de acordo com a decisão paradigmática do Tribunal Constitucional Federal (*Bundesverfassung*), no caso Konrad, em 2003. A família Konrad, que havia se negado a matricular seus filhos em alguma escola, por motivos religiosos, foi condenada a abandonar o *homeschooling*, após decisão da autoridade educacional da cidade de Offenburg. Inconformados, os Konrad recorreram ao Tribunal Administrativo de Freiburg, cuja sentença condenatória foi mantida e, ao final, confirmada pelo Tribunal Constitucional alemão em 2003.

> Em 2003, o Tribunal Constitucional Federal da Alemanha realizou a ponderação entre os direitos de liberdade dos pais e a obrigação do Estado na prestação do ensino e, como resultado, não autorizou a isenção da frequência escolar obrigatória. A ação fora ajuizada pela família Konrad, pertencente a uma comunidade cristã, que pretendia educar os filhos em casa por entender que o ensino escolar não estava de acordo com suas crenças religiosas. A corte alemã ressaltou que a prestação da educação não se limita à aquisição do

aluno para receber educação em sua casa. (2) O Chefe de Departamento deve registrar um aluno conforme contemplado na subseção (1) se eles tiverem ciência que: (a) o registro é do interesse do aluno; (b) a educação que será recebida pelo aluno em casa (i) atenderá aos requisitos mínimos do currículo das escolas públicas; e (ii) será de um padrão não inferior ao padrão de ensino oferecido nas escolas públicas; e (c) os pais cumprirão quaisquer outras condições razoáveis definidas pelo Chefe de Departamento. (3) O Chefe de Departamento pode, sujeito ao disposto na subsecção (4), retirar o registro referido na subsecção (1). (4) O Chefe de Departamento não pode cancelar o registro até que: (a) tenha informado os pais de sua intenção de agir e as razões para tal; (b) seja concedida aos pais a oportunidade de apresentar recursos contra sua decisão; e (c) sejam devidamente consideradas quaisquer representações recebidas. (5) Os pais podem apelar ao membro do Conselho Executivo contra a retirada de um registro ou a recusa de registrar um aluno nos termos desta Lei." (tradução livre)

conhecimento, mas também e sobretudo se destina a educar cidadãos responsáveis para participação em uma sociedade democrática e plural. Objetivos esses que, conforme a decisão, não seriam eficazmente atingidos através da educação domiciliar, ainda que sob a supervisão do Estado.[38]

A família Konrad aviou recurso no Tribunal Constitucional, buscando licença para ministrar aulas em casa, fora de escolas públicas ou privadas, o que não é permitido pela legislação alemã, dada a garantia da escolaridade gratuita e obrigatória. A obrigatoriedade de matrícula em escola primária a partir dos seis anos de idade e a frequência escolar até os 18 anos são impostas pela lei chamada *Schulpflicht*, literalmente "obrigatoriedade escolar". Os reclamantes, que pertencem a uma comunidade cristã, recusaram o modelo escolarizado alemão, escudados na liberdade de crença religiosa e dignidade da pessoa humana ao abrigo do Art. 4º, parágrafos 1 e 2, Art. 6º, parágrafo 2, Art. 2º, parágrafo 1, combinado com o Art. 1º, parágrafo 1, bem como com o Art. 3, parágrafos 1 e 3, da Lei Fundamental da República Alemã. Ao negar o recurso da família, o Tribunal Constitucional considerou que o direito à liberdade religiosa pode - sendo salutar que deva - conviver pacificamente num ambiente de interação social, em que se objetiva alcançar não só a transmissão de conhecimentos, mas também a formação de cidadãos responsáveis, que devem participar com igualdade e responsabilidade dos processos democráticos numa sociedade pluralista. Orienta-se, ainda no interesse geral da sociedade, que se evite o surgimento de "sociedades paralelas", separadas por convicções religiosas ou filosóficas.

> A obrigatoriedade de frequentar a escola pública primária serve ao objetivo legítimo de fazer cumprir o mandato educacional do Estado e é adequada e necessária para atingir esse objetivo. Essa tarefa visa não só à transmissão de conhecimento, mas também à formação de cidadãos responsáveis, que devem poder participar com igualdade e responsabilidade dos processos democráticos numa sociedade pluralista. Pode ser verdade que limitar o mandato educacional do Estado para monitorar regularmente a implementação e o sucesso da educação domiciliar para alcançar o objetivo de transmitir conhecimento represente um meio mais brando e, nessa medida, igualmente adequado. No entanto, não pode ser considerado um erro de

38 AZIZ, 2020, p. 557-558.

> julgamento não avaliar o mero controle estatal da educação domiciliar como igualmente eficaz em relação ao objetivo educacional de transmitir competência social e cívica. Afinal a competência social para lidar com quem pensa diferente, a tolerância vivida, a assertividade e a autoafirmação de uma crença diferente da maioria podem ser praticadas de forma mais eficaz se os contatos com a sociedade e as diferentes visões nela representadas não ocorrerem apenas ocasionalmente, mas fizerem parte da experiência quotidiana relacionada com a frequência escolar regular.[39]

Ainda inconformada com a decisão do Tribunal alemão, a família Konrad recorreu ao Tribunal Europeu de Direitos Humanos - TEDH, que não reconheceu a ação e concluiu que o estabelecimento do ensino primário obrigatório não viola o Art. 2º, do Protocolo nº 1, da Convenção Europeia de Direitos Humanos. Afinal as convicções religiosas da família não seriam contrariadas, uma vez que a recusa de acesso seria dos pais, que poderiam se escusar das aulas religiosas e não do direito à instrução. O Art. 2º do Protocolo dispõe:

> Art. 2°
>
> Direito à instrução
>
> A ninguém pode ser negado o direito à instrução. O Estado, no exercício das funções que tem de assumir no campo da educação e do ensino, respeitará o direito dos pais a assegurar aquela educação e ensino consoante as suas convicções religiosas e filosóficas. (CONVENÇÃO EUROPEIA DOS DIREITOS HUMANOS, 1950.)[40]

Espanha

Assim como aconteceu na Alemanha, o Tribunal Constitucional da Espanha não reconheceu o recurso de uma família espanhola que se recusara a matricular suas crianças em alguma escola regular em seu país, também por motivos religiosos. Por meio da *Sentencia 133*, de 2 de dezembro de 2010[41], o Tribunal Constitucional confirmou os termos da

39 Tradução livre; texto original disponível na íntegra em: https://www.bundesverfassungsgericht.de/SharedDocs/Entscheidungen/DE/2003/04/rk20030429_1bvr043603.html. Acesso em: 16 set. 2021.

40 Disponível em: https://www.echr.coe.int/documents/convention_por.pdf. Acesso em: 16 set. 2021.

41 Disponível em: http://hj.tribunalconstitucional.es/es/Resolucion/Show/6772. Acesso em: 16 set. 2021.

sentença de Primeira Instância nº 2, de *Coín*, e a Sentença de 6 de junho de 2005, proferida em recurso pela Quinta Seção do Tribunal Provincial de Málaga. O Tribunal de Primeira Instância ordenou aos requerentes que colocassem seus filhos menores na escola no ciclo escolar básico do ano letivo 2003/2004. A decisão baseou-se no fato de que, sem julgar a qualidade da educação domiciliar que estariam recebendo, o ensino básico é obrigatório e gratuito, segundo a Constituição Espanhola, Art. 27, alínea 4[42]. O mandamento constitucional não permite que os pais neguem aos filhos o direito-dever de participarem do sistema de ensino oficial. Além disso, o órgão judiciário acrescentou que a exclusão do sistema oficial pode gerar problemas para os menores em seu desenvolvimento futuro, em razão das possíveis dificuldades de acesso à universidade, por exemplo. Dessa forma, por se tratar de decisão de última instância, o Acórdão 133/2010 negou o direito dos pais espanhóis à prática do *homeschooling*, fixando precedente jurisprudencial sobre o assunto.

Finlândia

O *homeschooling* também não tem previsão legal na Finlândia. A Lei da Educação Básica (628/1998) garante a obrigatoriedade da matrícula e a frequência dos alunos em alguma instituição regular de ensino. As crianças que residem na Finlândia devem frequentar obrigatoriamente a escola, iniciando-se no ano em que completam sete anos, com término previsto quando o plano de estudos da educação básica for concluído ou dez anos após o início da escolaridade obrigatória.

> Chapter 7 Compulsory education and the pupil's rights and duties
>
> 25 Section Compulsory education
>
> 1. Children permanently residing in Finland shall attend compulsory schooling. Compulsory schooling shall start in the year during which the child turns seven. Compulsory schooling shall end when the basic education syllabus has been completed or ten years after the beginning of compulsory schooling. (Basic Education Act 628/1998)[43]

42 Disponívelem:https://www.tribunalconstitucional.es/es/tribunal/normativa/Normativa/CEportugu%C3%A9s.pdf. Acesso em: 16 set. 2021.

43 Disponível em: https://finlex.fi/en/laki/kaannokset/1998/en19980628.pdf. Acesso em: 1º out. 2021.

Os pais finlandeses que não matricularem seus filhos, cumprindo a obrigatoriedade prevista na Lei, estão sujeitos a penalidades. De acordo com a Seção 45, da Lei de Educação Básica, os pais que negligenciarem essa imposição legal podem ser condenados a multa por abandono do dever de assegurar aos seus filhos a conclusão da escolaridade obrigatória.

> Dereliction of supervisory duties 1. If a pupil's parent/carer neglects his or her duty to ensure the completion of compulsory schooling, he or she shall be sentenced to fine for dereliction of a duty to ensure completion of compulsory schooling. (Basic Education Act 628/1998)[44]

Holanda

De acordo com a Lei de Educação Compulsória da Holanda, de 1969 (Leerplichtwet 1969), artigos 2 e 3, a compulsoriedade da matrícula escolar inicia-se aos cinco anos de idade e termina quando o aluno completar 12 anos de estudos letivos ou alcançar 16 anos de idade. Há isenção à escolaridade obrigatória, prevista no Art. 5º, desde que: a) o jovem não esteja apto, por motivos físicos ou psicológicos, a ser admitido numa escola ou instituição; b) os pais tenham reservas significativas contra a direção da educação; não residam em distância razoável da escola onde os filhos estejam matriculados; ou se não tiverem um local de residência permanente.

> Leerplichtwet 1969
>
> Artikel 2. 1 – Degene die het gezag over een jongere uitoefent, en degene die zich met de feitelijke verzorging van een jongere heeft belast, zijn verplicht overeenkomstig de bepalingen van deze wet te zorgen, dat de jongere als leerling van een school staat ingeschreven en deze school na inschrijving geregeld bezoekt. [...]
>
> Artikel 3.1 – De verplichting om te zorgen, dat een jongere als leerling van een school staat ingeschreven, begint op de eerste schooldag

44 Disponível em: https://finlex.fi/en/laki/kaannokset/1998/en19980628.pdf. Acesso em: 1º out. 2021. "Abandono dos deveres de supervisão 1. Se o pai/responsável de um aluno negligenciar o seu dever de garantir a conclusão da escolaridade obrigatória, será condenado a multa por abandono do dever de assegurar a conclusão da escolaridade obrigatória." (tradução livre)

van de maand volgende op die waarin de jongere de leeftijd van vijf jaar bereikt, en eindigt:

a. aan het einde van het schooljaar na afloop waarvan de jongere ten minste twaalf volledige schooljaren een of meer scholen heeft bezocht;

b. aan het einde van het schooljaar waarin de jongere de leeftijd van zestien jaar heeft bereikt. [...]

Artikel 5 – De in artikel 2, eerste lid, bedoelde personen zijn vrijgesteld van de verplichting om te zorgen, dat een jongere als leerling van een school onderscheidenlijk als vavo-student of mbo-student van een instelling staat ingeschreven, zolang

a. de jongere op lichamelijke of psychische gronden niet geschikt is om tot een school onderscheidenlijk een instelling te worden toegelaten;

b. zij tegen de richting van het onderwijs op alle binnen redelijke afstand van de woning – of, indien zij geen vaste verblijfplaats hebben, op alle binnen Nederland – gelegen scholen onderscheidenlijk instellingen waarop de jongere geplaatst zou kunnen worden, overwegende bedenkingen hebben. [...][45]

45 Disponível em: https://wetten.overheid.nl/BWBR0002628/2022-08-01. Acesso em 13 set. 2022.

"Lei de Educação Obrigatória de 1969

Artigo 2. 1 – A pessoa que exerce autoridade sobre um jovem e a pessoa que se encarregou dos seus cuidados efetivos são obrigadas, de acordo com as disposições desta Lei, a garantir que ele seja registrado como aluno numa escola regulamentar. [...]

Artigo 3. 1 – A obrigação de assegurar a matrícula do aluno numa escola começa no primeiro dia letivo do mês seguinte àquele em que ele completar cinco anos e termina: a) no final do ano letivo após o qual o jovem tenha frequentado uma ou mais escolas durante pelo menos doze anos letivos completos; b) no final do ano letivo em que o jovem atingiu a idade de 16 anos. [...]

Artigo 5 – As pessoas a que se refere o nº 1 do artigo 2º estão isentas da obrigação de assegurar a inscrição do jovem como aluno numa escola ou como aluno VAVO (Programa de Educação para Adultos) ou aluno MBO (Educação Profissional Secundária) numa instituição, desde que: a) o jovem não esteja apto, por motivos físicos ou psicológicos, a ser admitido numa escola ou instituição; b) eles tenham reservas significativas contra a direção da educação; residam em distância razoável da casa ou se não tiverem um local de residência permanente, em todas as escolas ou instituições localizadas na Holanda, onde o aluno possa ser matriculado." [...] (tradução livre)

Suécia

A escolaridade obrigatória também constitui impedimento legal para que se pratique o *homeschooling* na Suécia. A Lei Sueca de Educação *Skollag* (2010:800)[46] contém princípios básicos e disposições para educação obrigatória e contínua, pré-escola (*Förskola*), classe pré-escolar (*Förskoleklass*), cuidados fora da escola e educação de adultos. A educação obrigatória sueca (*grundskola*) consiste em três fases: anos 1-3 (*lågstadiet*), seguidos pelos anos 4-6 (*mellanstadiet*) e depois pelos anos 7-9 (*högstadiet*). Crianças entre seis e 13 anos também recebem cuidados fora da escola antes e depois do horário escolar. A educação obrigatória inclui ainda escolas Sami (*sameskolor*) para crianças do povo indígena Sami.

Brasil

No Brasil, a Constituição da República Federativa do Brasil de 1988[47] não contemplou a educação dada no lar, como era chamada essa modalidade, até então permitida no Brasil, em razão de, entre outros motivos, ainda não ter havido no período a universalização de acesso ao ensino básico no país. Após a CR/88, alguns projetos de lei foram propostos com o fim de regulamentar a educação domiciliar no Brasil. O primeiro deles, o PL nº 4657/1994, foi elaborado pelo então Deputado João Teixeira do PL/MT. O Deputado Carlos Lupi (PDT/RJ) rejeitou o Projeto - arquivado em 1995 - ao entendimento da desnecessidade de regulamentação dessa alternativa de ensino, uma vez que não havia, segundo seu relatório, proibição constitucional nesse sentido.

O assunto ganhou maior repercussão no mandato do ex-presidente Jair Messias Bolsonaro (Partido Social Liberal) eleito em 2018 e fez parte da pauta conservadora e neoliberal do seu governo. Recentemente, o Projeto de Lei n° 1338, de 2022, que se encontra no Senado Federal, após aprovação na Câmara de Deputados, integra todas as ações legislativas propostas no sentido de buscar a regulamentação da educação domiciliar no país.

46 Disponível em: https://www.riksdagen.se/sv/dokument-lagar/dokument/svensk-forfattningssamling/skollag-2010800_sfs-2010-800. Acesso em: 11 fev. 2022.

47 BRASIL, 1988.

> Com o advento do governo do Presidente Jair Messias Bolsonaro (Partido Liberal-PL), a ANED anunciou boas perspectivas quanto ao fortalecimento do movimento em prol da educação domiciliar, dado que o apoio à regulamentação da prática foi promessa de campanha eleitoral e ganhou destaque como tema prioritário nos 100 primeiros dias de governo do referido presidente. Neste contexto houve um aumento de apresentação de Projetos de Lei (PL) com a referida pauta, bem como a divulgação sistematizada de informações sobre a educação domiciliar.[48]
>
> Em que pese a educação domiciliar ser considerada uma pauta que ganhou destaque nos últimos anos, associada ao governo de Jair Bolsonaro, torna-se relevante destacar que desde 1994 foram apresentados Projetos de Lei discutidos em plenário com o objetivo de autorizar a prática. O primeiro PL, de nº 4657/1994, foi elaborado pelo então Deputado João Teixeira do PL/MT e propunha a autorização do método mediante a fiscalização e avaliação do Ministério da Educação (MEC). O referido projeto foi rejeitado pelo Deputado Carlos Lupi (PDT/RJ), e em que pese o parecer da Comissão de Educação e Cultura (CEC) não ter se demonstrado contrário à prática do ensino domiciliar, o entendimento versado foi no sentido de que a própria Constituição Federal não considera a educação um monopólio estatal, e, portanto não haveria necessidade de regramento específico para autorização de mencionada prática, tendo o PL sofrido o seu arquivamento em 1995 (BARBOSA, 2012)[49].

Como a situação fática da educação domiciliar no Brasil será vista mais amplamente em capítulos posteriores, neste será observado apenas um pequeno registro histórico sobre essa alternativa educacional. Ela ganhou notoriedade em 2012, com a decisão do Ministério da Educação, por meio da Portaria INEP nº 144, de 24 de maio de 2012, de reconhecer o resultado do Exame Nacional do Ensino Médio - ENEM - como critério de certificação do Ensino Médio. A certificação que utilizava os resultados do ENEM destinava-se às pessoas que não haviam concluído o Ensino Médio em idade apropriada, conforme o parágrafo primeiro, do Art. 38, da Lei de Diretrizes e Bases da Educação Nacional - LDBEN (Lei nº 9.394, de 20 de dezembro de 1996)[50]. Com isso, estudantes brasileiros submetidos à educação domiciliar puderam uti-

48 BARBOSA; FERREIRA; TELES, 2022, p. 42.

49 *Apud* BARBOSA; FERREIRA; TELES, 2022, p. 42.

50 BRASIL, 1996.

lizar seu resultado do exame do ENEM para adquirirem a certificação do Ensino Médio, sem a necessidade da obrigatoriedade de matrícula e frequência escolar e, consequentemente, darem sequência aos estudos universitários.

Dado o aumento das famílias adeptas dessa modalidade de ensino, principalmente depois da autorização do Ministério da Educação, revogada posteriormente pela Portaria nº 179, de 28 de abril de 2014 do INEP, o Brasil sediou a 2ª Conferência Global de Educação Domiciliar (*Global Home Education Conference* - GHEC), nos dias 8 a 12 de março de 2016. O evento mundial destinado a congregar os adeptos do sistema *homeschooling* de ensino aconteceu no Rio de Janeiro, propondo questões cruciais que permeiam o assunto: quem é responsável pela educação domiciliar? Qual é o papel dos pais na educação dos filhos? Até que ponto o Estado é responsável pela educação das crianças?

Na oportunidade, foram reafirmados os compromissos assumidos na Conferência Global de Educação Domiciliar, em Berlim, Alemanha[51] (país em que somente se permite a educação escolarizada), em 3 de novembro de 2012, na Declaração de Berlim.

> DECLARAÇÃO DE BERLIM
>
> Nós, signatários desta declaração apresentada em 3 de novembro de 2012, na primeira Conferência Global de Educação Domiciliar em Berlim, Alemanha, por este meio,
>
> Relembramos a todas as nações que inúmeros tratados e declarações internacionais reconhecem o papel essencial, insubstituível e fundamental dos pais e da família na educação e formação das crianças como um direito natural que deve ser respeitado e protegido por todos os governos,
>
> Afirmamos a educação doméstica como uma prática onde pais e filhos exercem a atividade de se educar para buscar a aprendizagem que atenda às necessidades da família e das crianças,
>
> Notamos que, o artigo 26, parte 3, da Declaração Universal dos Direitos Humanos de 1948, ao afirmar que "os pais têm prioridade de direito na escolha do gênero de instrução que será ministrada a seus filhos" eleva e indica a preeminência do direito dos pais e da família em relação ao Estado,

51 CONFERÊNCIA..., 2012.

Além disso, note que o Pacto Internacional de Direitos Econômicos, Sociais e Culturais, no seu artigo 13.3 determina: "Os Estados-Partes do presente Pacto comprometem-se a respeitar a liberdade dos pais [...] de escolher para seus filhos escolas distintas daquelas criadas pelas autoridades públicas, sempre que atendam aos padrões mínimos de ensino prescritos ou aprovados pelo Estado, e de fazer com que seus filhos venham a receber educação religiosa ou moral que esteja de acordo com suas próprias convicções."

Além disso, note que o Pacto Internacional sobre os Direitos Civis e Políticos prevê, no artigo 18, parágrafo 4, que "os Estados Partes do presente Pacto comprometem-se a respeitar a liberdade dos pais e, quando aplicável, dos representantes legais, de assegurar a educação religiosa e moral de seus filhos de acordo com suas próprias convicções" e que esta convenção designa esse direito como inderrogável no artigo 4º, nº 2,

Além disso, note que o Art. 5º da Convenção da ONU sobre os Direitos da Criança exige que os Estados-Partes "respeitem as responsabilidades, direitos e deveres dos pais ... para fornecer, de uma forma consistente com as capacidades em desenvolvimento da criança, direção e orientação apropriadas no exercício por parte da criança dos direitos reconhecidos na presente Convenção" incluindo o direito à educação,

Além disso, note que a Declaração de Doha emitido em 30 de Novembro de 2004 pela Conferência Internacional de Doha para a Família, favoravelmente acolhida pela Assembleia Geral das Nações Unidas (A /RES / 59/111), enfatizou que "Os pais têm prioridade de direito na escolha do gênero de instrução que será ministrada a seus filhos e a liberdade para assegurar a educação religiosa e moral dos seus filhos de acordo com suas próprias convicções" e que são chamados para "Fortalecer o funcionamento da família, envolvendo mães e pais na educação dos seus filhos" e "Reafirmar que os pais têm prioridade de direito na escolha do gênero de educação que será ministrada a seus filhos" (Chamada para Ação, n. 16-18),

Além disso, note que o Relator Especial das Nações Unidas em Educação reconheceu que a educação em casa deve ser uma opção educacional legítimo especificamente em um relatório de março de 2007 sobre uma missão de observação oficial à Alemanha,

Além disso, note que a Convenção Europeia para a Proteção dos Direitos do Humanos e das Liberdades Fundamentais de 1950 prevê, no artigo 2 do Protocolo 1 que "no exercício das funções que tem de assumir no campo da educação e do ensino, o Estado deve respeitar o direito dos pais a assegurar aquela educação e ensino consoante as suas convicções religiosas e filosóficas,"

Além disso, note que o artigo 14.3 da Carta dos Direitos Fundamentais da União Europeia garante "o direito dos pais de assegurarem a educação e o ensino dos filhos de acordo com as suas convicções religiosas, filosóficas e pedagógicas deve ser respeitado, de acordo com as leis nacionais que regem o exercício de tal liberdade e direito",

Além disso, note que o Parlamento Europeu, na sua resolução de 23 de Outubro de 2012, sobre uma Agenda para a Mudança: o futuro da política de desenvolvimento da UE (P7_TA (2012) 0386, n. 15) "enfatiza a importância da solidariedade entre gerações; neste contexto, convida a Comissão (Europeia) para adotar a integração da família como um princípio orientador universal para alcançar os objetivos de desenvolvimento da" e que a educação domiciliar deve ser vista como parte importante da integração da família nas políticas educacionais,

Observa-se também que o art. 27.1 da Convenção para a proteção dos Direitos do Homem e das Liberdades Fundamentais (Convenção Europeia de Direitos Humanos) afirma: "No exercício das funções que as Partes Contratantes assumem em relação à educação e ao ensino, que devem respeitar o direito dos pais a assegurar para os seus filhos aquela educação e ensino que corresponde com suas próprias convicções e tradições nacionais",

Além disso, note que diversos estudos científicos indicam que a educação domiciliar é uma forma eficaz de educar as crianças para se tornarem cidadãos alfabetizados e produtivos membros da sociedade civil e que não há nenhuma evidência de danos para as crianças ou de um aumento do risco de dano com base na educação em casa, [...][52]

O quadro a seguir aponta um pequeno resumo de como a modalidade *homeschooling* é tratada em alguns países, se é prevista legalmente (ressalta-se que não se observou na pesquisa nenhuma proibição explícita em textos legais) e a menção a algumas decisões de tribunais constitucionais sobre o assunto.

52 Texto disponível em: http://ghex.world/wp-content/uploads/2018/05/Berlin-Declaration-Portuguese.pdf. Acesso em: 15 set. 2021.

Quadro 1 – Situações jurídico-legais acerca do *homeschooling* em alguns países

PAÍS	*STATUS*	PREVISÃO JURÍDICO-LEGAL
África do Sul	Permitido	*Act* nº 84, 51, de 1996.
Albânia	Permitido	O artigo 49, da Lei nº 7952, de 21/6/1995, isenta o aluno da frequência obrigatória.
Alemanha	Proibido	Decisão do Tribunal Constitucional Federal da Alemanha, em 2003.
Bélgica	Permitido	Art. 24, da Constituição belga.
Bolívia	Não há previsão legal	Alguns colégios fornecem o *Registro Único de Estudiantes* – RUDE – a estudantes em casa, que podem obter, com isso, a certificação de ensino regular.
Brasil	Não há previsão legal	O Supremo Tribunal Federal decidiu, em 2018, que a alternativa de educação domiciliar, deverá ser discutida pelo Congresso Nacional.
Canadá	Permitido	Cada província tem a sua regulamentação.
Chile	Não há previsão legal	No Art. 19, § 10, da *Constitución Política de La República*, os pais têm o direito e dever preferencial de educar seus filhos.
Equador	Permitido	*Acuerdo Ministerial* 0067-13.
Espanha	Proibido	Decisão do Tribunal Constitucional da Espanha – Sentença 133, de 2 de dezembro de 2010.
Estados Unidos	Permitido	Cada localidade tem a sua legislação; Washington D.C., por exemplo, regula os critérios de exceção ao ensino obrigatório dos oito aos 17 anos, incluindo o *home-based instruction* no RCW 28A.225.010.
Finlândia	Não há previsão legal	Seções 25 e 45 da *Basic Education Act 628/1998*.
França	Permitido	Art. L. 131-2 do Código Educacional Francês.
Holanda	Não há previsão legal	Artigos 2 e 3, da *Leerplichtwet* 1969, tratam da escolaridade obrigatória, com algumas exceções previstas no Art. 5º.
Hungria	Não há previsão legal	A Lei CXC, de 2011, sobre Educação Pública Nacional, trata da escolaridade obrigatória e apresenta algumas exceções a ela.

Ilhas Cayman	Permitido	Lei da Educação 2010, § 16.d.
Inglaterra e País de Gales	Permitido	Seção 7, da *Education Act*, de 1996.
Irlanda	Permitido	Artigo 42 da Constituição irlandesa.
Itália	Permitido	Decreto Legislativo nº 76, de 25 de abril de 2005, Art. 1º, parágrafo 4º, e Decreto-lei nº 62, art. 23.
Portugal	Permitido	Decreto-Lei nº 70, de 3 de agosto de 2021.
Suécia	Não é permitido	Lei Sueca de Educação *Skollag* (2010:800) define a escolaridade obrigatória.

Fonte: Quadro elaborado pelo autor, com base nas informações deste capítulo.

Não se pretendeu, a partir de menções a alguns países que permitiram ou não o *homeschooling*, apresentar um cenário abrangente de como essa alternativa de ensino tem se estabelecido no mundo. Trata-se de um quadro informativo para dar uma ideia de grandeza de como se encontra a legislação sobre o assunto nesses países. Esse capítulo pode provocar estudos mais aprofundados nos países citados. Por outro lado, as experiências desses países, ainda que recentemente, podem demonstrar algumas nuances da obrigatoriedade escolar e o cabimento de exceção ou não, o que pode colaborar com este estudo.

De qualquer maneira, percebe-se, nas leis e decisões judiciais, a intervenção do Estado na educação das crianças e jovens desses países e como se apresentam as escolhas dos pais nesse sentido. O próximo capítulo tratará dessa relação entre indivíduo, família e Estado, no que diz respeito à escolaridade obrigatória.

3

A DICOTOMIA DO INTERESSE PÚBLICO E PRIVADO NO ÂMBITO DA FAMÍLIA

As diversas teorias de conceituação do Estado costumam situar-se no contexto sociopolítico de uma nação. A evolução da tutela jurídica do direito fundamental à educação pode ser entendida a partir das diferentes gerações – ou dimensões – do Direito: Estado liberal, Estado social e Estado democrático de direito. No Brasil, considerando-se as suas constituições políticas, o primeiro momento liberalista, seguindo o modelo constitucional francês e inglês, ficou caracterizado na Constituição de 1824 e na de 1891; o segundo, na de 1934, época do governo de Getúlio Vargas, que consagrou os direitos sociais trabalhistas, sob influxo do Estado de bem-estar social, *Welfare State*. Muitos direitos fundamentais foram reduzidos com a Constituição de 1937, inspirada no regime fascista italiano e alemão, restaurados na de 1946 e suprimidos na de 1967. A terceira geração de direitos fundamentais, com fortes traços do constitucionalismo alemão, pode ser mais bem identificada na Constituição da República de 1988.

> Quem se propuser a uma análise em profundidade da evolução constitucional do Brasil não terá dificuldade em distinguir três fases históricas perfeitamente identificáveis em relação aos valores políticos, jurídicos e ideológicos que tiveram influxo preponderante na obra de caracterização formal das instituições: a primeira, vinculada ao modelo constitucional francês e inglês do século XIX; a segunda, representando já uma ruptura, atada ao modelo norte-americano

> e, finalmente, a terceira, em curso, em que se percebe, com toda a evidência, a presença de traços fundamentais presos ao constitucionalismo alemão do corrente século.[1]

Os direitos fundamentais atrelados ao Estado liberal, social e democrático costumam ser apresentados e divididos como parte histórica da geração (ou dimensão) de direitos. Norberto Bobbio (2004), sobre as circunstâncias históricas resultantes da eterna luta de classes em prol do estabelecimento da liberdade, argumenta que os direitos humanos são essencialmente históricos. Eles ocorrem por meio de circunstâncias que evidenciam a resistência aos velhos poderes estabelecidos.

> Do ponto de vista teórico, sempre defendi – e continuo a defender, fortalecido por novos argumentos – que os direitos do homem, por mais fundamentais que sejam, são direitos históricos, ou seja, nascidos em certas circunstâncias, caracterizadas por lutas em defesa de novas liberdades contra velhos poderes, e nascidos de modo gradual, não todos de uma vez e nem de uma vez por todas. O problema – sobre o qual, ao que parece, os filósofos são convocados a dar seu parecer – do fundamento, até mesmo do fundamento absoluto, irresistível, inquestionável, dos direitos do homem é um problema mal formulado: a liberdade religiosa é um efeito das guerras de religião; as liberdades civis, da luta dos parlamentos contra os soberanos absolutos; a liberdade política e as liberdades sociais, do nascimento, crescimento e amadurecimento do movimento dos trabalhadores assalariados, dos camponeses com pouca ou nenhuma terra, dos pobres que exigem dos poderes públicos não só o reconhecimento da liberdade pessoal e das liberdades negativas, mas também a proteção do trabalho contra o desemprego, os primeiros rudimentos de instrução contra o analfabetismo, depois a assistência para a invalidez e a velhice, todas elas carecimentos que os ricos proprietários podiam satisfazer por si mesmos.[2]

Os direitos fundamentais evoluíram da conformação entre o cidadão e o Estado, o que o alemão Georg Jellinek (1851-1911), jurista e filósofo do Direito, denominou Teoria dos *Status*. Seus estudos se deram principalmente na segunda metade do século XIX, acrescentando à clássica dimensão histórica – Estado liberal, social e democrático – o

1 BONAVIDES, 2014, p. 369.
2 BOBBIO, 2004, p. 9.

Estado absolutista, elemento fundamental na consolidação do Estado moderno. A atuação do Estado – do absolutista ao liberal, em relação ao cidadão –, tem importante destaque na sua Teoria, articulada em suas obras clássicas *Sistema dei diritti pubblici subbiettivi* (1912) e *Teoría General del Estado* (2000)[3].

> El Estado, en primer lugar, forma parte del mundo de los hechos, y por consiguiente, está encajado dentro del mundo de lo real en el sentido objetivo, esto es, que tiene existencia fuera de nosotros; es una variedad de hechos que se desenvuelven en el tiempo y en el espacio; pero estos hechos necesitan poder ser advertidos, incluso por quien no sepa nada acerca del hombre y sus fines, pues lo que existe realmente, existe independientemente de todo subjetivismo; así vemos y reconocemos en las relaciones humanas hechos sociales semejantes a los de ciertos animales. Lo que pasa en las colmenas o en los hormigueros, lo percibimos nosotros; pero no podemos interpretarlo con toda justeza. Aún hoy no está claro para la ciencia qué fuerzas orgánicas o psicológicas son aquellas sobre las que descansan estos instintos generadores de las sociedades animales; esto es, solo nos son suficientemente conocidos los hechos exteriores, pero no las fuerzas que están obrando internamente en cada uno de los miembros de la sociedad. Nosotros interpretamos, sin embargo, involuntariamente, en nuestro fuero interno, estos hechos, valiéndonos de analogías. Si no fuera por esto, veríamos tan sólo en ciertas sociedades una sucesión de hechos sin sentido, un organismo no humano. Pero un modo tal de considerar al Estado, exclusivamente desde su aspecto exterior, esto es, objetivo, como le habremos de llamar, ofrece solamente una imagen pobre, e insuficiente científicamente, del mismo. Los hechos sociales pueden comprenderse tan sólo con la condición de conocer los actos psíquicos que los determinan y acompañan; porque todos los hechos exteriores de la sociedad, del mismo modo que todos los cambios que tienen lugar em la vida de los hombres, van condicionados por la voluntad, cuya dirección y contenido están dados por la plenitud del ser psicológico y por la actuación del hombre. Mas con esta suerte de conocimiento se traslada el Estado del mundo de lo objetivo al mundo de lo subjetivo.[4]

3 Obras ainda sem tradução para a língua portuguesa.

4 JELLINEK, 2000, p. 159. "O Estado, em primeiro lugar, faz parte do mundo dos fatos e, portanto, está envolvido no mundo da realidade no sentido objetivo, isto é, tem existência fora de nós. É uma variedade de eventos que se desdobram no tempo e no espaço. Mas esses fatos precisam ser percebidos, mesmo por aqueles que

Status constitui, pois, a relação de subordinação do indivíduo, sujeito de direitos e deveres, em constante confronto com o Estado. Essa relação, segundo Jellinek (2000), pactua-se por intermédio de uma Constituição. Ou seja, os direitos e garantias fundamentais não teriam lugar em um regime autocrático, corroborado por uma mera Constituição simbólica, sem aplicação democrática. A expressão alegórica do Absolutismo "*L'État c'est moi* (O Estado sou eu)", atribuída ao Rei da França Luís XIV (1638-1715), constitui, portanto, um paradoxo, na medida em que o Estado não pode prescindir da participação do cidadão na esfera do poder político, garantido e estabelecido por uma Constituição democrática.

> A comienzos del siglo XVII, se habla por vez primera *status rei publicae* como expresión abreviada para indicar todo el status, em oposición a la corte, al ejército y las cámaras de los Estados, queriendo significar, por tanto, con aquél, el estado total de los asuntos generales del país. Más tarde se habla de *status publicus*; sin embargo, durante mucho tiempo la terminología es tan insegura que se designa con el mismo nombre la corte que la cámara de los príncipes.
>
> En el curso del siglo XVIII se consolida esta expresión, sin duda bajo el influjo de la literatura de la ciencia del Estado, y se designa con

não sabem nada sobre o homem e seus propósitos, uma vez que o que realmente existe existe independentemente de qualquer subjetivismo. Assim vemos e reconhecemos fatos sociais nas relações humanas semelhantes às de certos animais. O que acontece em colmeias ou formigueiros nós percebemos, mas não podemos interpretar em toda a sua justeza. Ainda hoje não está claro para a ciência que forças orgânicas ou psicológicas são aquelas em que repousam esses instintos geradores das sociedades animais; ou seja, somente nos são conhecidos suficientemente os fatos exteriores, mas não as forças que estão trabalhando internamente em cada um dos membros da sociedade. Interpretamos, no entanto, sem querer, no nosso foro íntimo, esses fatos, valendo-nos de analogias. Se não fosse por isso, veríamos apenas em certas sociedades uma sucessão de fatos sem sentido, um organismo não humano. Tal modo de considerar o Estado – exclusivamente pelo seu aspecto exterior, isto é, objetivo, como o haveremos de chamar – oferece somente uma imagem pobre e insuficiente cientificamente. Os fatos sociais podem compreender-se tão somente pela condição de conhecer os atos psíquicos que os determinam e os acompanham, porque todos os fatos externos à sociedade, do mesmo modo que todas as mudanças que têm lugar na vida dos homens, são condicionados pela vontade, cuja direção e conteúdo são dados pela plenitude do ser psicológico e pela atuação do homem. Com esse tipo de conhecimento, o Estado transporta-se do mundo objetivo para o mundo subjetivo." (tradução livre)

> esta voz a la totalidad de La comunidad política. Al final del citado siglo se termina este proceso, correspondiente a la transformación operada en la conciencia general que llevó a convertir los territorios en Estados. Sin embargo, la voz del Estado conserva un doble significado, cuyo rastro se deja sentir hasta em nuestros días. Así, por ejemplo, se llama estado a las provincias o territorios que tienen una constitución particular.[5]

Segundo a teoria do escritor alemão, são quatro os possíveis *status* que relacionam o indivíduo com o Estado e vice-versa: o passivo (*status subjectionis*), o negativo (*status libertatis*), o positivo (*status civitatis)* e o ativo (*status activus civitatis)*.

O *status passivus* ou *subjectionis*, garantido pelo poder do Estado absoluto, em que o dever predomina sobre qualquer direito, representa a submissão à lei. O *status* de sujeição do indivíduo ao poder constituído deu-se primordialmente com a criação do Estado Moderno, na segunda metade do século XV, a partir do desenvolvimento do capitalismo mercantil, marcando o fim do sistema feudal e o surgimento da classe liberal-burguesa. O *status passivus*, sob os regimes constitucionais, representa a obediência às leis, como o pagamento compulsório de impostos ao Estado. A noção de "passivo" vem do latim, que significa "sofrer algo" perante uma ação alheia.

> In forza della sua appartenenza allo Stato, l'individuo si trova adunque in una pluralità di rapporti di status. Per effetto della subordinazione allo Stato, che forma la base di ogni attività statale, l'individuo, entro la sfera dei suoi doveri individuali, si trova nello status passivo

5 JELLINEK, 2000, p. 156. "No começo do século XVII, falou-se pela primeira vez de "estado das coisas" como expressão abreviada para indicar todo o Estado, em oposição à corte, ao exército e às câmaras dos Estados, querendo significar, portanto, com aquele, o estado total dos assuntos gerais do país. Mais tarde, falou-se de Estado público; entretanto, durante muito tempo, a terminologia foi tão frágil, que se designou, com o mesmo nome, a corte e a câmara dos príncipes.

No curso do século XVIII, essa expressão foi consolidada, sem dúvida sob o influxo da literatura da ciência do Estado e se designou com essa voz a totalidade da comunidade política. Ao final do citado século, esse processo foi finalizado, tendo em vista a transformação operada na consciência geral, que levou a converter os territórios em Estados. Sem embargo, o termo Estado conserva um duplo sentido, cujo rastro se deixa sentir até em nossos dias. Assim, por exemplo, chama-se estado às províncias ou territórios que têm uma constituição particular." (tradução livre)

(passiven Status), nello status subjectionis, nel quale è esclusa l'autodeterminazione, e quindi la personalità. Una personalità assoluta dell'individuo, non subordinata, in massima, in alcuna maniera alla volontà dello Stato é una concezione incompatibile com la natura dello Stato, e che si riscontra soltanto nella mistica personalità prestatale, della speculazione del diritto naturale. Ogni personalità è adunque relativa, cioè a dire limitada; ed invero, anche la personalità dello Stato.

Chiamato ad adempiere determinati scopi, anche Stato è limitato nella sua capacità di agire, per effeto del dovere morale, che ad esso incombe di riconoscere la personalità dei sudditi; esso apparisce giuridicamente obligato in forza dei suo stesso ordinamento giuridico. La relazione fra lo Stato e la persona singola è cosi fatta, che l' uno e l altra appariscono come due grandezze, le quali si integrano a vicenda. Collo sviluppo della personalità individuale diminuisce l'estensione dello status passivo, e con ciò il campo della potestà dello Stato. Non per nulla la storia politica moderna ha per contenuto il costante sviluppo della personalità individuale, e con ciò ha il suo fondamento nel fatto che lo Stato moderno si compensa continuamente della limitazione della sua esfera di attività coll"indirizzarsi per altre vie, mentre, col creare nuovi doveri per i sudditi, esso, uno dopo l"altro, fa obbietto della sua azione amministrativa, campi dai quali il suo potere sovrano era stato fino allora giruricamente escluso.[6]

6 JELLINEK, 1912, p. 96-97. "Em virtude de pertencer ao Estado, o indivíduo confronta-se, portanto, com uma variedade de acordos relacionados aos *status*. Como resultado da subordinação ao Estado, que constitui a base de todas as atividades estatais, o indivíduo, dentro da esfera de direitos individuais, encontra-se em um estado passivo ou *status subjectionis*, que exclui a autodeterminação e, em seguida, a sua personalidade. Uma personalidade absoluta do indivíduo – e não condicional, em princípio – é incompatível com a vontade do Estado, com o conceito da natureza do Estado, e não apenas existe na personalidade pré-estatal mística, por especulação do direito natural. Cada personalidade, portanto, relaciona-se, isto é, limita-se e, na verdade, confunde-se com a personalidade do próprio Estado.

Chamado a cumprir determinados fins, o próprio Estado é limitado na sua capacidade de atuação, devido ao dever moral que lhe incumbe de reconhecer a personalidade dos seus súditos, juridicamente obrigado em virtude de seu próprio sistema legal. A relação entre o Estado e o indivíduo é feita de tal forma que um e outro aparecem como duas grandezas que se complementam. Com o desenvolvimento da personalidade individual, a extensão do *status* passivo diminui e, com ela, o campo do poder estatal. Não é à toa que a história política moderna tem como conteúdo o desenvolvimento constante da personalidade individual. Isso tem fundamento no

A soberania absoluta, como instância de poder, deixou de ser atribuída naturalmente ao monarca ("soberano"), para ser elemento caracterizador do Estado-nação. Para garantir a autodeterminação dos povos, surgiu a necessidade do uso da força, por meio do direito estatal, havendo uma transferência da vontade individual para a vontade soberana do Estado, com o fim de garantir a independência do território e do povo. Essa organização da sociedade civil seria conseguida, para o filósofo suíço Rousseau (1712-1778), por meio de um contrato social, com o qual prevaleceria a soberania política da vontade coletiva.[7]

> Assim surgiu o Estado Moderno, com um território que um povo declarou seu, com um povo que se proclamou independente perante outros povos, com um poder que, pela força e pelo direito, se organizou para a independência do território e do povo.
>
> Assim surgiu a soberania como feição nova do Poder, como expressão de uma nova unidade cultural, indicando a forma especial que o Poder assume quando um povo alcança um grau de integração correspondente ao Estado Nacional. E, então, se disse que a soberania caracterizava o Estado Moderno, como a autarquia havia caracterizado a *polis* e a *civitas*, e a autonomia havia sido o elemento distintivo das comunas medievais. (REALE, 2013, p. 44)

Para Jellinek (2000), o *status libertatis*, marcado pela liberdade privada, garante ao cidadão que o Estado deve apenas proteger os direitos dos indivíduos, abstendo-se de agir com o usual despotismo no período pós-Idade Média, sendo, pois, negativo, assinalado pela abstenção de fazer ou prestar. O *status* negativo constitui o campo dos direitos civis.

> La sovranità dello Stato è un potere obbiettivamente limitado, che si esercita nell interesse generale. Esso è una potestà esercitata sopra persone, che no sono in tutto e per tutto subordinate, cioè a dire sopra nomini liberi. Al membro dello Stato appartiene perciò uno status, nel quale egli è signore assoluto, una sfera libera dallo Stato,

fato de que o Estado moderno compensa continuamente a limitação de sua esfera de atividade, tomando outros caminhos ao criar novos deveres para os súditos. O próprio Estado torna-se objeto de sua ação administrativa, cujo poder soberano, até então, estava juridicamente excluído." (tradução livre)

7 N.A. Cf. a obra *Do contrato social*, disponível em: http://www.dhnet.org.br/direitos/anthist/marcos/hdh_rousseau_contrato_social.pdf. Acesso em: 7 mar. 2023.

> una sfera che esclude *l'imperium*. Questa è la sfera della libertà individuale, dello status negativo, dello status libertatis, nella quale li scopi strettamente individuali sono adempiuti mediante la libera attività dell individuo.Tutta quanta l'attività dello Stato è esercitata nell interesse dei sudditi.[8]

Nos séculos XVII e XVIII, com o enfraquecimento do poder dos monarcas, principalmente a partir das conquistas advindas da Revolução Francesa, em 1789, surge a expectativa de se estabelecerem os direitos individuais de liberdade. O *status libertatis* pode ser associado à primeira dimensão dos direitos fundamentais, correspondendo ao Estado liberal, cujos princípios foram amplamente defendidos nas grandes revoluções europeias do final do século XVIII. O filósofo inglês John Locke (1632-1704), conhecido como o "pai do liberalismo", expôs sua teoria do Estado liberal e a propriedade privada em sua obra *Dois tratados sobre o governo* (1689). De acordo com ele, todos os homens tinham, ao nascer, direitos naturais – direito à vida, à liberdade e à propriedade. Suas ideias ajudaram a derrubar o absolutismo na Inglaterra e, por consequência, em outros países europeus. Outro defensor da liberdade econômica, o filósofo escocês Adam Smith (1723-1790) também defendia a propriedade privada, a não intervenção do Estado na economia e a liberdade contratual entre patrões e empregados.[9]

O "Século das Luzes", como ficou conhecido o século XVIII, divulgou o pensamento filosófico vigente e contribuiu enormemente para o movimento político libertário da Revolução Francesa, de 1789. Ao lado dos iluministas Locke, Diderot, Montaigne, Voltaire, Rousseau, D'Alambert, Montesquieu, o século XVIII amplificou a ideia da laicidade do Estado, cuja sociedade, sob o império das leis, assegura que a liberdade só pode consistir em poder fazer o que se deve querer e em

8 JELLINEK, 1912, p. 97. "A soberania estatal é um poder objetivamente limitado, que é exercido no interesse geral. É um poder exercido sobre pessoas não totalmente subordinadas, isto é, sobre pessoas nomeadas livremente. Assim, um *status* pertence ao membro do Estado, no qual ele é o senhor absoluto, uma esfera livre, que exclui o "Império". Esta é a esfera da liberdade individual, do *status* negativo, do *status libertatis*, em que os propósitos estritamente individuais são cumpridos pela livre atividade do indivíduo. Toda a atividade estatal é exercida no interesse dos súditos." (tradução livre)

9 N.A. Cf. a obra *A riqueza das nações*, disponível em: http://www.projetos.unijui.edu.br/economia/files/Adam-Smith-2.pdf. Acesso em: 7 mar. 2023.

não ser obrigado a fazer o que não se deve querer. O sentido *latu* de liberdade inicia-se no seio da família, garantido a partir do nascimento do indivíduo, restringindo-se à medida que alcança o contato com o outro, também portador das suas liberdades.

> Não é nas escolas públicas, em que a infância é instruída, que se recebe, nas monarquias, a educação principal; é quando se entra no mundo que, de alguma forma, a educação começa. É a escola do que chamamos honra, este mestre universal, que deve conduzir-nos em todos os lugares. Aí vemos e ouvimos sempre dizerem três coisas: que se deve colocar nas virtudes certa nobreza, nos costumes certa franqueza, nas maneiras certa polidez.[10]

Pode-se dizer que o pensamento liberal encontra antecedentes mesmo entre os filósofos gregos – principalmente os adeptos do estoicismo[11] – e latinos, ressalvando que a liberdade, na prática, nunca foi considerada um bem absoluto, haja vista a escravização de pessoas. Sob o império da lei, com base na visão maniqueísta do bem e do mal, surgem duas doutrinas éticas a pautar as discussões dos liberais: a busca pela felicidade do homem – doutrina hoje chamada de utilitarista – e a do Direito natural. Nesse confronto, postula-se a influência da natureza sobre os homens e a capacidade deles de a transformarem, de acordo com a sua conveniência, necessidade e possibilidade.

> Encontram-se na Antiguidade as duas grandes doutrinas éticas que irão dividir os liberais entre si: a doutrina hoje chamada "utilitarista", segundo a qual a única maneira de julgar se as leis são boas (ou más) consiste em averiguar seus efeitos sobre a felicidade dos homens, e a doutrina chamada do "Direito natural", segundo a qual o critério ético para julgar se as leis são boas ou más é a conformidade destas à ordem natural. É o argumento utilitarista que o jovem Sócrates

10 MONTESQUIEU, 2000, p. 41.

11 Disponível em: https://brasilescola.uol.com.br/filosofia/os-estoicos.htm. Acesso em: 5 fev. 2023. "O estoicismo foi uma das correntes filosóficas do helenismo mais influentes na Antiguidade. Essa escola de pensamento originou-se na cidade grega de Atenas próximo ao ano 300 a.C., embora seu fundador, Zenão, tenha sido um estrangeiro natural de Cítio (atual Lárnaca, na ilha de Chipre). O nome dessa escola originou-se do local em que esse pensador se reunia com seus discípulos, a saber, um pórtico do espaço público destinado à discussão política em Atenas – a ágora. Em todas as suas três fases, a herança socrática é evidenciada."

defendia contra o sofista Protágoras, enquanto, na tradição estoicista, a "conformidade à Natureza" desempenha este papel de critério ético último.[12]

Importa, para este estudo, o utilitarismo como uma doutrina ética que identifica o bem - ou interesse - com a felicidade, mas não a felicidade egoísta (ou privatista) e sim a da coletividade. Não se perca de vista que os destacados liberais utilitaristas ingleses Jeremy Bentham (1748-1832) e John Stuart Mill (1806-1873) não falavam de uma coletividade absoluta, o que seria impossível; esses dois filósofos defendiam o axioma da maior felicidade para o maior número de indivíduos.[13] Da mesma forma, a liberdade individual não pode ser absoluta, como queriam os ultraliberais - os clássicos, como Frédéric Bastiat (1801-1850), na França, e Herbert Spencer (1820-1903), no Reino Unido, e os modernos, como o austríaco Friedrich Hayek (1899-1902) e o estadunidense Milton Friedman (1912-2006), pertencentes à corrente que pregava, em linhas gerais, o fim do Estado.

> Para o utilitarismo, o critério ético último consiste na felicidade. O imperativo ético que disso decorre é que se deve realizar as ações que provocam mais felicidade. Mas a felicidade de quem se trata de proporcionar? Há, grosso modo, duas respostas lógicas possíveis a esta pergunta. De acordo com a primeira, as ações devem visar à felicidade daquele que age (essa doutrina é às vezes chamada de hedonismo egoísta). De acordo com a segunda, as ações devem visar à felicidade do conjunto da coletividade (é então o hedonismo universalista). Qual destas duas respostas é a do utilitarismo? Os teóricos desta doutrina foram extremamente claros sobre este ponto. Assim, John Stuart Mill escreve "[...] a felicidade da qual se trata, a que constitui o critério utilitarista para determinar o que é o bem e o que é o mal, não é a felicidade daquele que age, é a felicidade de todos os que estão envolvidos". Bentham não é menos claro: "Pode-se dizer", escreve, "que uma ação está de acordo com o princípio de utilidade [...] quando sua tendência a aumentar a felicidade da comunidade é maior que sua tendência a diminuí-la". A confusão que leva a doutrina egoísta aos utilitaristas talvez decorra do fato de que, segundo os

---

12 VERGARA, 1995, p. 14-15.

13 N.A. Cf. BENTHAM, Jeremy; MILL, John Stuart. *Uma introdução aos princípios da moral e da legislação*. São Paulo: Abril Cultural, 1979. (Os Pensadores)

> liberais utilitaristas, as diretivas práticas nas quais estas duas doutrinas morais resultam podem, em grande medida, coincidir. De fato, os liberais utilitaristas afirmam que, se um indivíduo segue seu interesse egoísta, agirá em muitos casos (e talvez na maioria dos casos) no sentido do maior interesse do ponto de vista da coletividade; e é exatamente o que a moral utilitarista exige.[14]

O domínio do público e do privado, segundo John Stuart Mill, citado por Vergara (1995), remete à Teoria dos *Status*, de Jellinek (2000), na medida em que equaciona o grau de intervenção estatal na vida do cidadão. Como visto, o *status libertatis* nunca será absoluto, uma vez que a abstenção do Estado é relativa. O direito à propriedade, por exemplo, considerado sagrado pelos jusnaturalistas, não elide o proprietário de ter os cuidados com o meio ambiente, em nome da coletividade; em caso de danos ambientais, justifica-se a atuação estatal para coibi-los ou repará-los ou, em alguns casos, até para promover a expropriação de bens.

> O raciocínio de Mill tem como ponto de partida a ideia intuitiva segundo a qual as ações dos indivíduos pertencem a dois domínios distintos. O primeiro, o domínio da liberdade individual, é aquele em que a sociedade nunca deve intervir, nem pela coerção decorrente das leis, nem pela pressão da opinião pública. O segundo, o domínio da jurisdição da sociedade, é aquele em que a sociedade pode e deve intervir, regulamentando, proibindo ou autorizando, punindo, etc. [...]
>
> O domínio da liberdade individual, diz-nos Mill, concerne as ações que só produzem efeitos sobre a pessoa que age; é o domínio das ações que não têm repercussões nocivas sobre os outros. O domínio de jurisdição da sociedade, ao contrário, é constituído pelas ações que têm consequências sobre os outros e que, por aí, podem provocar-lhes algum mal. Como diz Mill: "[...] desde que exista dano preciso, ou um risco preciso de dano, afetando um indivíduo ou o público em geral, o caso escapa do domínio da liberdade individual e ingressa no da moralidade e da lei". O elemento examinado, aquele ao qual nos vinculamos para determinar a que categoria pertence esta ou aquela ação, são justamente suas consequências.[15]

14 VERGARA, 1995, p. 30-31.

15 VERGARA, 1995, p. 36.

Na sua função defensiva, os direitos fundamentais, chamados de primeira geração, em seu aspecto clássico, constituíam uma proteção contra o Estado ou particulares que interferissem na fruição dos direitos à vida, à liberdade e à propriedade. Modernamente o *status negativus* e/ ou *libertatis*, de Jellinek (2000), funciona para garantir os direitos políticos, a proteção da intimidade, da vida privada, do sigilo dos dados pessoais, do direito à liberdade de expressão, desde que não haja apologia a práticas criminosas.

> Os direitos fundamentais na sua função defensiva caracterizam-se, portanto, essencialmente, como direitos negativos, dirigidos precipuamente a uma conduta omissiva por parte do destinatário (estado ou particulares – na medida em que se pode admitir uma eficácia privada dos direitos fundamentais). Abrangem, além dos assim denominados direitos de liberdade, a igualdade perante a lei, o direito à vida e o direito de propriedade, os quais integram o que se convencionou chamar de primeira geração dos direitos fundamentais. No mais, fazem parte deste grupo todos os direitos fundamentais que objetivam, em primeira linha, a proteção de certas posições jurídicas contra ingerências indevidas, de tal sorte que, em princípio, se cuida de garantir a livre manifestação da personalidade (em todos os seus aspectos), assegurando, além disso, uma esfera de autodeterminação (autonomia) do indivíduo. Percebe-se, pois, que o espectro dos direitos de defesa, os quais podem ser enquadrados no "*status negativus* e/ou *libertatis*", do qual já nos falava Jellinek, é de uma amplitude ímpar, englobando também as garantias fundamentais (direitos-garantia), os direitos políticos, proteção da intimidade e vida privada, parte dos direitos sociais e até mesmo os novos direitos contra manipulações genéticas e a assim denominada liberdade de informática e o direito à autodeterminação informativa.[16]

A liberdade de expressão, mencionada por Mill, citado por Vergara (1995), demonstra que existem limites para a sua aplicação e que somente a lei poderá definir o seu alcance. Para isso, Mill apresenta dois exemplos do domínio do privado, assinalado pela opinião sobre os possíveis crimes praticados pelo imperador romano Júlio César e a dúvida acerca da existência ou não das câmaras de gás na Segunda Guerra Mundial. No primeiro caso, está-se diante de uma opinião sem reflexos danosos à sociedade, sendo uma manifestação do domínio privado; já

16 SARLET, 2001, p. 14.

no segundo exemplo, em nome da proteção à memória dos milhões de judeus mortos no Holocausto provocado por Hitler durante o conflito mundial, a expressão da opinião pode ser cerceada por intermédio da lei.

> Compreende-se por que essa definição do domínio privado pode parecer chocante. Ela vai contra um liberalismo intuitivo e popular que acredita na existência de esferas de atividades nas quais a lei nunca deve penetrar, esferas que seriam invioláveis *per se*, como o lar familial, os contratos entre adultos são de espírito, a expressão de opiniões, etc. O critério de Mill não admite essas esferas de atividades que escapariam totalmente da jurisdição da sociedade, pois se trata, indiscutivelmente, de domínios onde as ações de alguns podem ser de origem de desgosto para outros.[17]

A liberdade de educar os filhos em casa sem a obrigatoriedade de os matricular numa escola regular assimilou o ideal preconizado no liberalismo utilitarista advindo do século XVIII. A liberdade de consciência religiosa, uma das principais impulsionadoras da prática do *homeschooling*, constitui um desdobramento das liberdades reclamadas pelos iluministas. Em seu *Tratado sobre a tolerância* (1763), o filósofo francês Voltaire (1694-1778) associa a liberdade de pensamento à garantia da paz: "A Alemanha seria um deserto coberto pelas ossadas de católicos, evangélicos, reformados, anabatistas mortos uns pelos outros, se a paz de Vestfália não tivesse proporcionado enfim a liberdade de consciência".[18]

Se, no *status* passivo, a sujeição ao monarca constituía o respeito às leis, no *status libertatis*, o súdito busca sua autonomia, exigindo o distanciamento do ente estatal, para maior fruição dos seus direitos, garantias e interesses. Nesse propósito, a representação legislativa significa uma maneira de o indivíduo se defender de desmandos do monarca. "O racionalismo, o culto ao legislador e às regras, associado ao positivismo jurídico, a celebração dos direitos individuais que derivam da natureza humana, todos eles aparecem juntos pela primeira vez no pensamento estoico mais recente e em Cícero".[19] Não se pode perder de vista, porém, que a ideia do Estado mínimo, preconizado pelos ultraliberais, ou mesmo da ausência total do Estado, marcada pela anomia, não corresponde

17 VERGARA, 1995, p. 39.
18 VOLTAIRE, 2015, p. 45.
19 DOUZINAS, 2009, p. 67.

à realidade racional dos fatos. Mesmo nos governos liberais – a conferir o de Margareth Thatcher, no Reino Unido, e de Ronald Reagan, nos Estados Unidos –, houve a necessidade de intervenção estatal para conter a voracidade monetária do mercado financeiro.

> O liberalismo clássico como forma de organização da sociedade humana foi apenas um momento na história do mundo ocidental, um momento precedido pelo dirigismo de tipo mercantilista ou despótico e seguido por uma forma de organização em que o Estado intervém bem mais que o previsto pelos clássicos. É praticamente impossível que os Estados modernos andem para trás para voltar ao ideal do liberalismo clássico. Mesmo no Reino Unido, onde o thatcherismo durou dez anos, o movimento de volta ao passado foi, neste período, bastante limitado. Quanto ao ultraliberalismo como forma de organização da sociedade humana, não se pode dizer que tenha sido um momento na história da humanidade; o ideal que propõe, o de um Estado mínimo, nunca chegou a existir, nem no Reino Unido por volta de 1860. Ao contrário do liberalismo clássico, o ultraliberalismo é pura utopia.[20]

O pensamento liberal, desconfiado da ideia da obrigatoriedade do poder instituído pelo Estado, pode ser considerado influenciador daqueles que defendem o ensino em casa. Marcado, como já visto, pela negação da intervenção estatal, o *status libertatis* seria a garantia de que os pais teriam salvo-conduto para não submeterem seus filhos ao ensino público regular. Nesse sentido, não há falar em negação total da influência escolar, assim como os ultraliberais que pregam a ausência total do Estado, mas sim em uma tentativa de transportar a escolarização para o ambiente doméstico. Dessa forma, ainda se observam traços do *status* passivo nessa escolha, que não é totalmente livre, uma vez que guarda a memória do influxo do ensino proporcionado pelo Estado. O *status* passivo carrega consigo a ideia de dever. A interferência do Estado como titular do dever, na proposta liberal, deve ser a menor possível, de modo a evitar a anomia.

> Apesar de considerado como conquista o fato de o Estado ter se incumbido da tarefa de oferecer educação escolar para todos, mantendo um período de estudo obrigatório, surgem posições contrárias a

20 VERGARA, 1995, p. 132.

> essa vertente. É contra o Estado que monopoliza a direção da educação escolar, obrigando os cidadãos a segui-la, que se posicionam os favoráveis ao ensino em casa, suscitando questões teóricas sobre o ensino livre, muito semelhantes às formuladas pelos liberais.
>
> Ainda que seja possível associar as ideias presentes na reivindicação e/ou na prática do ensino em casa com outras teorias, como a anarquista (mais associada aos *unschoolings*), optou-se por destacar o pensamento liberal e sua relação com o debate que permeia o tema do ensino em casa, por ser a negação da compulsoriedade a grande questão dentro do pensamento liberal.[21]

A resistência à compulsoriedade da frequência escolar, orientada pela não intervenção estatal, assinalou a década de 1970 nos Estados Unidos da América. As ideias de John Holt (1923-1985) e Ivan Illich (1926-2002) ganharam notoriedade pela defesa da "sociedade sem escolas", calcada na crítica à estrutura padronizada escolar, acabando por alavancar o *homeschooling* no país, como expressão de matriz liberal e, depois, na década de 1990, neoliberal.

> Pode-se perceber que a ideia de negação da compulsoriedade escolar, associada a um Estado mínimo, que deve intervir minimamente nas questões educacionais, como defendido nesse ângulo, influenciou a história do movimento homeschooling na América do Norte. De acordo com Reich (2002), ao analisar as motivações das famílias praticantes do homeschooling, elas expressavam uma orientação liberal, humanista e pedagógica, na década de 1970.[22]

Contemporâneo e compatriota do professor John Holt, Murray Rothbard (1926-1995), economista e filósofo estadunidense, rejeitava a interferência estatal na esfera da liberdade educacional da família, reforçando a teoria do Estado mínimo. O autor articula a seguinte questão sobre a relação família-Estado: "quem deve ser o supervisor da criança, os pais ou o Estado?".[23] Para responder a essa pergunta, vertida para a instrução regular, Rothbard considerava a instrução individual da criança melhor opção de ensino do que a escolarização obrigatória, marcada, segundo ele, pela tentativa impossível de se uniformizar o ensino

21 BARBOSA, 2013, p. 90.
22 OLIVEIRA; BARBOSA, 2017, p. 204.
23 ROTHBARD, 2013, p. 19.

aplicado aos jovens. A diversidade cultural dos estudantes numa sala de aula não permitiria que eles obtivessem um rendimento em igualdade de condição, prejudicando os superdotados e ampliando as dificuldades dos mais atrasados no processo de ensino-aprendizagem.

> É óbvio, portanto, que o melhor tipo de instrução é a instrução individual. Um curso no qual um professor instrui um pupilo é claramente, de longe, o melhor tipo de curso. É somente sob tais condições que as potencialidades humanas podem desenvolver em seus mais altos níveis. É claro que a escola formal, caraterizada por aulas nas quais um professor instrui muitas crianças, é um sistema imensamente inferior. Visto que cada criança difere das outras em interesses e habilidades, e o professor só pode ensinar uma coisa de cada vez, é evidente que cada sala de aula deve converter toda a instrução em um molde uniforme. Independente do modo como o professor instrui, com qual ritmo, calendário ou variedade, ele está praticando um abuso com todas as crianças. Qualquer escolaridade envolve inapropriadamente estirar cada criança na cama procusteana [[24]] da uniformidade incompatível.[25]

Para o autor, os pais se constituem como as melhores opções de gestores da educação de seus filhos, uma vez que conhecem suas necessidades e personalidades, e cujo ponto de vista os considera como seus bens: "Finalmente, acreditando numa sociedade livre, onde cada um é dono de si e do que produz, é óbvio que seu próprio filho, um de seus bens mais preciosos, também está sob sua guarda".[26] Sob esse viés do "libertarismo" americano, como recorte do sistema econômico, as crianças seriam propriedades dos pais, que exercem o seu poder familiar com a mais absoluta liberdade. A escolaridade obrigatória seria, portanto, a manifestação da tirania estatal, responsável pela coletivização da propriedade das crianças sob a sua tutela.

As conquistas advindas do Estado liberal marcaram, pois, os direitos individuais dos súditos, o que lhes proporcionou, ainda que limitadamente, sua independência em relação ao Estado. Com o passar

---

24 "Originado na mitologia grega, Procusto era um gigante que vivia em uma estalagem nas colinas de Ática. Os viajantes que dormiam em sua cama de ferro eram 'enquadrados' pelo padrão do gigante e tinham suas cabeças ou pés cortados se fossem maiores ou esticados, se menores." (ROTHBARD, 2013, p. 16-17)

25 *Idem*, p. 17.

26 *Idem*, p. 19.

do tempo, em decorrência principalmente da industrialização maciça, surgiram novas demandas que exigiam maior intervenção estatal. A essa fase, assinalada por uma necessidade maior de regulação do Estado na ordem socioeconômica, Jellinek (2000) chamou *status positivus* ou *civitatis*. Esses *status* são entendidos como direitos gerais, que atingem toda a sociedade, conforme citados pelo autor, correspondentes ao direito à saúde e à segurança pública, por exemplo. O *status* positivo diz respeito ao conjunto de interesses individuais, contrariando a ideia de abstenção, conferida ao *status* negativo. Nessa configuração, a atuação estatal deve alcançar a totalidade dos cidadãos, em uma relação que não mais se amolda à subserviência passiva ao Estado. Ao contrário disso, os direitos e interesses dos cidadãos, não mais súditos, devem ser ouvidos e efetivados.

> Ogni azione è azione nel pubblico interesse. L'interesse generale non è assolutamente necessario che coincida, ma può incidere com l'interesse individuale. In quanto tale ultima ipotese si verifica e la coincidenza è riconosciuta dallo Stato, questo accorda all'individuo pretese giuridiche (Auspruche) all'attività statale e mette a disposizione di lui rimedi giurici per realizzarla. In questa maniera lo Stato eleva l'individuo alla condizione di membro della comunità statale dotato di facoltà aventi carattere positivo, gli conferisce lo status di cittadinanza, il quale è del tutto separato dallo status semplicemente negativo, e cioè dall'esteso campo che abbraccia le azioni giuridicamente indifferenti per lo Stato.[27]

O capitalismo comercial, empregado sobretudo a partir da colonização da América, África e Ásia, cedeu espaço ao capitalismo industrial, impulsionado pelo processo de industrialização. As máquinas começaram a substituir o trabalho manual e, de um pré-capitalismo, esse sistema econômico atinge outro patamar de desenvolvimento, a

27 JELLINEK, 1912, p. 127. "Toda ação é uma ação de interesse público. O interesse geral não é absolutamente coincidente com o interesse individual, mas pode afetá-lo. Quando a coincidência de interesses é reconhecida pelo Estado, as reivindicações legais individuais (*Auspruche*) são concedidas pela atividade estatal, que coloca à sua disposição remédios jurídicos para alcançá-la. Dessa maneira, ele eleva o indivíduo ao *status* de membro da comunidade estatal, dotada de faculdades de caráter positivo, conferindo a ele o *status* de cidadania, completamente apartado do *status* simplesmente negativo, ou seja, do extenso campo que abrange ações legalmente indiferentes para o Estado." (tradução livre)

partir de novas técnicas de produção de mercadorias. Nesse momento, os produtos manufaturados da primeira fase capitalista (capitalismo comercial ou mercantil) tornam-se produtos industrializados, por meio da mecanização que despontava na Inglaterra. Uma das maiores invenções desse período, a máquina a vapor - gerada por meio da combustão do carvão - foi essencial para aumentar a produção de mercadorias e, consequentemente, o lucro dos produtores.

> O avanço do capitalismo como modo de produção dominante na Europa ocidental foi desestruturando, com velocidade e profundidade variadas, tanto os fundamentos da vida material como as crenças e os princípios morais, religiosos, jurídicos e filosóficos em que se sustentava o antigo sistema. Profundos câmbios na estrutura de classes e na ossatura do Estado foram ocorrendo em muitas das sociedades europeias. A dinâmica do desenvolvimento capitalista e as novas forças sociais por ele engendradas provocaram o enfraquecimento ou desaparecimento, mais ou menos rápido, dos estamentos tradicionais - aristocracia e campesinato - e das instituições feudais: servidão, propriedade comunal, organizações corporativas artesanais e comerciais. A partir da segunda metade do século 18, com a primeira revolução industrial e o nascimento do proletariado, cresceram as pressões por uma maior participação política, e a urbanização intensificou-se, recriando uma paisagem social muito distinta da que antes existia. Os céus dos grandes centros industriais começaram a cobrir-se da fumaça despejada pelas chaminés de fábricas que se multiplicavam em ritmo acelerado, aproveitando a considerável oferta de braços proporcionada pela gradual deterioração da propriedade comunal.[28]

As iniciativas estatais surgem para diminuir as enormes desigualdades sociais provocadas pelo aumento vertiginoso e desenfreado da exploração de um capitalismo primitivo e o crescente avanço populacional nas áreas urbanas. Nesse ambiente, os alemães Karl Marx (1818-1883) e Friedrich Engels (1820-1895) publicaram o *Manifesto Comunista*, em 1848, com forte crítica ao modelo capitalista burguês anterior. Para os autores, a Revolução Francesa retirou os poderes das mãos do monarca e repassou para os burgueses, o que justificava uma revolução sistemática e coesa do proletariado.

28 QUINTANEIRO, 2009, p. 10.

No final do século XIX, a Igreja Católica se posicionou contra as desigualdades sociais e publicou a *Carta Encíclica Rerum Novarum, do Sumo Pontífice Papa Leão XIII*, em 15 de maio de 1891. No documento, a Igreja exorta o Estado e os detentores do capital para que se posicionem diante da necessidade de melhor distribuição de renda: "Façam os governantes uso da autoridade protectora das leis e das instituições; lembrem-se os ricos e os patrões dos seus deveres; tratem os operários, cuja sorte está em jogo, dos seus interesses pelas vias legítimas".[29]

A Constituição do México, de 5 de fevereiro de 1917, e a de Weimar, na Alemanha, de 11 de agosto de 1919, promulgadas com o propósito de reduzirem as desigualdades sociais em seus países, inseriram direitos trabalhistas em seus textos legais, representando o ápice da crise do Estado liberal. A fruição dos direitos anteriormente conquistados, principalmente o direito à educação pública, deveria ser albergada pelo Poder Judiciário, extremamente fortalecido nesse período como guardião dos direitos sociais.

> A transição entre o Estado liberal e o Estado social promove alteração substancial na concepção do Estado e de suas finalidades. Nesse quadro, o Estado existe para atender ao bem comum e, consequentemente, satisfazer direitos fundamentais e, em última análise, garantir a igualdade material entre os componentes do corpo social. Surge a segunda geração de direitos fundamentais – a dos direitos econômico-sociais –, complementar à dos direitos de liberdade. Agora, ao dever de abstenção do Estado substitui-se seu dever a um *dare, facere, praestare*, por intermédio de uma atuação positiva, que realmente permita a fruição dos direitos de liberdade da primeira geração, assim como dos novos direitos. E a função de controle do Poder Judiciário se amplia.[30]

A transição do Estado liberal utilitarista torna patente a função estatal na assunção de tarefas que interessam ao coletivo, ou à felicidade coletiva. O papel do Estado não deve mais ser visto como o de só regulamentar, mas o de garantir direitos e interesses coletivos.

---

29 Disponível em: https://www.vatican.va/content/leo-xiii/pt/encyclicals/documents/hf_l-xiii_enc_15051891_rerum-novarum.html. Acesso em: 7 mar. 2023.

30 GRINOVER, 2015, p. 2.

> Segundo a doutrina utilitarista, o Estado tem o mesmo imperativo ético que o indivíduo; seu dever é fazer todo o possível para aumentar a felicidade coletiva. Dentre as ações que favorecem a felicidade, uma parte é empreendida, espontaneamente, pelos próprios indivíduos (alimentar os filhos, por exemplo). Não é necessário, portanto, que o Estado realize essas ações, dado que os indivíduos encarregam-se disso eles mesmos. Mas resta uma profusão de coisas úteis para a sociedade que ninguém, a não ser o Estado, assume.[31]

Os direitos de primeira geração (ou dimensão), na sua matriz liberal burguesa, são associados à liberdade, garantindo ao cidadão o direito fundamental à sua fruição, assegurada defensivamente pela não intervenção do Estado. Acontece que a liberdade individual, em muitas esferas, como a educação básica, pode denotar um projeto egoísta diante da oferta de prestação estatal da "educação para todos". O *status positivus*, de Jellinek (2000), implica a conquista histórica desse dever de prestação ativa do Estado, na medida em que sua aplicabilidade deve alcançar o maior número de pessoas. Com vistas a efetivar a igualdade material (fática), o Estado pode até mitigar direitos de uma parcela da população, na busca da promoção da justiça social. Os programas de transferência de renda, por exemplo, afetariam as grandes fortunas, diminuindo, que seja minimamente, a liberdade de capital, mas, em nome da redução da desigualdade social, buscariam garantir o *status* da dignidade humana e aumentar o usufruto da liberdade real também para os mais necessitados.

> Vinculados à concepção de que ao Estado incumbe, além da não intervenção na esfera de liberdade pessoal dos indivíduos, assegurada pelos direitos de defesa (ou função defensiva dos direitos fundamentais), a tarefa de colocar à disposição os meios materiais e implementar as condições fáticas que possibilitem o efetivo exercício das liberdades fundamentais, os direitos fundamentais a prestações objetivam, em última análise, a garantia não apenas da liberdade-autonomia (liberdade perante o Estado), mas também da liberdade por intermédio do Estado, partindo da premissa de que o indivíduo, no que concerne à conquista e manutenção de sua liberdade, depende em muito de uma postura ativa dos poderes públicos. Assim, enquanto os direitos de defesa ("*status libertatis* e *status negativus*") se dirigem, em princípio, a uma posição de respeito e abstenção por

31 VERGARA, 1995, p. 44.

> parte dos poderes públicos, os direitos a prestações, que, de modo geral, e ressalvados os avanços que podem ser registrados ao longo do tempo, podem ser reconduzidos ao "*status positivus*", de Jellinek, implicam postura ativa do Estado, no sentido de que este se encontra obrigado a colocar à disposição dos indivíduos prestações de natureza jurídica e material (fática).[32]

A liberdade de educar, segundo Mill, mencionado em Vergara (1995), não constitui exclusividade da esfera privada. A sociedade, por meio da intervenção estatal, tem o poder-dever de interferir na educação dos filhos, quando eles estiverem sendo privados da liberdade de ir e vir, ou sendo submetidos a qualquer tipo de abuso por parte dos pais ou mesmo quando houver o comprometimento de seu aprendizado. Compete ao Estado, nesses casos ou em outros que prejudiquem os jovens estudantes, regulamentar a educação, em nome da proteção dos interesses e direitos das crianças e adolescentes.

> As medidas tomadas pelos pais no sentido de garantir a educação de seus filhos e o modo como esses mesmos pais alimentam sua prole são duas questões que pertencem, de acordo com o critério de Mill, ao domínio de jurisdição da sociedade e não ao domínio do privado. De fato, não se trata de ações cujas consequências afetam apenas o chefe da família, e sim de ações que têm repercussões sobre a saúde moral e física das crianças. Portanto, a sociedade tem o direito de se intrometer nesses domínios, podendo, legitimamente, regulamentar.[33]

Para o francês Fréderic Bastiat (1801-1850), entre outros ultraliberais do século XIX, o Estado liberal deveria ser o garantidor de direitos, sem se imiscuir na vida, liberdade e propriedade das pessoas. Para os clássicos - também franceses - Anne Robert Jacques Turgot (1727-1781) e Marie Jean Antoine Nicolas de Caritat, o Marquês de Condorcet (1743-1794), bem como o estadunidense Thomas Jefferson (1743-1826), o Estado deveria ser garantidor de direitos sociais por dever de justiça. A educação pública e os programas de amparo aos mais necessitados, por exemplo, constituiriam a busca por um mínimo existencial, que alcançasse o estabelecimento de um mecanismo de defesa da dignidade da pessoa humana.

---

32 SARLET, 2001, p. 15.
33 VERGARA, 1995, p. 40.

> O Estado deve, portanto, garantir que cada um goze pacificamente a vida, a liberdade e suas propriedades. Segue-se que o Estado deve se munir das instituições necessárias para o respeito desse gozo; essas instituições são o exército, a polícia, os juízes e tribunais, as prisões, etc.
>
> Para os ultraliberais do século XIX, como Fréderic Bastiat, o dever de Justiça parava aí. Para os clássicos, como Turgot, Condorcet e Jefferson, o dever de Justiça do Estado era muito mais abrangente. A educação do povo e o amparo às populações carentes faziam parte do dever de Justiça. O Estado devia, portanto, implantar e manter as instituições necessárias para cumprir esses dois deveres.
>
> [...] chega-se à conclusão de que o amparo às populações carentes pode igualmente ser um dever de Justiça e não de Beneficência. De fato, no que diz respeito ao amparo aos necessitados, existe um mínimo que lhes é "devido" pela sociedade para que eles possam desfrutar seu direito natural à vida. Conceder este mínimo é, portanto, um dever de Justiça e não de Beneficência.[34]

Ainda na contraposição entre os ultraliberais e os clássicos, Vergara (1995) apresenta, de um lado, o posicionamento do estadunidense Milton Friedman (1912-2006) e, de outro, do britânico John Stuart Mill (1806-1873), acerca do fornecimento de serviços escolares pelo Estado. Para o ultraliberal Friedman, não poderia haver educação pública subsidiada pelo Estado, pois o próprio mercado ofereceria esses serviços. Para Mill, a escolarização pública deveria alcançar o maior número de pessoas, como direito social, visando à universalidade, o que a tornaria gratuita e obrigatória. Esse britânico destacava, ainda, que o interesse particular nem sempre coincide com o interesse coletivo, devendo este se pautar, de acordo com o ideal liberalista utilitário, como o maior garantidor da felicidade coletiva, o que, como já visto, não poderá ser um direito absoluto.

> Uma das principais divergências entre clássicos e ultraliberais no tocante ao ensino diz respeito à utilidade de ver a administração pública *fornecer serviços escolares além daqueles oferecidos espontaneamente pelo mercado*. Segundo Milton Friedman, providenciar esses serviços escolares não é necessário. [...] O raciocínio de Friedman parece ser o seguinte: o mercado oferece espontaneamente uma quantidade suficiente de ensino; não é necessário nem útil que o governo intervenha

34 *Idem*, p. 77; 83.

> para oferecer serviços educativos adicionais. Os liberais clássicos não concordavam em absoluto com este ponto de vista. John Stuart Mill, por exemplo, escrevia, sobre o Reino Unido, em 1859 (justamente na época em que Milton Friedman afirma que a escolarização era "praticamente universal"): "A educação dispensada neste país com base no princípio voluntário [...] até em quantidade é, e provavelmente permanecerá, totalmente insuficiente. [...] A educação, portanto, é uma dessas coisas que se admite, do ponto de vista dos princípios, que o governo se encarregue de fornecer ao povo".
>
> O interesse particular coincide com o interesse coletivo? Duas respostas foram dadas a esta questão. Segundo a primeira resposta, a dos ultraliberais, os dois interesses coincidem sempre ou necessariamente ou automaticamente (é preciso, naturalmente, que o indivíduo siga seu interesse sem deixar de respeitar as regras da justiça, ou seja, sem roubar, sem matar, sem obrigar).
>
> [...] Os liberais clássicos propõem uma resposta diferente. Para eles, o interesse particular nem sempre coincide com o interesse coletivo; esta coincidência acontece frequentemente, mas não necessariamente, nem automaticamente. O interesse particular pode estar às vezes em contradição com o interesse público.[35]

A ineficiência apresentada pelo Estado de bem-estar social (Estado-providência ou *Welfare State*) em fazer valer suas políticas protecionistas e gerar bens públicos provocou um novo reordenamento da estrutura de poder mundial, culminando no processo de globalização da economia e no neoliberalismo como modelo de Estado. A iniciativa privada voltou-se para o social, agindo na lacuna da atividade estatal para a diminuição da pobreza, mas acentuando ainda mais a desigualdade social.

Jellinek (2000) traça uma linha de ascendência entre os quatro *status*: passivo, em que o súdito presta obediência ao monarca; negativo, marcado pela libertação do jugo estatal; positivo, com maior participação do Estado social; e ativo, em que o cidadão também participa do exercício do poder estatal. O autor cita como exemplo do *status* ativo, ou *status activus civitatis*, o direito de votar e ser votado. Numa dimensão maior, podemos entender o ser humano como um cidadão do mundo, devendo ser partícipe da história social e do contexto que o cerca, cuja transformação também é de sua responsabilidade.

35 VERGARA, 1995, p. 113; 116.

> In questi quattro status, quello passivo, quello negativo, quello positivo, quello attivo, si compendiano le condizione nelle quali può trovarsi l'individuo nello Stato come membro di esso. Prestazioni allo Stato, libertà dallo Stato, pretese verso lo Stato, prestazioni per conto dello Stato sono i punti di vista dai quali può essere considerata la situazione di diritto publico dell'individuo. Questi quattro status formano una linea ascendente, in quanto che prima l'individuo, per il fatto che è tenuto a prestare obbedienza allo Stato, appare privo di personalità, poscia è a lui riconosciuta una sfera indipendente, libera dallo Stato, indi lo Stato stesso si obliga a prestazioni verso l'individuo, fino a che in ultimo la volontà individuale è chiamata a partecipare all'esercizio del potere statale o magari viene riconosciuta come investita (*Trüger*) dell'imperium dello Stato.[36]

A globalização da economia veio acompanhada da expansão e velocidade da comunicação. Amplifica-se também a ideia da cidadania ativa, ou "*status* ativo", em que o cidadão – agora como parte integrante do Estado – toma consciência dos seus direitos e deveres. Pode-se ressaltar também a universalidade dos direitos fundamentais, num contexto em que se torna inconcebível falar na separação do direito público e privado, ainda sob o influxo liberal burguês. O poder e a rapidez das informações auxiliam na eficácia e efetividade dos direitos fundamentais, por meio da denúncia das violações aos direitos humanos ou por intermédio da cobrança mundial por ações governamentais assertivas na busca pela concretização dos postulados na *Declaração Universal dos Direitos Humanos*, de 10 de dezembro de 1948.

> Aparentemente de forma paradoxal, constata-se que o processo de globalização acabou trazendo avanços significativos na esfera dos direitos fundamentais, não sendo por acaso que hoje se sustenta o

36 JELLINEK, 1912, p. 98. "Nesses quatro *status* – passivo, negativo, positivo, ativo – resumem-se as condições em que o indivíduo pode se encontrar no Estado como membro dele. Serviços prestados pelo Estado, sua isenção, ações contra ele, serviços em nome do Estado são os pontos de vista a partir dos quais a situação de direito público do indivíduo pode ser considerada. Esses quatro *status* formam uma linha ascendente, pois, primeiramente, o indivíduo, pelo fato de estar obrigado a obedecer ao Estado, aparece desprovido de personalidade, depois é reconhecido como esfera independente, livre do Estado, depois a própria atuação do Estado é obrigatória ao indivíduo, até que finalmente a vontade individual seja chamada a participar do exercício do poder do Estado ou talvez seja reconhecida como investida (*Trüger*) do seu Império." (tradução livre)

> fenômeno da universalidade dos direitos fundamentais e a formação de um verdadeiro direito constitucional internacional nesta seara, fenômeno vinculado ao impulso da Declaração Universal da ONU, de 1948, bem como ao expressivo número de convenções internacionais na esfera dos Direitos Humanos, acompanhada da sua recepção pelo direito constitucional dos Estados, tal como sugerido, entre nós, por Flávia Piovesan e Cançado Trindade. De outra parte, verifica-se que a globalização, especialmente no que diz com o avanço das comunicações, tem permitido uma veiculação universal, ainda que mínima, da agenda da defesa da dignidade humana e dos direitos fundamentais, facilitando o fluxo de informações, a denúncia de violações e dificultando a censura sobre os meios de comunicação.[37]

As sociedades democráticas, sendo livres e iguais, teriam o mesmo direito de intervir nas discussões públicas, sendo livres também para participarem desse agir comunicativo sem sofrerem restrições autoritárias, respeitadas as condições ideais de fala do outro, que nunca pode ser desconsiderado. A autodeterminação dos cidadãos deve garantir um processo inclusivo de formação da opinião e da vontade políticas em nome do interesse comum de todos. A concepção de direitos e interesses públicos e privados dá lugar à nova orientação constitucional dos direitos em individuais e coletivos.

O Estado democrático assinala os direitos de terceira dimensão, buscando garantir a proteção ao patrimônio público e social, do meio ambiente e de outros interesses difusos e coletivos. Nessa dimensão, não se separam os direitos do próprio Estado de um lado e os direitos individuais e coletivos do outro; por ela, os indivíduos representam e, ao mesmo tempo, constituem o próprio Estado.

> Conforme a concepção republicana, o *status* de cidadão não é definido por esse critério de liberdades negativas das quais só se pode fazer uso como pessoa privada. Os direitos de cidadania, entre os quais se sobressaem os direitos de participação e de comunicação políticas, são mais bem entendidos como liberdades positivas. Eles não garantem a liberdade de coações externas, mas sim a participação em uma prática comum, cujo exercício é o que permite aos cidadãos se converterem no que querem ser: autores políticos

37 SARLET, 2001, p. 39.

> responsáveis de uma comunidade de pessoas livres e iguais. Nessa medida o processo político não serve somente para o controle da atividade do Estado por cidadãos que, no exercício de seus direitos privados e de suas liberdades pré-políticas, já alcançaram uma prévia autonomia. Também não cumpre uma função de articulação entre o Estado e a sociedade, já que o poder administrativo não representa poder originário algum, não é um poder autóctone ou um dado. Esse poder na realidade provém do poder comunicativamente gerado na prática da autodeterminação dos cidadãos e se legitima na medida em que protege essa prática por meio da institucionalização da liberdade pública. A justificação da existência do Estado não se encontra primariamente na proteção de direitos subjetivos privados iguais, mas sim na garantia de um processo inclusivo de formação da opinião e da vontade políticas em que cidadãos livres e iguais se entendem acerca de que fins e normas correspondem ao interesse comum de todos. Dessa forma espera-se dos cidadãos republicanos muito mais do que meramente orientarem-se por seus interesses privados.[38]

No Brasil, somente com a Constituição da República de 1988, os direitos políticos – ou, conforme Jellinek (2000), *status activus civitatis* – tornaram-se proeminentes. A conquista do voto universal veio acompanhada também da necessidade de considerar o cidadão como parte integrante de um todo. Nessa concepção, as ações do indivíduo têm repercussão coletiva e o transformam em um ser integral, cuja sustentabilidade baseia-se em três princípios: o social, o ambiental e o econômico. Desse modo, não há falar nas relações privadas sem pensar o universal.

Nesse contexto, a educação também deve ser compreendida na relação necessária entre os cidadãos e o Estado. Quanto ao enquadramento desse direito-dever fundamental à Teoria dos *Status*, tudo vai depender da conjuntura social, econômica, histórica, cultural e política. Quando se pensa em uma escola sucateada, que não consegue dar conta de cumprir seus objetivos pedagógicos, tampouco os de socialização, a tendência é de fortalecimento do ideal liberalista, de grupos que privilegiam, sob inspiração do liberalismo, a individualidade.

Se a escolarização corresponde à prática constante do exercício da cidadania e ao encurtamento da distância que separa as minorias sociais da coletividade, ocorre um fortalecimento da instituição escolar,

38 HABERMAS, 1995, p. 41.

enquanto *locus* de debate. Sob essa perspectiva, o individual dá lugar ao sentimento de pertencimento comunitário. O que não se pode perder de vista é que essa relação não é estanque e pode ocorrer de forma concomitante e concorrente. Afinal, a constituição do tecido social é complexa e dinâmica, o que faz com que os direitos e deveres sejam entendidos ora como retrocesso, ora como avanço. Basta imaginar que a escravatura consistia em um bárbaro direito de propriedade atribuído ao branco e rico, para se ter em mente que a evolução social é inconteste e altamente desejável.

A teoria da doutrina liberal-utilitarista, tendo como paradigma a decisão do STF, em 2018, enquadra-se nos propósitos desta tese, na medida em que o direito-dever à educação assinala a liberdade de escolha dos pais, sob a supervisão, fiscalização e avaliação do poder público. Como se viu, a liberdade de escolha da família não é absoluta, conforme se observava no passado, e, de acordo com a evolução de seu conceito – o que será visto no próximo capítulo –, demonstra-se plural, eclética e deve franquear a defesa dos direitos e garantias das crianças e dos adolescentes.

4

A EVOLUÇÃO DO CONCEITO DE FAMÍLIA: DO *PATER FAMILIAS* À EMANCIPAÇÃO DOS FILHOS

A educação tem passado por relevantes transformações no que diz respeito aos aspectos pedagógicos. Elas advêm da constante e dinâmica mudança dos papéis da família, primeira experiência de socialização infantil, seguida da escola e da sociedade, entendidas como segunda socialização.

> A socialização primária é a primeira socialização que o indivíduo experimenta na infância, e em virtude da qual torna-se membro da sociedade. A socialização secundária é qualquer processo subsequente que introduz um indivíduo já socializado em novos setores do mundo objetivo de sua sociedade.[1]

As legislações civis do Brasil e de Portugal buscaram evidenciar as transformações histórico-culturais das famílias no quadro da evolução comportamental da sociedade. O direito português e, por consequência, o do Brasil Colônia e Império sofreram forte influência do direito romano, marcado pela distinção entre direito público e privado. O primeiro era fundamental para a organização política do Estado e para a manutenção da ordem política. Para garantir a ordem dos povos (não só dos romanos, mas dos vencidos também), necessária se fazia a submissão ao poder central, por meio do uso do poder coercitivo. Já o direito privado era usado para regular as relações entre pessoas e seus

1 BERGER; LUCKMANN, 2004, p. 175.

interesses individuais e assinalado pelo vínculo entre os particulares em nome de uma liberdade condicionada à posse dos indivíduos.

Ao filósofo latino Cícero (106-43 a.C.) é atribuída a categorização do direito romano em Direito Civil, das Gentes e Natural, cuja aplicação no Direito português – e, por consequência da colonização, também no Brasil – ainda repercute em seus ordenamentos jurídicos. Algumas características do sistema legislativo desses países são essenciais para entender um pouco do pensamento privatista que ainda vigora nas relações entre os indivíduos e o Estado.

O Direito Civil (*jus civile*) é composto por regras de direito rígidas, inflexíveis e solenes, aplicáveis ao cidadão romano e não à plebe, tampouco ao estrangeiro. Nesse sistema, direito e religião misturavam-se. As relações comerciais não eram abarcadas pelas normas do Direito Civil romano, para resolver pendências surgidas entre estrangeiros e cidadãos romanos, dada a característica de eles serem um povo guerreiro e conquistador. Com o passar do tempo, o Direito Romano tornou-se universal, em razão do extenso território ocupado por esse povo – quase a metade do planeta –, surgindo a necessidade de unificação da legislação romana.

> O velho Direito Romano – dizia Tobias Barreto – o orgulhoso *jus civile romanorum*, era uma espécie de muralha inacessível ao estrangeiro. Mudaram-se, porém, os tempos, as condições de existência do grande povo, e fez-se então precisar dar entrada a novos elementos de vida. A ideia do *Jus Gentium* foi o primeiro passo para uma desnacionalização do direito. A exigência fundamental do *Jus Civile* fazia depender da *civitas* romana a participação de suas disposições. Era uma base muito estreita, que só podia aguentar o edifício político de um povo guerreiro e conquistador. Mas essa base alargou-se e em vez da *civitas* o senso prático de Roma lançou mão do princípio de *libertas*, como fundamento de sua nova vida jurídica. Já não era preciso ser cidadão romano, bastava ser homem livre para gozar das franquias e proventos do direito.[2]

O Direito das Gentes (*Jus gentium*) surgiu como categoria intermediária entre o Direito estrangeiro e o romano, para dar conta das relações comerciais advindas do período de consolidação do Império Romano, diante das nações anexadas ao território de Roma. A

2 LOBO, 2006, p. 129.

legislação positiva, diferentemente do Direito natural, não escrito, exercia a função de promover o equilíbrio social desde a plebe romana aos estrangeiros. Sua atuação extrapolava os muros de Roma e delineava os primeiros contornos do Direito internacional, rompendo as fronteiras políticas e iniciando uma organização estrutural e administrativa imposta aos povos dominados do Ocidente e também do Oriente. Mas a cultura romana, sob a interferência do helenismo grego, principalmente pelas traduções e releituras poéticas de Cícero, deixou-se influenciar pela trilogia homem, natureza e Deus, assinalada, depois, pelos ideais do cristianismo, em substituição ao politeísmo.

> A cultura romana, tornando-se cultura greco-latina, pela invasão e influência do helenismo, cuja mais alta expressão foi a filosofia, recebeu em seu seio um grande número de ideias, então correntes, sobre a velha trilogia: Deus, Homem e Natureza. Este último conceito, principalmente, mostrou-se de uma elasticidade admirável. A filosofia de Cícero lhe deu feições diversas. Não só a natura, mas também a *lex naturae*, a *lex naturalis*, a *ratio naturalis*, a *ratio naturae* representam nos seus escritos um importante papel.[3]

O Direito Natural (da expressão latina *jus naturale*) - ou jusnaturalismo - remete ao estoicismo, cujo governo da razão universal, sob o influxo da natureza, preconizava a indiferença e a valorização das virtudes humanas, pautadas pelos princípios comuns à lógica, física e ética. No jusnaturalismo, certos direitos fazem parte da natureza humana e, nessa medida, precedem ao próprio nascimento de um indivíduo. O jusnaturalismo abarca conceitos universalistas, como o direito à vida, à honra e à liberdade - a escravidão não teria lugar nesse contexto –, cujas premissas encontram-se na *Declaração Universal dos Direitos Humanos*, adotada pela Organização das Nações Unidas em 10 de dezembro de 1948[4].

Antes de ser submetida às regras do Direito - no nosso caso, do direito românico –, a família possuía uma configuração patriarcal, apoiada nos costumes e na religião. A mulher era considerada subalterna e objeto de posse do marido; era conferida uma função sacerdotal ao homem, que exercia o poder de vida e de morte sobre seus escravos, filhos e esposa.

---

3 LOBO, 2006, p. 130.

4 ONU, 1948.

> Na primeira fase, que pode chamar-se a dos *mores veterum*, era rigorosamente consuetudinário, não tinha um caráter próprio e específico para poder distinguir-se da religião. Nascia, por assim dizer, do altar da família, propagava-se de lar em lar, dominava os espíritos por uma prática constante, supersticiosa, e cristalizava-se, afinal, como regra, para resolver casos particulares. A função sacerdotal era, ao mesmo tempo, uma função legislativa: o *Pater Familias* era o Ministro da Religião e Legislador da Casa.[5]

A concepção da família afetiva não encontrava respaldo na tradição antiga do Direito greco-romano, que destacava a figura do patriarca, em redor do qual eram celebradas as cerimônias religiosas domésticas e não as dos templos. A geração era mais importante que a criação divina, uma vez que prevalecia o politeísmo, cabendo ao pai o direito-dever de manter aceso o "fogo sagrado" em torno da família e deixar ao filho (homem) esse legado. Essa metáfora do fogo, expressão em Português, usada no Império, também poderia significar casa de habitação, lar, residência, simbolizadas pelas lareiras acesas, em volta das quais reuniam-se as famílias e os agregados. O "fogo" determinava a quantidade de casas de uma região e assim se poderia dizer, por exemplo, que "naquela cidade havia vários fogos", ou várias casas, compostas por um núcleo familiar em torno dele.

> O princípio da família não é mais o afeto natural, porque o direito grego e o direito romano não dão importância alguma a esse sentimento. Ele pode existir no fundo dos corações, mas nada representa em direito. O pai pode amar a filha, mas não pode legar-lhe os bens. As leis da sucessão, isto é, as que entre todas as outras atestam mais fielmente as ideias que os homens tinham da família, estão em contradição flagrante, quer com a ordem de nascimento, quer com o afeto natural entre os membros de uma família.
>
> [...] A antiga língua grega tinha uma palavra muito significativa para designar a família; dizia-se *epístion*, palavra que significa literalmente aquilo que está perto do fogo. Uma família era um grupo de pessoas às quais a religião permitia invocar os mesmos manes, e oferecer o banquete fúnebre aos mesmos antepassados.[6]

5 LOBO, 2006, p. 27.
6 COULANGES, 2006, p. 34-35.

A religião e a moral primitivas eram vivenciadas essencialmente no ambiente doméstico, como visto, sob a autoridade exclusiva do homem - pai ou marido. A transmissão aos filhos dos valores éticos e morais, dos conhecimentos adquiridos e da religiosidade era dada exclusivamente no ambiente doméstico, o que desconsiderava completamente a figura do outro que não pertencesse ao círculo familiar. O homem amava a própria casa, morada fixa e duradoura que herdara dos antepassados e que legaria aos filhos como um santuário indevassável por pessoas estranhas ao aconchego do lar.

> A religião desses primeiros tempos era exclusivamente doméstica; o mesmo acontecia com a moral. A religião não dizia ao homem, mostrando-lhe outro homem: Eis ali teu irmão. — Ela lhe dizia: Eis ali um estranho, que não pode participar dos atos religiosos de teu lar, não pode aproximar-se do túmulo de tua família; ele tem outros deuses, e não pode unir-se a ti por uma prece comum; teus deuses rejeitam sua adoração, e o encaram como inimigo; ele é também teu inimigo. Nessa religião do lar, o homem jamais reza à divindade em favor dos outros homens; ele não a invoca senão para si e para os seus. Um provérbio grego ficou como lembrança e vestígio desse antigo isolamento do homem na oração. Nos tempos de Plutarco, dizia-se ainda ao egoísta: "Sacrificas ao lar." — Isso significava: Tu te afastas de teus concidadãos; não tens amigos; teus semelhantes nada significam para ti; não vives senão para ti e para os teus. — Esse provérbio era o indício de um tempo em que, gravitando toda a religião ao redor do lar, o horizonte da moral e do afeto não chegava a ultrapassar os estreitos limites da família.[7]

O cristianismo, além de assinalar cronologicamente uma nova era, promoveu uma transformação social com enfoque na interação afetiva com o próximo, sob a égide de um único Deus. O divino foi colocado fora da natureza visível e transcendente a ela. A religião deixou de ser exterior e limitou-se sobretudo ao pensamento humano, menos materialista e mais espiritual; ela alcançava a todos, indistintamente, indo além da religião de uma família, de uma cidade ou de uma raça, abrangendo nativos e estrangeiros. A humanidade inteira poderia caber numa pessoa em situação de rua, de acordo com o pensamento crístico, revolucionário, desafiador e inclusivo. A noção da coletividade delineava-se

7 COULANGES, 2006, p. 82.

com a propagação do Evangelho, e a separação das pessoas por castas já não fazia mais sentido para os primeiros cristãos.

> O cristianismo trazia ainda outras novidades. Não era a religião doméstica de uma família, a religião nacional de uma cidade ou de uma raça. Ele não pertencia nem a uma casta, nem a uma corporação. Desde o início, chamara a si a humanidade inteira. Jesus Cristo dizia a seus discípulos: "Ide e ensinai a todos os povos". Esse princípio era tão extraordinário e tão inesperado que os primeiros discípulos tiveram um momento de hesitação; pode-se ver nos Atos dos Apóstolos que muitos deles se recusaram a princípio a propagar a nova doutrina fora do povo no qual nascera. Seus discípulos pensavam, como os antigos judeus, que o Deus dos judeus não queria ser adorado por estrangeiros; como os romanos e os gregos dos tempos anteriores, eles acreditavam que cada raça tinha seu deus, que propagar o nome e o culto desse deus era o mesmo que privar-se de um bem próprio e de um protetor especial, e que tal propaganda era ao mesmo tempo contrária ao interesse e ao dever. Mas Pedro replicou a seus discípulos: "Deus não faz diferenças entre os gentios e nós". — São Paulo gostava de repetir esse grande princípio em todas as ocasiões e sob todas as formas: "Deus — diz ele — abre aos gentios as portas da fé. Não será ele Deus senão dos judeus? Não, certamente, pois o é também dos gentios... Os gentios são chamados à mesma herança que os judeus".[8]

Em 27 de fevereiro de 380, o imperador bizantino Teodósio 1º (347-395), por meio do Édito da Tessalônica, declarou o cristianismo religião de Estado, punindo o exercício de cultos pagãos. O direito romano voltou-se para a concepção cristã da família, valorizando principalmente questões de ordem moral. Era defendida a presença do *affectio* durante toda a constância do casamento, em contraposição aos canonistas, que tinham no casamento um sacramento, não aceitando a ideia de dissolução pelo homem de uma união realizada por Deus.

Durante toda a Idade Média, sob a vigilância austera de um deus punitivo, a família patriarcal submetia-se aos ditames da Igreja Católica, numa relação de vassalagem e temor divino. O culto familiar deslocou-se para as capelas, deixando o *pater* de ser seu sacerdote e senhor.

No acender das luzes da Idade Moderna, o Concílio de Trento, ocorrido entre os anos de 1546 e 1563, foi convocado pelo Papa

8 *Idem*, p. 352-353.

Paulo III, com o fim de combater o protestantismo que crescia vertiginosamente pelo mundo. O decreto católico do matrimônio, chamado *Tametsi* (*tamen etsi* quer dizer "ainda que"), de 11 de novembro de 1563, tratava exclusivamente da relação sacramental indissolúvel entre homem e mulher - diferentemente do casamento romano, fundado na *affectio maritalis*, ou seja, dissolúvel a partir do momento em que essa afeição se extinguisse. O decreto canônico proibia os casamentos clandestinos, estabelecia a liberdade de escolha, a unidade, a celebração do sacramento na presença do sacerdote e das testemunhas e a indissolubilidade do vínculo.

Portugal, um país de forte tradição católica, assumiu os cânones pertinentes ao casamento indissolúvel entre homem e mulher, pelo decreto de 12 de novembro de 1564, editado pelo rei Manuel I, que adotou o direito canônico como principal instituição do direito das famílias. A legislação manuelina, primeiro corpo legislativo impresso no Império Português, estabeleceu-se durante a administração do reino na era dos descobrimentos até a União Ibérica com a Espanha.

As ordenações Filipinas - ou Código Filipino, sancionado por Felipe I, de Portugal, em 1595 - constituíram o ordenamento português até 1867, quando foram revogadas pelo Código Civil português; eram divididas em cinco volumes: (I) Direito Administrativo e Organização Judiciária; (II) Direito dos Eclesiásticos, do Rei, dos Fidalgos e dos Estrangeiros; (III) Processo Civil; (IV) Direito Civil e Direito Comercial; (V) Direito Penal e Processo Penal.

No Brasil, mesmo após a independência de Portugal em 1822 e o golpe da instalação da República, o Código Filipino vigeu em matéria civil, sendo revogado pelo Código Civil brasileiro, de 1916 (os demais códigos já haviam sido publicados: criminal, em 16 de dezembro de 1830, e comercial, em 25 de junho de 1850).

As Ordenações Filipinas instituíram o casamento civil, em substituição ao matrimônio religioso previsto no Direito Canônico, única maneira de se contrair núpcias até então. No Código Filipino, previa-se inclusive o reconhecimento de uma relação duradoura, sendo equiparada ao casamento, para efeito de divisão de bens. Em todos os casos, a instituição contratual do casamento significava a porta de acesso para a formação da família, pautada principalmente pela proteção da propriedade privada.

> Livro 4.
>
> Título XLVI
>
> Como o marido e a mulher são meeiros em seus bens
>
> Todos os casamentos feitos em nossos Reinos e senhorios se entendem serem feitos por Carta de ametade: salvo quando entre as partes outra coisa fôr acordada e contractada, porque então se guardará o que entre elles fôr contractado.
>
> 1. E quando o marido e a mulher forem casados, por palavras de presente à porta da Igreja, ou por licença do Prelado fóra della, havendo cópula carnal, serão meeiros em seus bens e fazenda. E posto que elles queiram provar, e provem que foram recebidos por palavras de presente, e que tiveram cópula, se não provarem que foram recebidos à porta da Igreja ou fóra della, com licença do Prelado, não serão meeiros.
>
> 2. Outrossim serão meeiros, provando que estiveram em casa teúda e manteúda, ou em casa de seu pai, ou em outra, em pública voz e fama, de marido e mullher por tanto tempo que, segundo Direito, baste que para presumir Matrimônio antre elles, posto se se não provem as palavras de presente.[9]

O Código Civil português, de 1º de julho de 1867, substituiu as Ordenações Filipinas, embora delas tenha preservado institutos jurídicos relacionados à formação da família, com base na proteção da propriedade. A posição de hierarquia do pai na condução da sua família tinha inspiração no *pater familias*, costume social praticado na Roma antiga e verbalizado no Direito Romano. O Art. 138, do Código Civil Português, de 1867, reproduz esse costume, ao atribuir ao "chefe da família" o poder paternal na constância do matrimônio, para defender os interesses dos filhos.

> As mães participam do poder paternal, e devem ser ouvidas em tudo o que diz respeito aos interesses dos filhos, mas é ao pae que especialmente compete durante o matrimônio, como chefe da família, dirigir, representar e defender seus filhos menores, tanto em juízo, como fóra delle.[10]

---

9 Ordenações Filipinas ou Codigo Philippino. Disponível em: https://www2.senado.leg.br/bdsf/item/id/242733. Acesso em: 7 jan. 2021.

10 PORTUGAL, 1867, p. 21.

Ainda sob inspiração da legislação portuguesa, coube ao jurista e advogado baiano Augusto Teixeira de Freitas a missão de elaborar a minuta da consolidação das leis civis do Brasil-Império, em 15 de fevereiro de 1855, para cumprir diretriz constitucional prevista no Art. 179, XVIII, da Constituição de 1824: "Organizar-se-ha quanto antes um Codigo Civil, e Criminal, fundado nas solidas bases da Justiça, e Equidade".[11] Essa incumbência dada por D. Pedro II tinha o objetivo de substituir as Ordenações Filipinas nas matérias civis. A Consolidação das Leis Civis, contendo 1.333 artigos, sistematizou, em texto único, as leis civis portuguesas e brasileiras, aplicadas ao Brasil Imperial. O *Esboço de Código Civil*[12] não chegou a transformar-se em projeto de lei, mas influenciou a codificação do Brasil e de outros países da América do Sul, como Argentina, Paraguai e Uruguai. Na consolidação das leis civis, Teixeira de Freitas define a constituição da família como necessidade orgânica do homem, ser naturalmente gregário, uma vez que não consegue viver sozinho. Em sua visão jusnaturalista, ele acrescenta que a formação das famílias é anterior ao Estado e responsável por sua fundação e manutenção.

> 1. As relações de familia mostrão-nos o homem, não como existindo por si mesmo, mas como um ente defeituoso, tendo necessidade de completar-se no seio de seu organismo geral; 2. As obrigações tem por objecto um acto individual, as relações de familia tomão a pessoa inteira do individuo como membro do todo organico, que compõe a humanidade; 3. A matéria da obrigação é arbitraria de sua natureza, porque um acto qualquer do homem, póde dar logar á obrigação; porém a materia das relações de familia é dada pela natureza organica do homem, e traz o sello da necessidade; 4. A obrigação de ordinario é temporaria, as relações de familia persistem sempre as mesmas; 5. As familias contém o germe do Estado, e o Estado, uma vez formado, tem por elementos constitutivos as familias, e nao os individuos; 6. A obrigação tem na realidade mais analogia com a propriedade, porque os bens, que estas duas especies de relações abrangem, alargão o podêr do individuo além de seus limites naturaes; ao passo que aa relações de familia servem para completar o indivíduo, etc.[13]

11 BRASIL, 1824.

12 FREITAS, 2003.

13 FREITAS, 2003, p. CLI. Acesso em: 5 fev. 2023.

Após acertos e desacertos na confecção das leis civis no Brasil, no ano de 1900, durante o governo do paulista Campos Salles (1841-1913), o jurista cearense Clóvis Beviláqua (1859-1944) elaborou o primeiro Código Civil brasileiro. Sob influência do direito germânico e do positivismo do filósofo francês Auguste Comte (1798-1857), ele tramitou no Congresso até 1916, quando foi sancionado, no governo de Venceslau Brás (1868-1966), entrando em vigor em 1º de janeiro de 1917. Nele ainda se percebe a predominância do *pater familias*, mantendo o homem como chefe da sociedade conjugal, cabendo a ele a representação legal da família e o direito de autorizar a profissão da mulher e a sua residência fora do lar. Restava ainda patente a ideia de defesa da propriedade sobre bens e pessoas.

> Art. 233. O marido é o chefe da sociedade conjugal.
>
> Compete-lhe:
>
> I. A representação legal da família.
>
> II. A administração dos bens comuns e dos particulares da mulher, que ao marido competir administrar em virtude do regime matrimonial adaptado, ou do pacto antenupcial.
>
> III. direito de fixar e mudar o domicílio da família.
>
> IV. O direito de autorizar a profissão da mulher e a sua residência fora do tecto conjugal.
>
> V. Prover à manutenção da família, guardada a disposição do art. 277.[14]

O atual Código Civil português, Decreto-Lei nº 47.344, de 25 de novembro de 1966, adotou a classificação germânica dos ramos de direito civil, revogando o anterior, de 1868, ou seja, quase um século depois. A ideia presente em seu texto guarda nuances da família tradicional, composta por homem, mulher e filhos legítimos ou adotados. O Art. 1577º apresenta uma visão de casamento baseado numa celebração de contrato entre duas pessoas de sexo diferente que pretendem constituir família, mediante uma plena comunhão de vida. Essa disposição foi alterada pelo Art. 2º, da Lei nº 9/2010, em vigor a partir de 5/6/2010, retirando a expressão "de sexo diferente", permitindo, com isso, o casamento homoafetivo e, em 2016, a possibilidade de adoção por casais homossexuais.

14 BRASIL, 1916, p. 1.

No Brasil, a concepção de família e as diversas formas de união entre os casais modificaram-se, deixando no passado a visão paternalista de família. Não cabe mais um direcionamento arbitrário e centralizador das decisões familiares, sob a conduta exclusiva do homem. Afinal não se pode conceber a proeminência de um ente em detrimento dos demais integrantes dessa nova configuração familiar.

> O poder exacerbado exercido pelo pai, chefe de família, conhecido como pátrio poder, cede lugar à autoridade parental e convida todos os integrantes dessa relação familiar a participar democraticamente dos assuntos que lhes dizem respeito.[15]

Com a promulgação da Constituição Federal de 1988, o conceito de família foi ampliado e passou a ser entendido como "a comunidade formada por qualquer dos pais e seus descendentes".[16] Pelo Novo Código Civil Brasileiro, instituído em 2003, a família deixou de ser aquela constituída unicamente pelo casamento formal, ou seja, composta de marido, mulher e filhos. Com a nova legislação, consideram-se aspectos familiares que vão para além do elemento psicológico e destacam-se os vínculos afetivos que unem a família, cujo modelo deixou de ser unicamente o tradicional. O Art. 1.511 revela essa nova orientação conceitual do casamento, baseado na igualdade dos direitos e deveres individuais: "O casamento estabelece comunhão plena de vida, com base na igualdade de direitos e deveres dos cônjuges".[17]

> A nova família foi desencarnada do seu precedente elemento biológico para ceder lugar aos vínculos psicológicos do afeto, consciente a sociedade que, na formação da pessoa humana, os valores como a educação, o afeto e a comunicação contígua guardam muito mais importância do que o elo da hereditariedade. A família que foi repersonalizada a partir do valor do afeto, não de qualquer relação afetiva, como pudesse alguém argumentar, mas de um afeto especial e complementar de uma relação de estabilidade, coabitação, intenção de constituir um núcleo familiar, de proteção, solidariedade e interdependência econômica, tudo inserido em um projeto de vida em comum, conforme exterioriza o artigo 1.511 do Código Civil, ao

15 SÃO JOSÉ, 2014, p. 10.
16 BRASIL, 1988.
17 BRASIL, 2002.

> explicitar que a comunhão plena de vida é princípio geral e ponto de partida para o completo desenvolvimento pessoal dos partícipes de cada um dos diversificados modelos de famílias.[18]

Novas combinações e formas de interação entre os indivíduos, as quais consideram a relação entre pessoas e superam o vínculo biológico da reprodução humana, passaram a constituir diferentes tipos de famílias contemporâneas: a nuclear tradicional (um casal de homem e mulher, com um ou mais filhos, sendo a relação matrimonial ou não); matrimonial; informal (fruto da união estável); homoafetiva; adotiva; anaparental (sem a presença de um ascendente); monoparental (quando apenas um dos pais se responsabiliza pela criação dos filhos); mosaico ou pluriparental (o casal ou um dos dois têm filhos provenientes de um casamento ou relação anterior); extensa ou ampliada (tem parentes próximos com os quais o casal e/ou os filhos convivem e mantêm vínculo forte); poliafetiva (na qual três ou mais pessoas relacionam-se de maneira simultânea); paralela ou simultânea (concomitância de duas entidades familiares); eudomonista (aquela que busca a felicidade individual), entre outras.

A decisão histórica do Supremo Tribunal Federal, no âmbito da Ação Direta de Inconstitucionalidade 4.277, em 5 de maio de 2011, não só reconheceu a diversidade da concepção jurídica da família, pela união homoafetiva, como também a igualdade de direitos inerentes à união civil entre pessoas do mesmo sexo. Essa nova orientação significou uma mudança de paradigma do ordenamento jurídico nacional, com foco no respeito à diversidade sexual e especial destaque para a garantia institucional da família e a existência de relações de afeto em consonância com os princípios constitucionais da igualdade e da dignidade da pessoa humana.

> ARGUIÇÃO DE DESCUMPRIMENTO DE PRECEITO FUNDAMENTAL. AÇÃO DIRETA DE INCONSTITUCIONALIDADE CONEXA. UNIÃO HOMOAFETIVA. EQUIPARAÇÃO À UNIÃO ESTÁVEL ENTRE HOMEM E MULHER (ART. 226, § 3.º, DA CONSTITUIÇÃO DA REPÚBLICA). ART. 19, INCISOS II E V, E O ART. 33, INCISOS I A X E PARÁGRAFO ÚNICO, TODOS DO DECRETO-LEI N.º 220/75, DO ESTADO DO RIO DE JANEIRO. DECISÕES JUDICIAIS DE TRIBUNAIS DE

18 MADALENO, 2018, p. 45.

JUSTIÇA, ESPECIALMENTE DO ESTADO DO RIO DE JANEIRO. RECEBIMENTO DA ADPF COMO AÇÃO DIRETA DE INCONSTITUCIONALIDADE, COM APRECIAÇÃO DE PEDIDO SUBSIDIÁRIO. GOVERNADOR DO ESTADO: PERTINÊNCIA TEMÁTICA. TEORIA DOS DEVERES DE PROTEÇÃO. DEVER DE PROMOÇÃO DOS DIREITOS FUNDAMENTAIS DOS CIDADÃOS. GARANTIA INSTITUCIONAL DA FAMÍLIA (ART. 226, *CAPUT*). CARACTERIZAÇÃO DA UNIÃO ESTÁVEL COMO ENTIDADE FAMILIAR. IGUALDADE. DIGNIDADE DA PESSOA HUMANA, NA VERTENTE DA PROTEÇÃO DA AUTONOMIA INDIVIDUAL. DIREITOS DE PERSONALIDADE. SEGURANÇA JURÍDICA: PREVISIBILIDADE E CERTEZA DOS EFEITOS JURÍDICOS DAS RELAÇÕES ESTABELECIDAS ENTRE INDIVÍDUOS DO MESMO SEXO. INTERPRETAÇÃO CONFORME A CONSTITUIÇÃO DO ART. 1.723 DO CÓDIGO CIVIL.

1. O Estado é responsável pela proteção e promoção dos direitos fundamentais, à luz da teoria dos deveres de proteção.

2. O Governador do Estado atende o requisito da pertinência temática para deflagração do controle concentrado de constitucionalidade dos atos do Poder Público na defesa dos direitos fundamentais de seus cidadãos.

3. A garantia institucional da família, insculpida no art. 226, *caput*, da Constituição da República, pressupõe a existência de relações de afeto, assistência e suporte recíprocos entre os membros, bem como a existência de um projeto coletivo, permanente e duradouro de vida em comum e a identidade de uns perante os outros e cada um deles perante a sociedade.

4. A união homoafetiva se enquadra no conceito constitucionalmente adequado de família.

5. O art. 226, § 3º, da Constituição deve ser interpretado em conjunto com os princípios constitucionais da igualdade, da dignidade da pessoa humana - em sua vertente da proteção da autonomia individual - e da segurança jurídica, de modo a conferir guarida às uniões homoafetivas nos mesmos termos que a confere às uniões estáveis heterossexuais.

6. Interpretação conforme a Constituição do art. 1.723 do Código Civil de 2002, para permitir sua aplicação às uniões homoafetivas.

7. Pedidos julgados procedentes.[19]

19 BRASIL, 2011, p. 2-4.

Cury (2017) apresenta, sobre o poder-dever da família na educação de seus filhos, a tese de dois jusnaturalismos, o medievo e o moderno. A visão medieval do direito natural resgata a figura do *pater familias*, abordado no início do capítulo, cuja figura central, o pai, exerce o poder do fogo sagrado (quase sobrenatural) sobre seus entes. Já o jusnaturalismo moderno hobbesiano estabelece uma relação contratual necessária entre os indivíduos e o Estado, sob o império das leis. A própria *Encíclica Divini Illius Magistri*, de Pio XI (1929), citada por Cury, busca equacionar a força do poder divino a uma necessidade de convívio social na educação: "A educação é obra necessariamente social e não singular".[20]

Não se pode conceber, contemporaneamente, a ideia jusnaturalista medieval de que os filhos "pertencem" aos pais por herança divina, cabendo a eles a precedência absoluta sobre o Estado. Por outro lado, também é impensável que o Estado possa assumir essa função de "posse" dos cidadãos, até que eles completem a maioridade civil. As crianças e os jovens devem ser vistos - e, nesse ponto, a Constituição da República Brasileira de 1988 deixou bem estabelecido - como sujeitos de direitos e de deveres. Não são, pois, propriedades de ninguém, mas são pessoas que fazem parte de uma coletividade pensante e atuante no mundo, valendo-se das suas próprias ideias, valores e princípios e, com isso, cabendo a eles papel importante em suas escolhas.

A escolaridade obrigatória e a educação domiciliar como exceção à regra, no Brasil e em Portugal, serão vistas nos capítulos posteriores, sob o enfoque do interesse maior na criança e, por extensão, no adolescente, como portadores da proteção integral do Estado, da família e da sociedade.

20 CURY, 2017, p. 112.

5

O ENSINO DOMÉSTICO COMO EXCEÇÃO À ESCOLARIDADE OBRIGATÓRIA EM PORTUGAL

A instrução elementar em Portugal, desde a Idade Média até a primeira metade do século XVIII, conviveu com dois diferentes modelos pedagógicos: a educação oferecida em escola, para ensinar a poucas crianças as primeiras letras, e a ministrada nas casas dos filhos dos burgueses e dos nobres. Nesse período, quase não havia necessidade de aprender a ler e a escrever, e a educação significava a manutenção de uma melhor condição de vida, geralmente das famílias abastadas e dos nobres.

> A instrução elementar parece ter feito progresso em Portugal na segunda metade do século XV e no século XVI. Mas, já em 1406, os procuradores da cidade de Évora referiam a existência de um bacharel que ensinava gramática e a escrever aos filhos dos "bons" e a quaisquer outros que quisessem aprender, havendo notícia de um mestre de meninos em 1439 naquela cidade. O funcionamento de escolas elementares para cada um dos sexos na Lisboa do século XVI é atestado por outros documentos. Os filhos dos burgueses abastados e dos nobres recebiam, por via de regra, instrução elementar em suas casas. Com D. Manuel há notícia de serem subsidiados rapazes e adolescentes nobres ("em número difícil de contar", diz D. Pedro de Menezes, em 1504), para frequentarem a Universidade de Lisboa, "os quais deixam o paço durante o tempo de estudos e recebem o costumado soldo e diária que ele liberalmente lhes dá". O próprio paço foi também uma escola, como o demonstra o caso do historiador João de Barros, que, nascido numa grande família em 1496,

iniciaria no paço a sua educação literária e científica "com a idade de jogar o pião", aprendendo o latim e o grego.[1]

As cartilhas ensinadas nas casas possuíam invariavelmente conteúdo religioso, por se tratar de exigência dos acordos que se faziam entre as monarquias e as autoridades eclesiásticas. Muitos homens letrados – a maioria formada no meio clerical – e versados em leis atuaram historicamente como representantes político-diplomáticos do Rei, na primeira dinastia do Reino de Portugal, no início do século XII. Suas funções abarcavam consultorias régias bem como a defesa de causas de interesse institucional para o reino. Essa importante incumbência era dada a homens ilustres, que agiam no lugar dos soberanos nas mais diferentes circunstâncias, como fez o bispo da Sé de Lisboa, Gonçalo Pereira, enviado por D. Dinis (1261-1325) à Cúria Pontifícia, com o fim de solicitar ao Papa João XXII (1249-1334) auxílio financeiro para a guerra contra os mouros. Além dessa representatividade, foram confiados aos letrados a função, igualmente relevante, de aios ou preceptores dos príncipes e nobres, consistente na atividade didático-pedagógica de educar as crianças em suas próprias residências.

> Preceptores – eram mestres ou mestras que moravam na residência da família, às vezes, estrangeiros, contratados para a educação das crianças e jovens da casa (filhos, sobrinhos, irmãos menores). Por vezes, encontram-se preceptores denominados de aios ou amos, aias ou amas, principalmente quando se trata da nobreza portuguesa. Ainda encontramos preceptoras atuando como governantas da casa, ou seja, não só administrando a educação das crianças, como administrando também a casa. Os mestres preceptores caracterizam-se pelo fato de viverem na mesma casa de seus alunos, constituindo-se, assim, dentro da realidade da educação doméstica, naqueles que parecem ter o maior custo para as famílias, sendo encontrados nas classes mais abastadas.[2]

Os preceptores a serviço da monarquia portuguesa, uma vez que cuidavam dos filhos dos reis, deveriam possuir amplo domínio das artes, literatura e cultura, pois, além de ministrarem as primeiras letras – na língua pátria e em outros idiomas –, seriam responsáveis também

1 FERNANDES, 1994, p. 17.
2 VASCONCELOS, 2005, p. 12.

por outras áreas do conhecimento. Muitos desses mestres moravam nas residências dos nobres, como foi o caso de Domingos Eanes Jardo, designado tutor de D. Dinis, ou do ministro da província portuguesa da ordem franciscana, João Gil de Zamora, secretário pessoal de D. Afonso X - rei de Castela - e preceptor de Sancho IV.

A Constituição de 1838 diz respeito aos estudos do príncipe regente, D. Pedro V, consoante o Art. 37, nº 5: "Reconhecer o Príncipe Real como Sucessor da Coroa, na primeira reunião depois do seu nascimento, e aprovar o plano de sua educação".[3]

De acordo com Fernandes (1994), citado por Vasconcelos (2005), especialmente durante o século XIX, em Portugal, a primeira educação era, em regra, praticada no âmbito doméstico entre as famílias das classes superiores, reproduzindo-se a prática seguida pela família real. Leve-se em consideração que havia poucas escolas no Reino, e a educação no exterior, principalmente na França, era reservada aos nobres e às famílias mais ricas.

O ensino doméstico era ministrado pelos pais ou tios, no interior do lar, aos filhos ou sobrinhos, bem como poderia ser exercido por um mestre que com eles coabitasse. Já o ensino individualizado - ou particular - era conduzido por um mestre (ou capelão religioso) contratado pela família para lecionar para seus filhos em casa. Poderia ser caracterizado também pelo ensino dado a outras crianças, parentes ou não, na esfera domiciliar. Essas duas últimas modalidades exigiam concessão de licença e prestação de exames, aplicados pela "Real Junta da Directoria Geral dos Estudos", criada por alvará em 28 de junho de 1759, sob a administração do Ministro Marquês de Pombal. Esse talvez seja um dos primeiros reconhecimentos oficiais régios do ensino doméstico em Portugal.

> A instrução de filhos ou sobrinhos, pelos pais ou pelos tios, no interior do lar, não carecia de concessão de licença precedida de exame ao respectivo 'mestre'. Se, porém, estes limites fossem ultrapassados devido ao ensino de outros parentes ou de crianças alheias à família, era obrigatória a comparência a exame. Verificámo-lo por um requerimento de Alexandre das Neves de Carvalho, da vila de Valdigem, comarca de Lamego, que pedia licença para ensinar os seus filhos e alguns parentes e que recebe em 1801 o seguinte despacho:

3 PORTUGAL, 1838.

> 'Concede-se a licença pedida para o ensino doméstico de seus filhos tão somente, e querendo ensinar mais alguém requeira exame'. Despachos idênticos recebem diversos indivíduos que pretendiam ensinar sobrinhos e conjuntamente mais alguns 'estranhos'. Não precisavam de licença de ensino os indivíduos que, não pertencendo à família, coabitavam com os seus empregadores. Se, porém, tal circunstância se não observasse e o professor pretendesse visitar diariamente a casa dos alunos ('dar lições por casas'), tornava-se indispensável a autorização da Junta para o exercício de funções docentes. São claros, com efeito, os termos do despacho de um requerimento de D. Catherina Leitão da Fonseca, da vila de Lamego: 'Quanto ao Ensino Doméstico por pessoa sua comensal a Lei lho faculta; e querendo o $Supp_o$. ir a sua casa ensinar os filhos da $Supp_e$. se habilite com exame no caso de não se achar $actualmt_e$. habilitado'. Noutro requerimento, originário do concelho de Estarreja, a Junta lavra decisão mais específica: 'Quanto ao Ensino Doméstico, a Lei lho faculta p_a. os que viverem na mesma Casa. Quanto ao Ensino de estranhos, examine-se perante o Corregedor da Feira'.[4]

O período da segunda metade do século XVIII, em Portugal, conhecido como pombalino, reflete os dualismos próprios da influência iluminista: aceitar a fé cristã, fortemente arraigada no país, ou adotar uma visão racionalista do mundo, ainda sob a influência do Renascentismo. Com mais destaque que o próprio rei D. José I, Sebastião José de Carvalho e Melo, o Marquês de Pombal (1699-1782), encarnou como ninguém essa tarefa de importar as novas ideias de base empirista e utilitarista, que já faziam coro na Inglaterra, Itália e França. Homem de confiança do Rei, notabilizou-se por uma gestão enérgica e expansiva, diante dos desafios impostos pelo terremoto que destruiu Lisboa, em 1755. O Marquês de Pombal declarou a liberdade dos indígenas no Brasil e retirou das mãos dos jesuítas as missões ultramarinas - fato que acentuou a animosidade entre eles.

Atuando como Ministro e Secretário de Estado dos Negócios do Reino, o Marquês expulsou definitivamente os jesuítas de Portugal e de suas colônias - como o Brasil - em 12 de janeiro de 1759, por crime de lesa-majestade (atentado de fato ocorrido, mas supostamente atribuído aos jesuítas) contra o rei D. José I. Ele substituiu, sem transição, os métodos jesuítas de ensino por aulas régias a serem mantidas pela

4 FERNANDES, 1994, p. 201, *apud* VASCONCELOS, 2005, p. 32-33.

Coroa e estabeleceu a gênese da educação pública e gratuita, cujas aulas seriam dadas por professores leigos concursados, embora muitas vezes não nomeados.

A reforma pombalina foi responsável, pois, por secularizar a educação e padronizar o currículo escolar, o que foi feito pela Real Mesa Censória, sistema de censura que se transformou em organismo estatal regulador do ensino. A reforma dedicou-se fundamentalmente a combater a situação precária em que se encontravam as Escolas Menores, correspondentes ao ensino primário e secundário, que foram ampliadas também para as colônias – 17 delas no Brasil –, retirando-as do poderio dos jesuítas, mas não da influência da Igreja no Estado.

> A providência de vulto planeada pela Mesa Censória consistiu na organização de um plano de Escolas Menores estendido ao Continente, Ilhas e Domínios em África, Ásia e América (Brasil), com indicação de todos os lugares onde funcionariam e o número de mestres de ler e de professores de Latim, de Grego, de Retórica e de Filosofia que deveriam ser nomeados para elas. Trata-se de um trabalho de merecimento, não só em si mesmo, mas por revelar um novo espírito de sistematização que se considera indispensável para funcionamento de um organismo estatal. Esse quadro de escolas veio publicado em anexo a uma lei datada de 6 de Novembro de 1772, três meses após a citada exposição da Mesa Censória, e tem por título "Lei por que V. Mag. é servido ocorrer aos funestos estragos das Escolas Menores, fundando-as de novo, e multiplicando-as nos seus Reinos e todos seus Domínios debaixo da Inspecção da Real Mesa Censória".[5]

A Real Mesa Censória substituiu o Santo Ofício – a Inquisição –, mas se tornou mais arbitrária do que as instituições de censura que a precederam. Toda circulação de ideias estranhas ao padrão moral, intelectual e religioso pombalino era veementemente combatida. Nesse sentido, em 24 de setembro de 1770, em edital, a Mesa Censória publicou a lista dos livros proibidos "ofensivos à paz e ao sossego público". Todas as famílias portuguesas tinham de apresentar a lista de livros que tinham em casa; os proibidos – de autores como Hobbes, Diderot, Rousseau, Voltaire, La Fontaine, Espinosa – eram queimados em grandes fogueiras no Terreiro do Paço e na Praça do Pelourinho, em Lisboa, e as famílias, punidas. O Tribunal Inquisitório apenas havia mudado de nome e

5 CARVALHO, 1986, p. 453-454.

respondia a um único censor, o Marquês de Pombal, mas os métodos de censura se repetiram e, mais do que isso, aperfeiçoaram-se.

> No alvará de 10 de junho de 1769, escreve-se, em nome do rei, que "fui informado que neste Reino e seus Domínios se introduziram [...] vários livros corruptores da Religião e da Moral, destrutivos dos Direitos e Regalias da Minha Coroa e opostos à conservação e sossego público desta Monarquia. E então: Mando que todos os Livreiros, Impressores, Mercadores de Livros, Universidades, Religiões, Comunidades, Corporações e pessoas particulares, assim desta Corte como de todos os meus Reinos e Domínios, sejam obrigados a formarem um Catálogo fiel de todos os Livros impressos ou manuscritos, científicos e literários, que tiverem nas suas Casas, Lojas, Oficinas e Livrarias".[6]

O abrupto rompimento pedagógico com o modelo jesuítico de ensino visava deixar para trás o ostracismo religioso e cultural e alcançar a modernidade decantada pelo "Século das Luzes", mas não em todos os aspectos. O modelo francês de rompimento da burguesia com a nobreza assustava os portugueses, em especial, os integrantes da Coroa. A Inglaterra, partidária do desenvolvimento da sociedade burguesa centrada no modo de produção capitalista, estimulava e, ao mesmo tempo, financiava uma relação visceral de dependência econômica e financeira entre Portugal e a burguesia industrial capitalista inglesa. Essa configuração não coadunava com a manutenção das escolas dos pobres, que deveriam ficar circunscritas à obra caritativa dos párocos nos círculos ainda pertencentes à Igreja.

À reforma pombalina da instrução pública, com a criação das aulas régias de primeiras letras e a modernização da Universidade de Coimbra, acrescentou-se a criação do Colégio dos Nobres, minimizando a diáspora intelectual dos nobres portugueses, e a implantação da Aula do Comércio, uma maneira de lidar com a inabilidade portuguesa para as atividades comerciais. Essas medidas administrativas de ensino objetivavam satisfazer – tardiamente, em relação à Inglaterra – a necessidade de expansão comercial e industrial portuguesa.

> A Aula do Comércio dirigia-se diretamente à burguesia mercantil. E o Colégio dos Nobres dirigia-se especialmente à nobreza togada, visando a propiciar-lhe uma formação que lhe permitisse integrar-se

6 *Idem*, p. 467-468.

> no novo tipo de sociedade, de base mercantilista, que se pretendia instituir. Portanto, o despotismo esclarecido de Pombal, guiado pelas indicações dos estrangeirados, ensaiava adotar, para Portugal, um modelo semelhante àquele decorrente da Revolução Inglesa do século XVII, na qual ocorreu um aburguesamento da nobreza. Com efeito, diferentemente da França, onde se deu uma ruptura radical da burguesia com a nobreza, na Inglaterra ocorreu um processo de conciliação em que a nobreza foi assimilada à nova ordem de forma subordinada à burguesia.[7]

Com a morte de D. José I, sua filha, D. Maria I, assumiu o Reino de Portugal e de Algarves, em 17 de dezembro de 1777 - iniciando o período que ficou conhecido como a Viradeira -, nele permanecendo até 1815. A primeira medida de D. Maria I como rainha foi demitir o Marquês de Pombal de suas funções ministeriais e condená-lo à pena de desterro em Pombal, onde ele faleceria em 8 de agosto de 1782. Profundamente católica, D. Maria I não o perdoou pela condução sanguinária do Processo dos Távoras, acusados da tentativa de assassinato de seu pai, D. José I, cujo desenlace nunca a agradou; além disso, a expulsão dos jesuítas de Portugal e de seus domínios sempre a contrariou.

A rainha promove, então, a Reforma dos Ensinos Menores, retornando o ensino elementar, em boa parte, para a condução dos religiosos. Nessa reforma, aumentava-se quantitativamente o número de escolas voltadas para a alfabetização, em detrimento das outras etapas do ensino, como o elementar e médio, que, em grande parte, voltaram a ser ministrados nos conventos.

> Comparando nos seus valores quantitativos, esta reforma de D. Maria I (1799) com as de Pombal dos mesmos Estudos menores (1759 ampliada em 1773), nota-se acentuado aumento no que respeita às escolas de primeiras letras, que passaram de 526 postos de ensino para 722. Todas as outras aulas diminuíram quantitativamente: as de Gramática Latina, de 273 para 252; as de Retórica, de 51 para 12; as de Filosofia Racional, de 36 para 21; e as de Língua Grega, de 38 para 5. Notando que todas estas disciplinas eram exigidas na reforma pombalina dos estudos superiores como indispensáveis para o acesso aos cursos universitários, parece haver, com D. Maria I, a intenção de prejudicar a ascensão ao ensino ministrado na Universidade

7 SAVIANI, 2013, p. 103.

> de Coimbra. O panorama concreto é de facto este: desenvolver (em quantidade) o ensino primário e dificultar o desenvolvimento dos outros graus de ensino.[8]

A Directoria-Geral dos Estudos substituiu a Real Mesa Censora e dedicou-se a organizar o ensino em Portugal. Em 1801, elaborou-se um mapa estatístico, com o escopo de reunir elementos informativos sobre a estrutura de ensino no país. Os dados eram colhidos nas escolas e constituíam um quadro quantitativo e qualitativo do número de alunos em fase de aprendizado, seu aproveitamento, qualidades pessoais e outras peculiaridades. Nesse mesmo ano, a Coroa promoveu um concurso para provimento de cargos de professores nas Escolas Menores. Os aprovados eram inspecionados por juízes de crimes e corregedores. Aliada à censura aos livros proibidos, essa prática "viradeira" também revelou o caráter autoritário, elitista e ideológico que marcou a reforma pombalina do ensino.

Portugal vivia momentos turbulentos no início do século XIX: de um lado, preservava uma relação amistosa e dependente comercialmente com a Inglaterra, que tinha hegemonia nos mares e utilizava os portos estratégicos do país para fomentar sua produção capitalista industrial; do outro, confrontava-se com a ascensão de Napoleão Bonaparte, consagrado imperador da França, impondo seu poderio pelo continente europeu e pressionando o rompimento dos laços entre Portugal e Inglaterra. Como isso não ocorreu, uma vez que o príncipe regente D. João VI relutava em cumprir todas as exigências napoleônicas, o exército francês deslocou-se para o país, em busca da conquista da hegemonia ultramarina inglesa. No dia 27 de novembro de 1807, enquanto as tropas francesas, comandadas por Junot, dirigiam-se para o território português, a família real – inclusive D. Maria I, que enlouquecera – fugiu para o Brasil, com toda a corte e todos os bens que conseguiram recolher.

Com o estabelecimento da família real no Brasil, Portugal – empobrecido, endividado e humilhado – ficou sem referencial administrativo, uma vez que os franceses somente queriam expropriar os bens portugueses. A resistência ao estado de abandono em que se encontrava o país demonstrou, uma vez mais, a importância dos movimentos ligados à educação. Em Coimbra, formou-se o Batalhão Acadêmico, composto por estudantes e professores que lutaram, ao lado dos militares,

8 CARVALHO, 1986, p. 489.

contra a intrusão dos franceses e ingleses, que se apoderaram das riquezas de Portugal, grande parte oriunda da extração predatória no Brasil. O movimento de oposição proporcionou a valorização das Forças Armadas e a decorrente instalação de escolas nos quartéis, providas pelos governadores do Reino.

> Toda a vida nacional, como é óbvio, esteve gravemente perturbada neste período que decorre entre Novembro de 1807 e Abril de 1811. Em Coimbra muitos estudantes e professores foram mobilizados, tendo-se criado um corpo denominado Batalhão Acadêmico, que interveio em ataques franceses, devidamente enquadrado no exército beligerante, mas organizado como corpo militar distinto. A Universidade esteve, por vezes, encerrada e, quando funcionava, a frequência às aulas era naturalmente reduzida.[9]

Com apoio do exército inglês, após a batalha de Vimeiro, que resultou na vitória das forças britânicas e portuguesas, os franceses foram expulsos de Portugal, em 22 de agosto de 1808, quando foi assinada a Convenção de Sintra e negociado o armistício.

Alguns assuntos educacionais que ocupavam a pauta da educação em Portugal tiveram equivalência no Brasil, sobretudo na primeira metade do século XIX. As várias reformas do ensino português primaram-se pela implantação da instrução primária - as escolas de primeiras letras - para combater o analfabetismo crescente. Decisões nesse sentido evidenciavam o desejo pela universalidade do ensino gratuito, obrigatório e descentralizado. A instabilidade do país, assinalada pela incapacidade política e econômica dos governadores nesse período, não permitiu, entretanto, a consolidação de um projeto verdadeiramente renovador do ensino. Após a Revolução Liberal do Porto, que culminou com o retorno da Corte Portuguesa, a Constituição Política da Monarquia, em 1822, sob o governo de D. João VI, defendeu o liberalismo econômico, com foco na manutenção da liberdade, segurança e propriedade, um "direito sagrado e inviolável".

Essa Constituição dedicou quatro artigos à instrução pública, estabelecendo a instrução primária gratuita para todos os cidadãos, mas ainda não havia um compromisso programático com a educação pública que efetivamente considerasse todos. No ano seguinte, o deputado

9 CARVALHO, 1986, p. 523.

Luís da Silva Mouzinho de Albuquerque (1792-1846) apresentou um projeto pedagógico liberal, baseado nas escolas mútuas, em que se permitia dar resposta a uma educação popular, generalizada e intensiva. O baixo investimento financeiro desse método, também chamado lancasteriano, consistia na monitoria dos alunos mais velhos, que ensinavam aos mais novos. Com isso, não se contratavam professores, mais caros e em número insuficiente para atender à demanda educacional.

> Em 1815 inicia-se uma grande atividade pedagógica nacional que procedeu à criação de escolas de primeiras letras, nos quartéis, para combater o analfabetismo e impulsionar o progresso cultural do país. O sistema seguido nessas escolas era o método de ensino mútuo (Consulte-se os jornais da época como o *Investigador Português* e *Anais* de 1818). Este método perdeu importância nas escolas a partir da década de 70 (séc. XIX) a favor do método simultâneo.
>
> Insistimos que a instabilidade da vida nacional associava-se ao elevado analfabetismo. A própria Constituição de 1822 dedicou apenas quatro artigos à instrução pública, estabelecendo a instrução primária gratuita para todos os cidadãos.
>
> De facto, este período perturbado não favoreceu a desejada reforma geral do ensino. Em 1823 Mouzinho de Albuquerque apresenta um projecto de reforma de índole progressista, que estabelecia: escolas primárias, uma para cada sexo em cada freguesia utilizando o método mútuo; todos os cidadãos deveriam ter direito à escola gratuita (obrigatoriedade).[10]

Com a morte de seu pai D. João VI, em março de 1826, D. Pedro, buscando minimizar os conflitos revolucionários ocasionados pelos vintistas (alusão aos conturbados anos 20) em defesa da manutenção da Constituição de 1822, defendida pelos liberais, e os absolutistas, partidários do regime autocrático, proclamou-se rei, com o título de D. Pedro IV, e outorgou a Carta Constitucional de 1826. O texto constitucional representava o compromisso de unir os liberais e os absolutistas em torno do ideal de pacificação entre os portugueses, cansados das incertezas políticas, decorrentes das crises monárquicas. Em maio de 1826, D. Pedro IV abdicou do trono português, em nome de sua filha, Maria da Glória, conduzida ao poder como D. Maria II, após um casamento forjado com D. Miguel, seu tio, que, em 1828, proclamou-se rei, instaurando

10 MARTINS, 2004, p. 10.

um regime absoluto. Os vintistas e os cartistas (aqueles que defendiam fortemente a Carta Constitucional de 1826) travaram então uma disputa sangrenta contra os miguelistas – apoiadores do novo rei, que, confundindo religião com instrução pública, promoveu devassas, perseguições contra professores, fechamento de escolas, sob o controle autoritário do Reformador Geral dos Estudos do Reino e seus Domínios. A Companhia de Jesus recuperou seus bens e prestígio com D. Miguel e, com isso, restaurou-se o ensino religioso novamente no país.

Em 1834, D. Miguel foi deposto, e os vintistas, que representavam a voz das ruas, por meio dos deputados do Porto, conseguiram ascensão ao poder com o beneplácito da nova rainha, D. Maria II. Atribuiu-se a Manuel da Silva Passos – ou Passos Manuel, conduzido ao poder político como Ministro e Secretário de Estado dos Negócios do Reino, por intermédio da Revolução de Setembro – mais uma reforma do ensino primário, em 15 de novembro de 1836. Apesar das dificuldades econômicas da nação, houve avanços na estruturação do ensino, em busca da gratuidade, obrigatoriedade – prevista na reforma mais como um dever dos pais do que uma obrigação – e universalidade da instrução pública. Os famosos liceus portugueses, estabelecimentos de ensino secundário, com destaque para os estudos das ciências e humanidades, surgiram nesse período.

> A Passos Manuel se ficou devendo o maior conjunto de providências destinadas a impulsionar o ensino em Portugal, em todos os seus graus, dentro do espírito da Revolução. No pouco tempo em que lhe foi permitido gerir a pasta do Reino, e que foram apenas alguns meses, Passos Manuel fez publicar sucessivamente, e pela respectiva ordem hierárquica, as reformas dos estudos primário, secundário e superior. Não se condoendo reformas de tão grande alcance com soluções de improviso, soube Passos Manuel, numa atitude que não é corrente, procurar na obra fragmentária, e muitas vezes apressada, dos seus imediatos antecessores na pasta ministerial, aquilo que lhe parecia dever ser aproveitado. Assim o declara no preâmbulo da sua reforma geral dos estudos, fazendo notar que "sobre este tão importante objecto havia primorosos trabalhos de diversas comissões, que era mister coordenar e reduzir a sistema". Para tal coordenação foi encarregado o então vice-reitor da Universidade de Coimbra, José Alexandre de Campos.[11]

11 CARVALHO, 1986, p. 560.

A Constituição Política da Monarquia Portuguesa de 1838 – concluída e jurada em 4 de abril de 1838 pela rainha D. Maria II – emergiu do contexto revolucionário, para aplacar as disputas ideológicas em torno da restauração da Constituição de 1822 e a revogação da Carta de 1826, outorgada por D. Pedro IV. A Constituição quase nada tratou sobre a instrução pública. Em seu Art. 28, garantiu – apesar de não apresentar os meios necessários para tanto – a instrução primária e gratuita em estabelecimentos em que se ensinassem ciências, letras e artes.

A lacuna da nova Constituição da Monarquia quanto aos assuntos educacionais provocou a necessidade de se promover mais uma reforma geral do ensino, a cargo de Costa Cabral, em 1844. Nela a obrigatoriedade do ensino primário sujeitava os pais ou responsáveis que não matriculassem seus filhos com idade entre sete e 15 anos em escolas primárias a advertência, repreensão e multa. Essa obrigatoriedade era de execução precária, em razão do número insuficiente de escolas primárias no país. O ensino liceal, implantado por Passos Manuel, havia sido mantido pela nova reforma de Costa Cabral. Esse novo ciclo histórico português corresponde à afirmação de uma cultura escolar de base nacional e nele se define a matriz da escolarização bem como uma convivência com os setores do ensino associativo, particular e doméstico.

Em 12 de junho de 1870, no reinado de Luís I, filho de D. Maria II, criou-se o Ministério da Instrução Pública, sendo nomeado Ministro D. Antônio da Costa, escritor português de assuntos pedagógicos nacionais. Esse Ministro decretou a descentralização do ensino primário e a obrigatoriedade de matrícula para ambos os sexos, com penalidades para quem descumprisse. Ele também criou comissões escolares em cada localidade de ensino, com a finalidade de acompanhar as frequências dos estudantes e de prover vestuários e livros às crianças necessitadas, além de melhorar o vencimento dos professores, após décadas de desvalorização.

Ainda na segunda metade do século XIX, publicaram-se duas obras de caráter pedagógico, com o fim de combater o analfabetismo em Portugal, de autoria de dois poetas: o *Método Português*, de António Feliciano de Castilho, e a *Cartilha Maternal*, de João de Deus. O Método de Castilho sofreu forte oposição de intelectuais portugueses, entre eles Antero de Quental, no que ficou conhecida como a Questão Coimbrã, que opunha estes – os representantes do Realismo e Naturalismo – aos conservadores do Ultrarromantismo português[12]. Castilho, decepcionado com a aplicação do seu Método no país, mudou-se para o Brasil – onde o aplicou –, tendo sido recepcionado e apoiado por D. Pedro II, de quem se tornou grande amigo. A *Cartilha Maternal*, de João de Deus, publicada na década de 1870, não escapou de receber fortes críticas na sua aplicação, mas se tornou um dos mais notáveis instrumentos pedagógicos contra o analfabetismo em Portugal, recebendo uma enorme aceitação da população em geral, que a assimilou. Nessa mesma década, publicou-se o *Anuário Estatístico do Reino de Portugal*, que forneceu, com periodicidade, dados referentes ao ensino no país, o número de escolas existentes, o de professores em exercício, o grau de analfabetismo e outras questões pedagógicas relevantes.

Como Portugal não havia promovido seu desenvolvimento industrial até o final do século XIX, a exemplo das economias do norte da Europa, fazia-se necessário um preparo educacional da população, no sentido de fomentar o aprendizado prático. A década de 1880 foi marcada, portanto, pelo ensino profissional no país, dessa vez com a criação de escolas técnico-industriais, aliadas ao ensino agrícola e veterinário, como uma retomada – adaptada e modernizada – da reforma pombalina.

---

12 Os estilos literários Romantismo (e sua versão mais radical, o Ultrarromantismo), Realismo e Naturalismo tiveram sua maior expressão na segunda metade do século XIX, especialmente na França. Todos os estilos sofreram as transformações por que passava a burguesia capitalista industrial da Europa. O Romantismo refletiu enormemente as influências resultantes da Revolução Francesa e o seu ideal de liberdade, igualdade e fraternidade. O Romantismo e o Ultrarromantismo reproduziram, pois, os sentimentos de nacionalismo, saudosismo e escapismo que a rodeavam sob a atmosfera da religião e do orgulho da pátria, enquanto o Realismo e o Naturalismo repercutiram as tendências científicas do positivismo, evolucionismo, determinismo e do socialismo. O Romantismo – ou a sua defesa mais veemente, o Ultrarromantismo português – teve representantes como Alexandre Herculano, Antônio Feliciano de Castilho, Almeida Garret, Camilo Castelo Branco, Júlio Diniz. O Realismo e o Naturalismo produziram também ilustres nomes da literatura, como Antero de Quental, Guerra Junqueiro e Cesário Verde, na poesia, e o célebre Eça de Queirós, com os seus romances psicológicos, como *O primo Basílio* e *O crime do Padre Amaro*. Seus personagens desnudaram a natureza humana, dessacralizando as idealizações próprias do Romantismo português. (N.A.)

> Passemos à década de 80 do século XIX. No campo da atividade pedagógica é esta década particularmente notória pela atenção dispensada ao ensino profissional. Mais uma vez se alvoraçaram os espíritos de alguns detentores do poder governamental ao refletirem sobre o atraso das nossas indústrias, sobre a impreparação dos trabalhadores a elas dedicados, sobre o deficiente ensino teórico e prático das matérias adequadas, tudo isso cada vez mais distanciado do estado de permanente progresso de muitos outros países a cuja supremacia nos víamos necessariamente sujeitos. Passos Manuel, Costa Cabral, Fontes Pereira de Melo e João Crisóstomo de Abreu e Sousa já se tinham mostrado conscientes de que a finalidade do ensino não é apenas a de transmitir informações de natureza literária e científica, o saber, mas também o saber fazer. Para isso legislaram, mandaram construir escolas, oficinas e laboratórios, criaram conservatórios de artes e museus, instituíram disciplinas e conceberam programas, mas, anos após, quando se olhou para trás, reconheceu-se que tudo ou quase tudo ficara no papel, e que era necessário começar de novo. É assim que, mais uma vez, agora já na década de 80, se vão criar as Escolas Industriais.[13]

Em 5 de outubro de 1910, proclamou-se a República em Portugal, assinalando o fim da monarquia no país, extinguindo os foros de nobreza e os títulos nobiliárquicos. O sentimento nacionalista tomou conta da população e, com ele, o desejo de se criar um estado republicano e, consecutivamente, ampliar e melhorar a situação do ensino no país. Para isso, seria imprescindível a publicação da primeira Constituição republicana.

A Constituição Política da República Portuguesa, promulgada em 21 de agosto de 1911, inspirou-se na de 1822, vintista, e na Constituição da República do Brasil, de 1891, de orientação positivista e nacionalista. Ela consagrou o sufrágio direto na eleição do Parlamento, a soberania nacional e a tripartição dos poderes políticos tradicionais: o executivo, de competência do Presidente da República e do Governo; o legislativo, comandado pelo Congresso da República; e o judiciário, executado pelos Tribunais (Art. 6º).

A laicização do Estado português foi prevista e reforçada pela legislação que extinguiu e dissolveu a Companhia de Jesus no país, bem

13 CARVALHO, 1986, p. 615.

como todas as ordens monásticas e congregações religiosas no território português. Com isso, rompia-se o longo poderio e a enorme influência da Igreja Católica na educação portuguesa. O ensino elementar tornou-se oficialmente obrigatório e gratuito, laico, ministrado em escolas públicas ou em estabelecimentos particulares, fiscalizados pelo Estado, especificamente pelo Ministério da Instrução Pública, que seria recriado em 1913.

O Decreto de 29 de março de 1911, com força de lei, recepcionado pela Constituição de 1911, que normatizava a instrução primária no período, legislava sobre os ensinos infantil, primário e normal e representou o entusiasmo dos republicanos pela educação, a exemplo do movimento "escolanovista" brasileiro. O texto estampado no introito do Decreto denunciava o pensamento republicano português sobre a educação pública "salvadora da humanidade": "O homem vale, sobretudo, pela educação que possui, porque só ela é capaz de desenvolver hamónicamente as suas faculdades, de maneira a elevarem-se-lhe ao máximo em proveito dêle e dos outros".[14]

A educação infantil e o desenvolvimento integral - físico, moral e intelectual - das crianças, desde os quatro aos sete anos de idade, seriam facultativos e gratuitos e constituiriam uma preparação para o ensino primário - este obrigatório. O ensino infantil deveria ser ministrado por mulheres: na escola, pela professora, e, no lar, pela mãe educadora. O ensino primário elementar era obrigatório para as crianças entre os sete e os 14 anos. As crianças submetidas ao ensino particular ou doméstico eram dispensadas da frequência obrigatória nas escolas. Os alunos do ensino doméstico com mais de dez anos de idade eram sujeitos a exame das disciplinas do ensino elementar. Em caso de reprovação, eles deveriam repetir o exame ou matricular-se em escola pública, até que fossem aprovados ou que completassem a idade de 14 anos - limite da obrigatoriedade escolar - ou que ficasse comprovada a sua absoluta incapacidade mental.

> Art. 3º - Haverá duas categorias de ensino: infantil e primário.
>
> Art. 4º - O ensino primário abrange três graus: elementar, complementar e superior.

---

14 PORTUGAL, 1911.

> Art. 5º – O objecto do ensino infantil é comum aos dois sexos e tem em vista a educação e desenvolvimento integral, físico, moral e intelectual das crianças, desde os quatro aos sete anos de idade, com o fim de lhes dar um comêço de hábitos e disposições, nos quais se possa apoiar o ensino regular da escola primária.
>
> § único – A educação das crianças, de que trata êste artigo, é feita, na escola pela professora, e na família pela mãe, devendo ambas harmonizar-se na orientação a dar à educação da criança.
>
> Art. 37 – O ensino primário elementar é obrigatório para todas as crianças, de ambos os sexos, cuja idade esteja compreendida entre os sete e os catorze anos; mas são dispensadas da frequência das escolas públicas as crianças que recebam ensino particular ou doméstico, e aquelas que residam a mais de 2 quilômetros de distância de qualquer escola oficial ou particular gratuita.
>
> Art. 44 – Os alunos do ensino doméstico, depois de completarem dez anos de idade e se antes se não apresentarem voluntáriamente a êle, ficarão sujeitos ao exame das disciplinas do ensino elementar, nas condições que forem determinadas em regulamento.
>
> § único – Provando-se que não estão habilitados nessas disciplinas serão obrigados a repetir o exame ou a matricular-se na escola pública, até que sejam aprovados naquele exame, ou até o termo da obrigatoriedade escolar, a não ser que se prove a sua absoluta incapacidade mental.[15]

O Decreto nº 6.137, de 29/9/1919, assim como o de 1911, trazia o modelo de ensino doméstico como exceção à escolaridade obrigatória, que deveria começar aos sete anos de idade e terminar com a obtenção do diploma de estudos da escola primária. Os alunos que recebessem ensino doméstico eram dispensados da matrícula e frequência obrigatórias nas escolas.

> Art. 35 – A obrigatoriedade de ensino começará aos 7 anos e terminará com obtenção do diploma de estudos da escola primária e consiste em apresentar as crianças à matrícula nas escolas oficiais ou particulares e em fazer com que elas as frequentem regularmente.
>
> Art. 37 – Há crianças dispensadas da obrigatoriedade de matrícula e frequência nas escolas oficiais e postos escolares. São elas: [...] c) As

15 PORTUGAL, 1911.

que frequentarem qualquer escola particular, ou receberem o ensino individual; d) As que receberem ensino doméstico.[16]

Nos anos que se seguiram à promulgação da primeira Constituição Republicana do país, Portugal vivenciou um período turbulento, singularizado pela Primeira Guerra Mundial e seus trágicos resultados. Irrompia-se um movimento militar e civil antiliberal contra a instabilidade das instituições e os efeitos danosos do Pós-Guerra na economia portuguesa, culminando no golpe de Estado de 28 de maio de 1926 – e o fim da Primeira República Portuguesa – e na instauração da ditadura militar. O Estado Novo, como também ficou conhecido esse período em Portugal, instaurou o regime político autoritário, autocrata e corporativista de Estado, que vigorou desde a promulgação da Constituição de 1933 até a Revolução de 25 de abril de 1974 (Revolução dos Cravos).

O novo regime político foi chamado salazarismo, em referência a António de Oliveira Salazar, ex-professor universitário, que governou com mão de ferro, como Ministro das Finanças do governo militar e como líder autoritário convidado a governar o país. Salazar instaurou o Estado Novo e organizou as finanças portuguesas, cujo período, assim como no Brasil, ficou conhecido como o do "milagre econômico".

A Constituição Política da República Portuguesa, de 11 de abril de 1933, funda esse novo Estado, refletindo enormemente os ideais de Salazar, Presidente do Conselho, que tinha mais poderes que o Presidente da República, eleito posteriormente por sufrágio indireto.

A educação dos filhos era um direito reconhecido à família, considerada "elemento político primário". A laicização do ensino foi mantida, conforme determinado no Art. 43, § 3º: "O ensino ministrado pelo Estado é independente de qualquer culto religioso, não o devendo porém hostilizar [...]"[17]. Salazar entendia a escola como um campo ideológico aberto ao combate contra o comunismo, inimigo da civilização portuguesa, e contrário aos valores morais – da família, da propriedade privada e da nação –, algo comum às justificativas da instalação dos regimes autoritários no Brasil.

16 TABORDA, 1943, p. 7; 13.
17 PORTUGAL, 1933.

Esse projeto de educação acabava por manter as classes pobres analfabetas, passivas diante dos acontecimentos que se delineavam no país, enquanto apresentava ideologicamente a leitura de mundo que melhor lhe conviesse. A classe burguesa, desde que fossem mantidos seus privilégios, assimilou o projeto autoritário de Salazar, o que coadunava com os valores defendidos, consistentes em proteger a moral da família, a propriedade privada, a religião e, principalmente, a manter o *status quo*, em nome de uma defesa da pátria, mas não de todos os seus cidadãos, obviamente. Quem se opusesse a essa ideologia dominante recebia o rótulo de "inimigo da nação".

As medidas educacionais consistiram em separar os estudantes por sexo, em nome da moral cristã, em reduzir o tempo de ensino elementar em um ano e em incluir nos currículos escolares disciplinas de viés ultranacionalista – nos moldes da Educação Moral e Cívica, ministrada no Brasil, além da saudação à bandeira nacional –, projetos que ganharam força e destaque no governo brasileiro de Vargas. Exaltavam-se as conquistas da pátria, mesmo elas sendo notoriamente excludentes.

> O inconveniente de o povo saber ler não estava propriamente no fato em si mesmo de ler, mas no uso perigoso que dele poderia resultar. Por via da leitura teria o povo acesso ao conhecimento de doutrinas corrosivas e de facécias malcheirosas, conforme dizia Alfredo Pimenta, e se essa consequência fosse inevitável então melhor seria fecharem-se as escolas, deixando-as apenas abertas aos filhos bem-comportados da burguesia interessada na manutenção dos seus privilégios. Mas havia, sem dúvida, um outro caminho a seguir, que seria o de proporcionar escolas a todos, mas só deixar ler aquilo que o Estado achasse conveniente, não apenas enquanto crianças, na escola, mas depois, como adultos, pela vida afora, até a hora da morte. Constituiria, sem dúvida, esta orientação alternativa, um programa grandioso, de proporções gigantescas, que exigiria perspicácia, persistência, vigilância permanente e até coragem, prosseguido durante anos e anos, sem esmorecimentos de ânimo nem fraquezas de ação. Pois foi exatamente isso que Salazar conseguiu, esse homem sempre igual a si mesmo, moderado, sereno, pertinaz, sem precisar sequer de sair do seu gabinete, mas apenas daí manobrando os cordelinhos com que movimentava a mentalidade reacionária da Nação.[18]

18 CARVALHO, 1986, p. 728.

O processo de erradicação do analfabetismo em Portugal e da ampliação da escola para o maior número possível de pessoas - numa espécie de retomada da política pombalina, inclusive com os seus desmandos políticos - teve força após a Segunda Guerra Mundial, ainda durante o Estado Novo português. Considerado o documento fundador desse novo Estado, a Constituição Política da República Portuguesa, de 11 de abril de 1933, sob o governo autoritário e corporativista de Salazar, declarava, em seu Art. 5º, ser o Estado Português uma "República unitária e corporativa". A garantir esse *status* constitucional, foi criada a Câmara Corporativa, cuja previsão legal era estabelecida pelo Art. 102, da Constituição.

> Junto da Assembleia Nacional funciona uma Câmara Corporativa, composta de representantes de autarquias locais e dos interesses sociais, considerados estes nos seus ramos fundamentais de ordem administrativa, moral, cultural e económica, designando a lei aqueles a quem incumbe tal representação ou o modo como serão escolhidos e a duração do seu mandato.[19]

Competia à Câmara Corporativa relatar e dar parecer por escrito sobre todas as propostas ou projetos de lei que fossem apresentados à Assembleia Nacional. Apesar de não ter a mesma função da Assembleia, a Câmara funcionava como orientadora do processo legislativo, inserindo-se na lógica do regime corporativo amplamente defendido por Salazar. Ela ainda representava os organismos corporativos e as autarquias locais e, por meio delas, as famílias, "elementos estruturais da nação", conforme o Art. 5º, § 3º, da Constituição.[20]

Valendo-se da Constituição de 1933, o Decreto-Lei nº 23.447, de 5 de janeiro de 1934, que promulgou o Estatuto do Ensino Particular, imbuía-se da liberdade de ensino, isentando as instituições particulares de qualquer fiscalização do Estado. Os alunos que não estivessem matriculados no ensino oficial eram considerados externos - incluindo os adeptos do ensino doméstico -, podendo receber a educação em casa, ministrada por seus pais, parentes ou tutores. Os alunos externos do ensino doméstico deveriam, antes de iniciarem seus estudos, ser

19 PORTUGAL, 1933.
20 *Ibidem*.

matriculados em uma escola oficial, o que se efetuava na secretaria da inspeção do distrito escolar, do liceu ou da escola correspondente à residência deles.

> Art. 20 – Há alunos externos do ensino doméstico e do ensino particular.
>
> Art. 21 – Só pode ser considerado ensino doméstico:
>
> a) O que fôr individual;
>
> b) O que se dirigir a irmãos ou alunos residentes na mesma habitação, que não seja internato ou casa de pensão.
>
> § 1º – O ensino doméstico é exercido:
>
> c) Por qualquer parente na linha recta ascendente ou do primeiro grau na linha transversal do aluno ou alunos a quem se destina;
>
> d) Por qualquer parente no segundo grau na linha transversal do aluno ou alunos que com êle ou com êles cohabite;
>
> e) Pelo tutor judicial do aluno ou alunos.
>
> Art. 24 – Os alunos externos devem ser sujeitos a matrícula oficial, que se efectuará ordinàriamente nos meses de Outubro e Novembro de cada ano. [...]
>
> Art. 25 – A matrícula a que se refere o artigo anterior é realizada:
>
> a) Na secretaria da inspeção do distrito escolar, do liceu ou da escola correspondente à residência do aluno se fôr do ensino doméstico ou do ensino particular individual.
>
> Art. 30 – Do registro de matrícula deve constar:
>
> a) O nome e demais elementos de identificação de cada aluno;
>
> b) A designação da pessoa que o ensina, se receber o ensino doméstico.[21]

A Segunda Guerra Mundial transformou substancialmente as relações socioeconômicas e históricas da Europa, e a educação assimilou as novas circunstâncias advindas do conflito interpaíses. A revista educacional portuguesa *Acção Pedagógica*, entre muitas outras publicações, espelhava a temática preferida da imprensa educacional: o fortalecimento do sentimento nacionalista e do apego aos laços da família.

21 PORTUGAL, 1934.

> Criada em plena 2ª Guerra Mundial, a Revista *Acção Pedagógica* pautava-se por temas educacionais relacionados ao fortalecimento dos laços nacionais, tendo a família como epicentro. A reconstrução da sociedade portuguesa, esfacelada na Guerra, passava por uma adequação do ensino secundário, apto a rechaçar os velhos hábitos daqueles que se apresentam como líderes políticos. A mocidade portuguesa teria, pois, a nobre missão de "desempoeirar dessa fuligem do passado, corrosiva e entenebrecedora dos horizontes do espírito".[22]

Inspirando-se na Constituição de 1933, em seu Art. 43: "[...] § 1º – O ensino primário elementar é obrigatório, podendo fazer-se no lar doméstico, em escolas particulares ou em escolas oficiais"[23], foram criadas condições para se produzir um novo regulamento do ensino doméstico. No dia 24 de fevereiro de 1949, a Câmara Corporativa enviou o Parecer nº 32/1949[24], acerca da proposta de lei sobre o ensino particular, que tramitava na Assembleia e que viria a se transformar, em 27 de junho de 1949, na Lei 2.033. Por meio dessa Lei, revogou-se o Decreto-Lei nº 23.447, de 5/1/1934, com o fim de "o adaptar à legislação vigente e reorganizar os serviços de inspecção e disciplina do ensino particular",[25] principalmente com as novas diretrizes impostas pela Constituição de 1946.

22 NÓVOA, 1993, p. 19.
23 PORTUGAL, 1933.
24 PORTUGAL, 1949[a]. Texto original disponível na Torre do Tombo, em Lisboa, Portugal. Disponível em: https://debates.parlamento.pt/catalogo/r2/dan/01/04/04/167/1949-02-24?sft=true#p103. Acesso em: 14 mar. 2023.
25 PORTUGAL, 1949[a], p. 118.

Figura 1 – Ofício da Câmara Corporativa, presidida por António de Oliveira Salazar, encaminhando à Assembleia Nacional a Proposta de Lei sobre o ensino particular, em março de 1949.

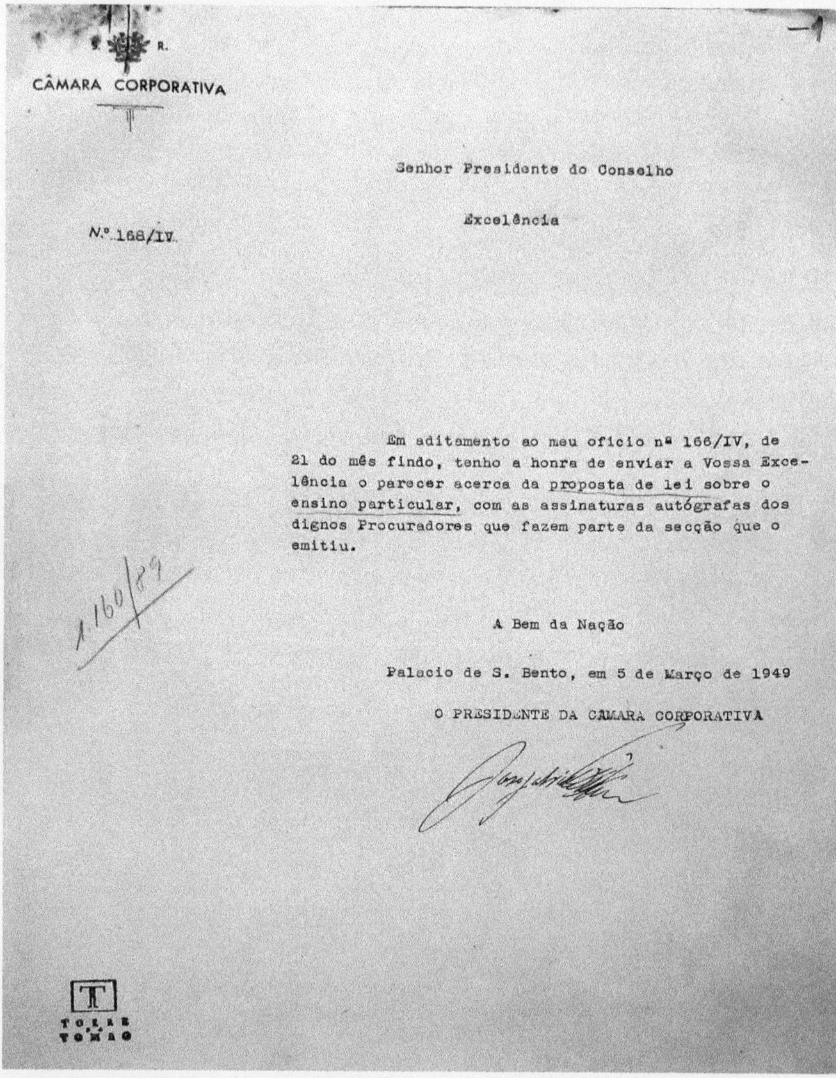

CÂMARA CORPORATIVA

Senhor Presidente do Conselho

N.º 168/IV

Excelência

Em aditamento ao meu ofício nº 166/IV, de 21 do mês findo, tenho a honra de enviar a Vossa Excelência o parecer acerca da proposta de lei sobre o ensino particular, com as assinaturas autógrafas dos dignos Procuradores que fazem parte da secção que o emitiu.

A Bem da Nação

Palacio de S. Bento, em 5 de Março de 1949

O PRESIDENTE DA CÂMARA CORPORATIVA

Fonte: Torre do Tombo – Lisboa, Portugal.

Após a Segunda Guerra Mundial e até meados da década de 1970, assinalou-se uma mudança de atitude no mundo. Ao mesmo tempo em que se reconstruíam as instituições – e a escola pública representava uma enorme força simbólica nesse sentido –, procurava-se um futuro que desse conta dos inúmeros desafios que surgiam como marca da reconstrução de um planeta mais justo, solidário e coletivo. O Estado do bem-estar social teve de dinamizar-se para construir e reconstruir seus paradigmas de atuação, principalmente no que dizia respeito à educação básica, à qual era reservada a tarefa de universalizar-se e transformar as concepções totalitárias em atitudes cooperativas e participativas da nova ordem social.

> Destarte, desde os finais da II Guerra Mundial, até meados da década de 70, promove-se um "entendimento", um acordo no qual se considerava legítima a existência de um Estado de bem-estar dinâmico. Este Estado sustentava sua legitimidade numa trindade. Havia (muito) apoio bipartidário ao Estado para prover e gerir grande parte da vida social, o que o colocava frequentemente acima da maior parte da política partidária. A administração burocrática prometia agir imparcialmente em benefício de todos. E os profissionais empregados pelo Estado, como os professores e outros educadores, estavam ali para aplicar o seu conhecimento especializado para servir o público. Este acordo era amplamente aceito e dava às escolas públicas e a outras instituições públicas uma base muito sólida, pois, em geral, a vasta maioria das pessoas continuava a acreditar que as escolas e outros órgãos estatais operavam de verdade de uma forma profissional e imparcial em favor do público.[26]

A educação portuguesa no pós-Segunda Guerra, com o estabelecimento do Estado Novo, buscou resgatar valores axiológicos conquistados pela Reforma Pombalina e aniquilados com o conflito mundial. O país necessitava superar as agruras provocadas pelas mortes de inúmeros portugueses e o escapismo para um passado glorioso e rural, em que se sobressaía a família e a religião e se constituía uma nova visão de mundo. Em uma dessas vertentes, centralizou-se a educação e buscou-se reafirmar uma retórica de teor saudosista, com viés nacionalista, conservador e autárquico, caracterizada pela sustentação axiomática do núcleo "Deus, Pátria e Família".

> O Estado Novo retomou de forma integrativa aquelas distintas perspectivas, consolidando-as no modelo de escola única – a Escola Portuguesa. A educação ministrada pela escola única converteu-se num

26 APPLE, 2010, p. 257.

> *minimum* cultural nacionalista. Abolida a República, num primeiro ciclo de governação correspondente à Ditadura Nacional e à institucionalização do Estado Novo, a política educativa foi de neutralização da escola republicana e de sedimentação de um passadismo folclórico e ruralizante, de teor saudosista, conservador e autárcico, alicerçado no núcleo Deus, Pátria, Família.[27]

O Parecer nº 32 da Câmara Corporativa incorporou a nova ordem que se estabelecia com o regime salazarista, o que pode ser observado ao longo do texto entregue à Assembleia. A educação – porta-voz da religião – era vista como salvadora do mundo, em especial da Europa, conforme se pode verificar em algumas citações introdutórias do parecer.

> E Leibniz dizia: "Entreguem-me nas mãos a educação da mocidade, e em poucos anos mudaremos a face da Europa". Kant afirmava do mesmo modo: "O homem não é verdadeiramente tal, senão por meio da educação; ele só é o que a educação fizer dele". Por sua vez, confirmando a sabedoria dos séculos, a Sagrada Escritura faz-nos esta admoestação: "Instrui o jovem segundo o caminho que ele deve seguir; porque não sairá dele, mesmo quando for velho". (Prov. 22, 6).[28]

A questão primordial que norteia esta tese e que é apresentada textualmente no Parecer diz respeito à seguinte investigação: a quem compete educar (ou, no caso, instruir)? O rol dos legitimados para cumprir essa tarefa já adianta, de certa forma, o que deverá ser a resposta almejada: a) à família; b) à Igreja (quase uma extensão da família); c) ao Estado; d) a todos os entes mencionados: família, igreja, Estado. O que se busca é o princípio da solidariedade, com prevalência para a família, no que diz respeito à instrução das crianças, tratadas como tábua rasa, sem consciência dos seus direitos e deveres.

> a) Direitos da Família. – O título, em que se fundam estes direitos, encontra-se na paternidade. Realmente, a função educativa é, por assim dizer, uma extensão e complemento dela; tem como fim completar a obra da geração. Os pais cooperaram voluntàriamente com Deus na vinda ao Mundo de um ser sumamente débil, indigente e

27 MAGALHÃES, 2010, p. 95.
28 PORTUGAL, 1949[a], p. 2.

> imperfeito; a eles, pois, compete primariamente o dever e o direito de não deixarem incompleta a grande obra começada. A eles incumbe a obrigação de a levarem a seu termo e perfeição devida; a eles, por outras palavras, compete primáriamente a missão gloriosa e difícil de educar os filhos.
>
> E compete-lhes também por outras duas razões. Primeiro, porque a criança é, por natureza, como diz S. Tomás e repete Leão XIII, *aliquid patris*, "algo que pertence aos pais". E segundo, porque estes, normalmente, se encontram nas melhores condições para exercer salutar influência na alma dos filhos. Quem os conhecerá melhor do que eles? Quem lhes terá maior amor? E a quem prestará a criança, mais suave e confiadamente do que a seus pais, a amorosa e instintiva colaboração, que toda a obra educativa exige do educando? Pertence, pois, à Família o direito de educar os filhos; direito inalienável, por ser fundado num dever, que a própria Natureza lhe impõe; direito anterior a qualquer outro, que possa ter a sociedade civil ou o Estado. Neste ponto, "é de tal modo unânime o sentir comum do género humano, que estariam em aberta contradição com ele quantos ousassem sustentar que a prole pertence primeiro ao Estado do que à Família e que o Estado tem sobre a educação direito absoluto".[29]

A predominância da família em relação à instrução dos filhos – impedindo que ela seja "propriedade" do Estado – revelou um temor quanto aos ideais revolucionários emanados da Revolução Francesa e da doutrinação comunista vinda da Rússia.

> Assim o pretendiam os convencionais da Revolução Francesa, como Danton, que proclamava: "Os filhos pertencem à República".
>
> "A pátria tem o direito e o dever de educar os seus filhos". Assim o afirmam ainda hoje os doutrinários do marxismo soviético.
>
> No livro *ABC du Communisme*, que é apontado como um dos textos mais ortodoxos do sistema, lê-se: "A sociedade burguesa considera a criança como propriedade de seus pais... Do ponto de vista socialista, esse direito não é fundado... Nenhum ser pertence a si próprio. Pertence à sociedade, ao género humano... A sociedade possui um direito primordial e fundamental sobre a educação da juventude.[30]

29 PORTUGAL, 1949[a], p. 2.

30 *ABC du Communisme*, 1923, p. 232, *apud* PORTUGAL, 1949[a], p. 4.

No destaque negativo que se deu ao texto *ABC du Communisme*, mencionado no Parecer nº 32, desconsiderava-se o fato de que não se falou em propriedade estatal, mas em inserção da criança na sociedade. De qualquer forma, a discussão ainda se pautava pela coisificação da pessoa, que não era vista como sujeito de direitos e deveres.

Uma jurisprudência dos Estados Unidos, também citada pela Encíclica *Divini Illius Magistri*[31], publicada em 31 de dezembro de 1929, revelou-se paradigmática da hegemonia da família sobre a escolha da instrução dos filhos. A decisão da Suprema Corte estadunidense, mencionada no Parecer de Portugal, reconhecia o direito de liberdade de ensino das famílias e declarou inconstitucional uma lei do estado de Oregon, que obrigava os pais a mandarem os filhos à escola pública, o que praticamente equivalia a suprimir as escolas particulares.

> Mas o bom senso revolta-se contra semelhante pretensão. E não só o bom senso; também a jurisprudência civil das nações, onde há a preocupação de respeitar os direitos da dignidade humana. Um exemplo frisante encontramo-lo no célebre acórdão do Supremo Tribunal da República Federal dos Estados Unidos da América do Norte numa decisão relativa ao presente assunto. Mereceu ela as honras de ser transcrita numa encíclica papal, na *Divini Illius Magistri*. Eis as palavras do acórdão: "The fundamental theory of liberty upon which all governments in this Union repose excludes any general power of the State to standardize its children by forcing them to accept instruction from public teachers only. The child is not the mere creature of the State; those who nurture him and direct his destiny have the right coupled with the high duty, to recognize, and prepare him for additional duties".[32]

O Parecer assentava-se no postulado da Constituição de 1933, que dava primazia à família no exercício da sua liberdade de escolha em educar/instruir seus filhos. Para tanto, mencionava-se o Art. 42, da

31 Disponível em: https://www.vatican.va/content/pius-xi/pt/encyclicals/documents/hf_p-xi_enc_31121929_divini-illius-magistri.html. Acesso em: 22 jun. 2022.

32 PORTUGAL, 1949[a], p. 4. "A teoria fundamental da liberdade, na qual todos os governos desta União se baseiam, exclui qualquer poder geral do Estado de padronizar suas crianças, forçando-as a aceitarem instruções apenas de professores públicos. A criança não é mera criatura do Estado; aqueles que a nutrem e dirigem seu destino têm o direito, juntamente com o alto dever, de reconhecê-la e prepará-la para os deveres adicionais." (tradução livre)

Constituição: "A educação e instrução são obrigatórias e pertencem à família e aos estabelecimentos oficiais ou particulares em cooperação com ela".[33] Acrescenta-se o disposto no Art. 13, nº 4, para ratificar o estilo conservador salazarista, baseado na trilogia "Deus, Pátria e Família" e que permeou a legislação portuguesa de 1933 até 1974, com o fim do regime.

> Em ordem à defesa da família pertence ao Estado e autarquias locais [...] 4º Facilitar aos pais o cumprimento do dever de instruir e educar os filhos, cooperando com eles por meio de estabelecimentos oficiais de ensino e correcção ou favorecendo instituições particulares que se destinem ao mesmo fim. (PORTUGAL, 1933, p. 9)

Nessa exposição de seus princípios fundamentais, a Câmara Corporativa arrematou: "Destes textos se conclui que, segundo a Constituição vigente, a educação e instrução dos filhos pertence primordialmente à Família; ao Estado e às autarquias locais apenas subsidiariamente e a título de cooperação com ela".[34]

Sobre a perspectiva religiosa na educação, nota-se haver uma institucionalização da doutrina católica no campo da instrução pública. À família cabia a função natural no campo da educação/instrução, e à Igreja cumpria a missão sobrenatural ou a direção moral e espiritual dos estudantes das escolas públicas e privadas.

> A escola deve ser (já foi dito e repetido) não apenas um estabelecimento de ensino, mas um centro verdadeiramente educativo. Ora, a educação cristã depende de três condições indispensáveis.
>
> A primeira é o estudo da religião num progresso paralelo ao do estudo das disciplinas profanas. Se ele faltar, logo se estabelece no espírito do jovem um desequilíbrio funesto entre a sua instrução religiosa e o meio cultural em que vive, o que dará ocasião a numerosas dificuldades, que não sabe resolver e podem constituir um perigo para a sua fé.
>
> A segunda condição é o estudo das outras disciplinas, orientado por um critério cristão. Não se trata, evidentemente, de as estudar com métodos teológicos; cada disciplina científica tem o seu método próprio, que se deve seguir. Trata-se de esclarecer o espírito do educando nos pontos de contacto que muitas questões científicas podem ter com o dogma e a moral.

33 PORTUGAL, 1933.

34 PORTUGAL, 1949[a], p. 5.

> Por último, e poderia dizer-se *last not least*, a terceira condição exigida para que um centro escolar seja verdadeiramente educativo é esta: que todo o seu ambiente seja impregnado de vida cristã. Ora, não há dúvida que só em escolas próprias pode realizar a Igreja plenamente as três condições apontadas.[35]

O outro elemento do lema – a *Pátria* – teve a sua representatividade pelo poder regulador do Estado, característica igualmente marcante do Estado Novo. Mas esse poder regulador não se assemelhava ao que fora instituído na Primeira República. O governo de Salazar ampliou o acesso à instrução primária pública e deu também maior abertura à livre iniciativa privada. Ao mesmo tempo, procurou fortalecer e institucionalizar os valores ideológicos de viés patriótico, em que a escola chancelava o seu projeto de resgate retórico do sentimento de nação, subtraído ou diminuído com a Segunda Guerra.

> O Estado pode e deve intervir na educação dos seus súbditos; não o faz, porém, a título de pai (que o não é), mas a título de promotor do bem comum da colectividade. E qual vem a ser, em resumo, a sua função educativa? Talvez se possa reduzir aos quatro verbos seguintes: promover, suprir, auxiliar e completar. Promover a educação dos membros da colectividade. Para isso procurará que a instrução e a educação se estenda quanto possível a todos, tornando-as obrigatórias. Pode exigir (são palavras da *Divini Illius Magistri*) "que todos os cidadãos tenham o necessário conhecimento dos próprios deveres cívicos e nacionais e um certo grau de cultura intelectual, moral e física".[36]

Por influência da Câmara Corporativa, a Base II da Lei 2.033/1949 foi alterada, para que se esclarecesse que, ao mencionar os princípios da doutrina e moral cristã, se tratava, tradicionalmente, da fé católica.

> Também com a doutrina desta base afirma, de um modo geral, a Câmara Corporativa a sua concordância. Deseja, porém, que ao nº 2, em que se diz que as "virtudes morais serão orientadas pelos princípios da doutrina e moral cristãs", se acrescentem as palavras "tradicionais do País", em conformidade com o artigo 43º, § 3º, da Constituição. Deste modo fica mais claro que se trata da doutrina e moral católicas.[37]

---

35 PORTUGAL, 1949[a], p. 6.

36 *Ibidem*.

37 PORTUGAL, 1949[a], p. 127.

O ensino doméstico aparece estampado na Base III da proposta de lei, aprovada praticamente na íntegra pela Assembleia da República. Em sua redação, infere-se que o Estado categorizava o ensino em público, particular e individual, sendo este último entendido como ensino doméstico, denominação até hoje praticada pela legislação portuguesa. O ensino particular, ministrado coletivamente, era fiscalizado pelo Estado, pois dele recebia subvenção pública, o que não acontecia com o ensino doméstico. Essa alternativa poderia ser ministrada pelos pais ou por professores particulares no domicílio: "Base III – 1. O ensino particular pode ser ministrado colectiva ou individualmente. 2. Todo o ensino doméstico, isto é, ministrado individualmente aos alunos no domicílio, é isento da fiscalização do Estado".[38]

O Parecer de 1949 reproduzia a essência da Constituição de 1933, que, por sua vez, fidelizava-se aos enunciados de encíclicas do catolicismo[39], ao tratar do enquadramento da mulher no cenário social da época. O Art. 5º da Constituição afirmava que os cidadãos eram iguais perante a lei, recusando qualquer tipo de "privilégio de nascimento, nobreza, título nobiliárquico, sexo, ou condição social", com exceção da mulher, em razão das "[...] diferenças resultantes da sua natureza e do bem da família".[40] Essa "natureza especial" a nada mais servia senão ao propósito de discriminar a mulher e atribuir a ela uma missão naturalística, voltada à concepção, criação, educação e instrução dos filhos. "A mulher foi concebida para ser mãe, foi a 'natureza' que assim decidiu. O salazarismo acrescentou que deve ser uma mãe devota à pátria e ocupar-se do 'governo doméstico'."[41] A Lei 2.033/49 ilustrava sobremaneira essa orientação do papel social da mulher, patente no regime salazarista, no sentido de ser ela mãe e educadora dos filhos, conservando neles o amor à pátria, à moral e aos bons costumes, o que também deveria ser missão de todos os professores.

> Base XII
>
> A Inspecção do Ensino Particular zelará os interesses do ensino e da educação dos alunos pelos seguintes meios:

---

38 *Idem*, p. 125.

39 Especialmente as Encíclicas *Rerum Novarum*, de 15 de maio de 1891, a *Divini Illius Magistri*, de 31 de dezembro de 1929, e a *Quadragesimo Anno*, de 15 de maio de 1931. (N.A.)

40 PORTUGAL, 1933.

41 COVA; PINTO, 1997, p. 72.

> a) Exigindo o cumprimento das leis e dos princípios da boa pedagogia;
>
> b) Velando por que os professores tenham irrepreensível comportamento moral e cívico, dentro e fora das aulas, e promovendo a sanção das faltas de que tenha conhecimento;
>
> c) Defendendo os legítimos interesses dos professores;
>
> d) Protegendo os alunos pobres que se distingam nos estudos;
>
> e) Dedicando cuidados especiais à verificação do modo como são educados os alunos do sexo feminino, exigindo que essa educação seja orientada no sentido da conservação e defesa das virtudes tradicionais da mulher portuguesa e da exaltação da dignidade moral dos lares;
>
> f) Propondo e promovendo tudo o mais que seja conducente ao aperfeiçoamento do ensino e da educação.[42]

A família tinha um proeminente espaço na educação, e os papeis de cada um estavam bem definidos. O pai representava o chefe da família, e às mulheres e crianças cabia o papel de coadjuvantes nesse processo, sem a possibilidade de interferirem ativamente no cotidiano familiar.

> Como é sábio, cabe à família um activo papel na educação das crianças. As qualidades e os defeitos destas dependerão, pelo menos parcialmente, da atmosfera do lar. A responsabilidade das mães sob este ponto de vista é, sem dúvida, a maior; é ao seu cuidado que ficam entregues os filhos durante a maior parte do tempo, pois os pais necessitam ir procurar no trabalho o pão de cada dia. Daqui a necessidade de uma prévia e sólida preparação moral que permita às mulheres o cumprimento dos deveres que o matrimônio leva consigo.[43]

A Revolução de 25 de abril de 1974, também conhecida como Revolução dos Cravos, em alusão ao gesto simbólico da população de colocar cravos nas espingardas dos militares, retirou do poder Marcello Caetano, herdeiro de Salazar, durante o Estado Novo. O movimento político e social depôs o regime ditatorial, por intermédio das Forças Armadas, insatisfeitas com a política colonialista portuguesa, que ainda mantinha as colônias africanas de Moçambique, Angola, Guiné, São Tomé e Príncipe e Cabo Verde, as quais se organizavam em guerrilhas

42 PORTUGAL, 1949[b], p. 22.

43 COIMBRA FILHO, 1941, p. 15.

separatistas. A colonização africana, ao invés de proporcionar uma lucratividade absurda, como no passado, colapsava-se e trazia prejuízos às finanças portuguesas. A Junta de Salvação Nacional, que assumiu o comando de Portugal, exilando Marcello Caetano para o Brasil, adotou um programa de governo consistente em democratizar, descolonizar e desenvolver o país. Impunha-se a aprovação de uma nova Constituição, com a implantação de um Estado de Direito democrático, parlamentar, com feição ocidental e orientação socialista. Isso ocorreu com a entrada em vigor da Constituição da República Portuguesa, promulgada em 2 de abril de 1976, ainda vigente.

O acesso ao ensino básico (ou elementar) gratuito, obrigatório e universal no sistema educacional português, na Constituição de 1976, encontra-se disposto no Art. 43 (Liberdade de aprender e ensinar) e nos artigos 73 a 77, que compõem a principal parte do capítulo IV ("Direitos e deveres culturais"), do título III, da I parte, com a Revisão Constitucional de 2005.

O Art. 43 localiza-se na primeira parte da Constituição - dos Direitos e deveres fundamentais - e preconiza a liberdade de aprender e ensinar, o que não é pouco, dado o histórico de autoritarismo dos governos monárquicos e republicanos até a década de 1970. O item 2 declara que o "Estado não pode programar a educação e a cultura segundo quaisquer diretrizes filosóficas, estéticas, políticas, ideológicas ou religiosas".[44] Acrescenta ainda que o ensino público não deve ser confessional, sendo garantido o direito de criação de escolas particulares e cooperativas, fiscalizadas pelo Estado.

O Art. 74 trata especificamente do ensino básico português, com garantia de acesso ao ensino público, gratuito, obrigatório, universal e com êxito escolar, este notadamente associado aos critérios avaliativos europeus, que demonstram uma melhora significativa do ensino português ao longo dos anos. Há ainda o propósito de erradicar o analfabetismo no país, com foco na educação de jovens e adultos.

> 1. Todos têm direito ao ensino com garantia do direito à igualdade de oportunidades de acesso e êxito escolar.
>
> 2. Na realização da política de ensino incumbe ao Estado:
>
> a) Assegurar o ensino básico universal, obrigatório e gratuito;

---

44 PORTUGAL, 1976.

b) Criar um sistema público e desenvolver o sistema geral de educação pré-escolar;

c) Garantir a educação permanente e eliminar o analfabetismo;

d) Garantir a todos os cidadãos, segundo as suas capacidades, o acesso aos graus mais elevados do ensino, da investigação científica e da criação artística;

e) Estabelecer progressivamente a gratuidade de todos os graus de ensino.[45]

A obrigatoriedade do ensino básico, universal e gratuito, estabelecida pelo Art. 74, 2, a, orienta-se mais por uma garantia do que por uma imposição do Estado. O artigo deve ser lido em conjunto com o Art. 36, 5, da Constituição, que trata dos direitos e deveres da família: "Art. 36 [...] 5. Os pais têm o direito e o dever de educação e manutenção dos filhos".[46] Destaca-se que, com a promulgação da Constituição de 1976, ainda prevalecia a legislação nacional sobre o ensino doméstico (Lei 2.033/49).

O Decreto-Lei 553/80, de 21 de novembro, que aprovou o Estatuto do Ensino Particular e Cooperativo, apenas repetiu, no Art. 3º, 4, b, o conceito anteriormente dado pela Lei 2.033/49: "Ensino doméstico, aquele que é leccionado no domicílio de aluno, por um familiar ou por pessoa que com ele habite"[47]. Nesse Estatuto, apesar da conceituação, não se tratou de questões afetas à modalidade, o que será efetivamente estabelecido com o Decreto-Lei 70/21, a ser analisado posteriormente.

A Lei de Bases do Sistema Educativo (LBSE), aprovada pela Lei nº 46/86, constitui a atual regulamentação do sistema educativo nacional vigente em Portugal. A LBSE substituiu a Lei nº 5/73, de 25 de julho de 1973, publicada no final do Estado Novo, derrubado pela Revolução de 25 de abril de 1974 – a Revolução dos Cravos. A Lei de 1973, parte da chamada Reforma Veiga Simão – Ministro da Educação Nacional –, não chegou a ser amplamente aplicada no país, tendo sido substituída pelo dispositivo legal vigente, no qual se organiza o sistema educativo de Portugal em: educação pré-escolar, educação escolar (ensino básico, secundário e superior) e educação extraescolar.

45 PORTUGAL, 1976.

46 *Ibidem.*

47 PORTUGAL, 1980.

> Artigo 4º (Organização geral do sistema educativo) 1 – O sistema educativo compreende a educação pré-escolar, a educação escolar e a educação extra-escolar. 2 – A educação pré-escolar, no seu aspecto formativo, é complementar e ou supletiva da acção educativa da família, com a qual estabelece estreita cooperação. 3 – A educação escolar compreende os ensinos básico, secundário e superior, integra modalidades especiais e inclui actividades de ocupação de tempos livres. 4 – A educação extraescolar engloba actividades de alfabetização e de educação de base, de aperfeiçoamento e actualização cultural e científica e a iniciação, reconversão e aperfeiçoamento profissional e realiza-se num quadro aberto de iniciativas múltiplas, de natureza formal e não formal.[48]

O ensino básico português é universal, obrigatório e gratuito e tem a duração de nove anos. Os pais são obrigados a matricularem seus filhos em alguma escola regular a partir dos seis anos de idade deles ou indicarem que irão adotar a modalidade do ensino doméstico. Mas existe um intercurso que antecede o ensino básico: a creche, para crianças de zero a três anos, após o que se inicia o pré-escolar, período que envolve atividades em sala de aula para as crianças e vai até os seis anos de idade, quando então elas ingressam no ensino básico. A gratuidade nesse ensino abrange propinas (mensalidades escolares), taxas e emolumentos relacionados com a matrícula, frequência e certificação, consoante o Art. 6º, 5, da LBSE. Além disso, ela alcança o uso de livros e material escolar, bem como transporte, alimentação e alojamento dos estudantes que necessitarem desses serviços. A sua organização em nove anos compreende três ciclos: 1º ciclo – 1º ao 4º, dos 6 aos 9 anos de idade; 2º ciclo – 5º e 6º, dos dez aos 11 anos; 3º ciclo – 7º ao 9º, dos 12 aos 14 anos.

> Artigo 8º (organização) 1 – O ensino básico compreende três ciclos sequenciais, sendo o 1º de quatro anos, o 2º de dois anos e o 3º de três anos, organizados nos seguintes termos: a) No 1º ciclo, o ensino é globalizante, da responsabilidade de um professor único, que pode ser coadjuvado em áreas especializadas; b) No 2º ciclo, o ensino organiza-se por áreas interdisciplinares de formação básica e desenvolve-se predominantemente em regime de professor por área; c) No 3º ciclo, o ensino organiza-se segundo um plano curricular unificado,

48 PORTUGAL, 1986.

> integrando áreas vocacionais diversificadas, e desenvolve-se em regime de um professor por disciplina ou grupo de disciplinas.[49]

Para continuar seus estudos, após haver terminado o ensino básico, o adolescente deverá matricular-se no secundário, o equivalente ao ensino médio brasileiro. Ele compreende três anos, que são o 10º, 11º e 12º ano, cuja faixa etária vai dos 15 aos 17 anos. Diferentemente do ensino básico, este não se organiza por ciclos, pautando-se pelo prosseguimento dos estudos ou voltando-se para a atividade profissional de natureza técnica, tecnológica ou artística.

> Artigo 10 (Organização) 1 – Têm acesso a qualquer curso do ensino secundário os que completarem com aproveitamento o ensino básico. 2 – Os cursos do ensino secundário têm a duração de três anos. 3 – O ensino secundário organiza-se segundo formas diferenciadas, contemplando a existência de cursos predominantemente orientados para a vida activa ou para o prosseguimento de estudos, contendo todas elas componentes de formação de sentido técnico, tecnológico e profissionalizante e de língua e cultura portuguesas adequadas à natureza dos diversos cursos. 4 – É garantida a permeabilidade entre os cursos predominantemente orientados para a vida activa e os cursos predominantemente orientados para o prosseguimento de estudos. 5 – A conclusão com aproveitamento do ensino secundário confere direito à atribuição de um diploma, que certificará a formação adquirida e, nos casos dos cursos predominantemente orientados para a vida activa, a qualificação obtida para efeitos do exercício de actividades profissionais determinadas. 6 – No ensino secundário cada professor é responsável, em princípio, por uma só disciplina. 7 – Podem ser criados estabelecimentos especializados destinados ao ensino e prática de cursos de natureza técnica e tecnológica ou de índole artística.[50]

A organização do sistema de educação pública no Brasil e em Portugal tem algumas semelhanças no que diz respeito ao tempo de estudo do jovem educando. Em ambos os países, a educação é obrigatória e gratuita até os 17 anos de idade, sendo que, no Brasil, inicia-se aos quatro e, em Portugal, aos seis anos. O ensino privado no Brasil somente pode funcionar a partir de autorização e fiscalização dos entes

49 PORTUGAL, 1986.
50 *Ibidem.*

federativos. Em Portugal, de acordo com o Art. 57, da LBSE, o ensino particular e cooperativo é reconhecido pelo Estado e rege-se por legislação e estatuto próprios. O dispositivo legal destaca o direito da família de orientar a educação dos filhos, como uma expressão concreta da liberdade de aprender e ensinar. A Lei nº 85/2009, de 27 de agosto, alterou alguns dispositivos da LBSE, principalmente quanto à universalidade, obrigatoriedade e gratuidade do ensino básico, ampliando as garantias ao sistema educativo público.

Ressalta-se aqui a alteração proposta pela Lei nº 85/2009 quanto à obrigatoriedade. A LBSE estatuía a obrigatoriedade da escolarização a partir dos seis e até os 15 anos de idade. Com a nova Lei, estendeu-se essa obrigatoriedade conferida ao encarregado de educação de matricular seus filhos em alguma escola regular até que eles completem 18 anos. Cessada a idade escolar, independentemente da conclusão de curso em nível secundário de educação, encerra-se também o caráter obrigatório do imperativo legal.

> Artigo 2º
>
> Âmbito da escolaridade obrigatória
>
> 1 Para efeitos do previsto no nº 1 do artigo anterior, consideram-se em idade escolar as crianças e jovens com idades compreendidas entre os 6 e os 18 anos.
>
> 2 O disposto no número anterior é também aplicável aos alunos abrangidos pelo disposto no Decreto-Lei nº 3/2008, de 7 de Janeiro, alterado pela Lei nº 21/2008, de 12 de Maio.
>
> 3 A escolaridade obrigatória implica, para o encarregado de educação, o dever de proceder à matrícula do seu educando em escolas da rede pública, da rede particular e cooperativa ou em instituições de educação e ou formação, reconhecidas pelas entidades competentes, determinando para o aluno o dever de frequência.
>
> 4 A escolaridade obrigatória cessa:
>
> a) Com a obtenção do diploma de curso conferente de nível secundário da educação; ou
>
> b) Independentemente da obtenção do diploma de qualquer ciclo ou nível de ensino, no momento do ano escolar em que o aluno perfaça 18 anos.[51]

51 PORTUGAL, 2009.

Como consequência da obrigatoriedade, a Lei nº 85/2009 estabelece também, em seus artigos 3º e 4º, a gratuidade – dispensando a cobrança de mensalidades aos alunos que frequentarem as escolas públicas, com a concessão de bolsas de estudo aos alunos carentes – e a universalidade, que abrange todas as crianças a partir do ano em que atinjam a idade de cinco anos. A universalidade implica, para o Estado, o dever de garantir a existência de uma rede de educação pré-escolar, na qual a frequência deve ser obrigatória, sob o manto da gratuidade do sistema educacional público. Convém destacar que a LBSE, mesmo com a alteração dada pela Lei nº 85/2009, não contemplou o ensino doméstico em Portugal.

Após a edição da LBSE, o ensino doméstico naquele país conviveu, em face da lacuna provocada por essa Lei, com a definição dada pela Lei 2.033/49, e a sua reiteração no Decreto-Lei 553/80. Coube, então, ao Ministério da Educação, ao definir parâmetros gerais relativos à organização do ano escolar, contemplar o ensino doméstico em seus textos legais, uma vez que a modalidade tinha previsão legal anterior à Lei de Bases do Sistema Educativo. Entre os atos normativos editados, destaca-se o Despacho Normativo nº 24/2000, de 11 de maio, que se aplicava aos estabelecimentos dos ensinos básico e secundário, públicos e particulares ou cooperativos, e às diferentes modalidades de ensino neles ministradas e aos ensinos doméstico e individual. No Art. 4º, 1, havia a previsão de matrículas para os alunos em situação de ensino doméstico: "[...] f) A matrícula ou renovação da matrícula nos ensinos individual e doméstico é efectuada pelo encarregado de educação do aluno no estabelecimento de ensino oficial da área da residência, nas mesmas condições e prazos dos correspondentes graus de ensino".[52]

Com o fim de entender o funcionamento da sistematização legal da Direção Regional do Norte sobre o ensino doméstico em Portugal, Ribeiro (2016) apresenta um quadro resumido de como o sistema de educação básica português lidava com o ensino doméstico no país. A resposta obtida pelo pesquisador detalha a estruturação da modalidade, desde a matrícula até a avaliação dos estudantes.

> O Decreto-Lei nº 553/80, de 21 de novembro, define ensino doméstico como aquele que é lecionado no domicílio de aluno, por um familiar ou por pessoa que com ele habite.

52 PORTUGAL, 2000.

O Despacho Normativo nº 24/2000, de 11 de maio, alínea f), Ponto 1, Artigo 4º, que refere o seguinte: a matrícula ou renovação da matrícula nos ensinos individual e doméstico é efetuada pelo encarregado de educação do aluno no estabelecimento de ensino oficial da área da residência, nas mesmas condições e prazos dos correspondentes graus de ensino.

Em relação à matrícula dos alunos no Ensino Individual Doméstico:

A. Os encarregados de educação, ao declararem expressamente que desejam que o seu educando frequente a modalidade de Ensino Individual ou Doméstico, estão a proceder de acordo com os direitos que lhe são conferidos, nomeadamente a escolha de uma modalidade de ensino;

B. Os encarregados de educação devem proceder de acordo com a f) do Artigo 4º, do Despacho Normativo nº 24/2000, de 11 de maio, no caso de matrícula e de renovação de matrícula;

C. Os encarregados de educação, ao solicitarem a transferência para a modalidade de ensino individual ou doméstico após o início do ano letivo, devem fazê-lo ao órgão de gestão, tendo em conta que é da sua competência autorizar que a mesma se realize, conforme o exposto no ponto 3.11 do Despacho nº 14026/2007, de 3 de julho, no caso do ensino básico;

D. Nos termos da alínea c) do nº 2 do Despacho nº 13862/2008, de 19 de maio, compete ao Sr.(s) Presidente(s) do Conselho Executivo "autorizar, para o ensino básico, ao nível do ensino oficial, transferências, matrículas ou inscrições para matrículas depois de expirados os prazos legais";

E. Os alunos que se encontram na modalidade de ensino individual ou doméstico, tendo em conta que os responsáveis pelo seu ensino não são os professores da escola onde se encontram matriculados, não pertencem nem devem constar de qualquer turma.

Em relação à avaliação:

A. 1º CEB – Os alunos do 1º CEB que frequentam esta modalidade de ensino realizam avaliações sumativa de final de ciclo, integrados numa turma de 4º ano de escolaridade, numa escola de 1º ciclo do agrupamento de escolas onde se encontram matriculados;

B. 2º e 3º CEB – Estes alunos realizam exames de equivalência à frequência nos anos terminais do 2º e 3º ciclo do ensino básico na escola onde se encontram matriculados, conforme refere o Despacho 2006, 14 de março, pela Declaração de Retificação nº

25/2006, de 21 de abril, e pelo Despacho Normativo nº 5/2007, de janeiro.[53]

O Decreto-Lei 55/2018, ao estabelecer o regime jurídico dos ensinos básico e secundário, modificou a Lei de Bases, acrescentando o ensino doméstico às modalidades educativas e formativas dos ensinos básico e secundário. Assim dispunha o Art. 8º, 1: "Modalidades educativas 1 – São modalidades educativas e formativas dos ensinos básico e secundário: a) o ensino a distância; b) o ensino individual; c) o ensino doméstico".[54]

Na tentativa de normalizar o funcionamento do ensino doméstico em Portugal, o Governo, no mesmo Decreto-Lei, ainda no Art. 8º, 2, previu a regulamentação, por portaria, de normas tendentes a organizar a modalidade do ensino doméstico no país.

> As ofertas previstas no artigo anterior e as modalidades educativas e formativas são objeto de regulamentação por portaria dos membros do Governo responsáveis pela área da educação e, sempre que aplicável, pela área da formação profissional.[55]

Dessa forma, em 2019, editou-se, pela Presidência da República, a Portaria 69/19, de 26 de fevereiro, com a finalidade de proceder à regulamentação das modalidades educativas de ensino individual e de ensino doméstico, previstas, respetivamente, nas alíneas (b) e (c), do nº 1, do Art. 8º, do Decreto-Lei nº 55/2018, de 6 de julho.

Tendo em vista que, conforme demonstrado, a LBSE não fez menção à modalidade em seu texto legal, o Decreto do Executivo, por força da lei, não poderia produzir "efeito jurídico inovatório" do sistema educativo. Somente a Assembleia da República tem competência para legislar sobre educação, ou, excepcionalmente, autorizar o Governo para essa tarefa, uma vez que, em sede do Poder Legislativo, deve-se apreciar a matéria e aprová-la ou não.

Diante desse quadro, a Procuradoria-Geral da República, no Processo nº 963/2020, requereu a declaração de inconstitucionalidade orgânica das alíneas (b) e (c), nº 1, do Art. 8º, do Decreto-Lei nº 55/2018, de

53 RIBEIRO, 2016, p. 226.
54 PORTUGAL, 2018.
55 *Ibidem*.

6 de julho, pelo fato de o diploma legal, conforme visto, não ter o condão de acrescentar modalidades de ensino à LBSE. Arguiu-se também a inconstitucionalidade material do nº 2, do Art. 8º, do mesmo Decreto, porquanto ser de competência legislativa matéria relacionada a ensino, a exemplo do que também ocorre no Brasil. Sendo o caso de declaração de inconstitucionalidade material, a Portaria 69/2019 deveria ser integralmente revogada.

O Governo português, visando retificar o Decreto-Lei 55/2018, que gerou essa anomia, solicitou autorização legislativa para aprovar o regime jurídico do ensino individual e doméstico, o que lhe foi permitido por meio da Lei nº 22/2021. Posteriormente, o Decreto-Lei 70/2021 revogou a Portaria 69/19. O Tribunal Constitucional da República portuguesa publicou, em 13 de maio de 2022, o Acórdão nº 255/2022 – para o qual não cabe mais recurso –, em que se decidiu sobre a ação impetrada pela Procuradoria-Geral. A pretensão ministerial ficou assim resumida no relatório do Acórdão: a ação visava declarar a inconstitucionalidade: 1) orgânica do Decreto-Lei 55/2018 quanto à inclusão de modalidade não prevista na LBSE; e 2) material, pois não poderia estabelecer alterações, em matéria de ensino, por portaria, o que resultaria na revogação da Portaria 69/2019.

> [...] subsequentemente à apresentação do pedido em apreciação, foi aprovada a Lei nº 22/2021, de 3 de maio, através da qual a Assembleia da República concedeu ao Governo autorização legislativa para aprovar o regime jurídico aplicável ao ensino individual e ao ensino doméstico. Posteriormente, e no âmbito dessa autorização legislativa, o Governo aprovou o Decreto-Lei nº 70/2021, de 3 de agosto, que entrou em vigor no dia seguinte ao da sua publicação, o qual procedeu à primeira alteração do Decreto-Lei nº 55/2018, de 6 de julho, e aprovou o regime jurídico aplicável ao ensino individual e ao ensino doméstico.
>
> Com efeito, esse diploma não só aprovou o regime jurídico do ensino individual e do ensino doméstico, incorporando, no essencial, todo o teor da Portaria nº 69/2019, e determinando a sua revogação (cfr. artigo 27º), como ainda, e primordialmente, alterou a redação do artigo 8º, do Decreto-Lei nº 55/2018 (cfr. artigo 2º).
>
> Vejamos.
>
> O artigo 8º do Decreto-Lei nº 55/2018, de 6 de julho, apresentava a seguinte redação:

> "Artigo 8º – Modalidades educativas
>
> 1- São modalidades educativas e formativas dos ensinos básico e secundário: a) O ensino à distância; b) O ensino individual; c) O ensino doméstico.
>
> 2- As ofertas previstas no artigo anterior e as modalidades educativas e formativas são objeto de regulamentação por portaria dos membros do Governo responsáveis pela área da educação e, sempre que aplicável, pela área da formação profissional".
>
> Por força da alteração introduzida pelo Decreto-Lei nº 70/2021, de 3 de agosto, o artigo 8º passou a ter a seguinte redação:
>
> "Artigo 8º – Modalidades educativas
>
> 1- O ensino à distância consubstancia-se numa modalidade especial de educação escolar dos ensinos básico e secundário.
>
> 2- As ofertas educativas e formativas previstas no artigo anterior e a modalidade especial de educação escolar de ensino à distância são objeto de regulamentação por portaria dos membros do Governo responsáveis pela área da educação e, sempre que aplicável, da formação profissional". (PORTUGAL, 2022)

A decisão do Tribunal Constitucional, por força de razões ligadas à segurança jurídica dos envolvidos em educação doméstica e por não haver interesse jurídico relevante, não conheceu do pedido de declaração de inconstitucionalidade.

> Nestes termos e pelos fundamentos expostos, o Tribunal Constitucional decide não tomar conhecimento do pedido de declaração de inconstitucionalidade, com força obrigatória geral, das alíneas (b) e (c) do nº 1 e do nº 2 do artigo 8º do Decreto-Lei nº 55/2018, de 6 de julho, e das normas previstas na Portaria nº 69/2019, de 26 de fevereiro. (PORTUGAL, 2022)

Dessa forma, considerando o mencionado contexto jurídico e político, o Decreto-Lei nº 70/2021 será analisado, em razão das discussões legislativas, desde a sua proposição pelo Governo português. A Proposta de Lei nº 82/XIV/2[56], apresentada à Assembleia da República em 5 de março de 2021, tratava do regime jurídico do ensino individual e do ensino doméstico. A Proposta, convertida integralmente no Decreto-Lei

56 PORTUGAL, 2021[a].

70, de 3 de agosto de 2021, determinava a revogação da Portaria nº 69, de 26 de fevereiro de 2019.

A Proposta do Ministério da Educação de Portugal não alterou substancialmente a Portaria nº 69/2019, mas proporcionou discussões no âmbito do Legislativo, principalmente na análise dos limites da intervenção do Estado na modalidade. A exposição de motivos da Lei também exprimia, de alguma forma, o contexto social, histórico e cultural, representativo do momento vivenciado por todo o mundo durante a pandemia. Os debates parlamentares consideraram a importância das discussões sobre o tema e alertaram para a necessidade de se ouvirem todos os atores envolvidos, representantes do movimento, no caso a Associação Nacional de Pais em Ensino Doméstico (ANPED) e também os Conselhos de Educação.

As considerações dos grupos parlamentares – que, no caso da votação da proposta governamental, foi realizada por blocos partidários e não individualmente, como no Brasil – levaram em conta alguns aspectos do ensino doméstico. A essência do texto legal deve passar por distinguir os diferentes posicionamentos: 1) acreditar que os filhos são propriedades dos pais; 2) defender a ideia de que os filhos pertencem ao Estado; ou 3) levar em conta que as crianças e jovens devem ter suas opiniões respeitadas, como sujeitos de direitos. Esta última postulação, sem dúvida, coaduna-se com uma visão macrossocial dos sujeitos ativos, que, primeiramente, se identificam e se reconhecem como indivíduos, para, então, se relacionarem com o meio social. Nesse sentido, suas opiniões e interesses devem ser respeitados como parte integral do todo.

> As modalidades de ensino doméstico e de ensino individual devem ter por base uma regulamentação que assegure as necessidades de todas as crianças e jovens. A proposta de lei do Governo, por trás da proposta desta autorização legislativa, exclui uma série de responsáveis educativos perfeitamente capazes e competentes. Na nossa perspetiva, devem ser asseguradas as competências parentais, de comunicação, de relação, de gestão e de acompanhamento destes processos. O Governo toma por certo que as famílias com menor educação formal não têm competências educativas nestes processos, monitorizados e acompanhados pela escola. [...]
>
> Esta lei é um processo que exige um olhar abrangente e não pode excluir nenhuma das partes envolvidas. As crianças e jovens não são patrimônio dos pais, da escola ou do Estado. São pessoas com

> identidade e personalidade próprias que, pela sua condição de menoridade, têm de ver garantidos os seus direitos e necessidades, seja em contexto familiar, escolar ou social. (PORTUGAL, 2021[a])

A Comissão de Educação, Ciência, Juventude e Desporto da Assembleia, sem entrar em mérito político, aprovou a Proposta de Lei 82/XIV/2 (GOV)[57], que "reúne os requisitos constitucionais e regimentais para ser discutida e votada em plenário". O parecer foi acompanhado de uma detalhada nota técnica, que será vista a seguir.

> O Governo tomou a iniciativa de apresentar à Assembleia da República a Proposta de Lei 82/XIV/2 – "Autoriza o Governo a legislar sobre o regime jurídico do ensino individual e do ensino doméstico", no âmbito do seu poder de iniciativa e da sua competência política, em conformidade com o disposto no nº 1 do artigo 167º e na alínea d) do nº 1 do artigo 197º da Constituição e no nº 1 do artigo 119º do Regimento da Assembleia da República. (PORTUGAL, 2021[a]).

A nota técnica, anexa ao parecer da Comissão de Educação, mencionou o Decreto-Lei nº 55/2018, de 6 de julho, para o qual o ensino doméstico constitui modalidade educativa e formativa dos ensinos básico e secundário, bem como a Portaria nº 69/2019, de 26 de fevereiro, que procedia à regulamentação das modalidades educativas de ensino individual e de ensino doméstico. Chama à atenção o fato de que "[...] o Governo, na exposição de motivos, não menciona ter realizado qualquer audição, nem junta quaisquer estudos, documentos ou pareceres que tenham fundamentado a apresentação da proposta de lei" (PORTUGAL, 2021[a]). Essa exigência legal foi suprida pelas audiências públicas realizadas ao longo do ano de 2021, atendendo à recomendação contida na nota.

A nota técnica sugere que seja ponderada a consulta dos órgãos de governo das Regiões Autónomas, do Conselho Nacional de Educação, da Associação dos Estabelecimentos de Ensino Particular e Cooperativo, da Associação Nacional de Pais em Ensino Doméstico, das confederações das associações de pais, das associações sindicais dos professores dos ensinos básico e secundário e do Conselho das Escolas, referindo-se ainda que o projeto de lei autorizado prevê que o Governo

57 PORTUGAL, 2021[a].

escute essas entidades: "A Associação Nacional de Pais em Ensino Doméstico tomou a iniciativa de remeter, entretanto, um contributo sobre a matéria, que está disponibilizado na página da proposta de lei". (PORTUGAL, 2021[a])

Os debates legislativos, subsequentes ao parecer da Comissão de Educação, tiveram lugar na Assembleia da República, representativa do sistema legislativo unicameral português. O primeiro a se manifestar foi o Secretário de Estado Adjunto e da Educação, João Costa, destacando o fato de que o último regime jurídico relativo ao ensino doméstico, no Decreto 37.545, de 1949, não estabeleceu normativas para o seu funcionamento, tendo sido tratado como uma modalidade do ensino particular. Como, em 1980, o Estatuto do Ensino Particular e Cooperativo estipulava que não abrangia essa alternativa de ensino, restou um vácuo legislativo sobre o tema. A proposta visava então corrigir essa antinomia e garantir segurança jurídica às famílias que resolvessem adotar tal método de ensino.

A deputada Bebiana Cunha, do Partido das Pessoas, dos Animais e da Natureza (PAN), que votou em bloco contra a Proposta, considerou não ter havido discussão com a comunidade escolar, para que fosse gestado um regime jurídico mais participativo. A parlamentar evidenciou, ainda, a importância de se considerarem os interesses e direitos das crianças e dos jovens nesse processo.

> [...] o direito à educação é um direito fundamental da nossa Constituição, para o qual são convocadas as famílias, as escolas e o Estado. Mas a educação só cumpre o seu objetivo quando se estende a toda a comunidade e quando envolve os parceiros e contextos numa perspetiva de cidades educadoras e de abordagem sistémica das aprendizagens. São essenciais as redes colaborativas, a integração das escolas na comunidade, a aprendizagem fora das paredes das salas de aula e a intencionalização de todas as vivências em possibilidades de crescimento e aprendizagem. Tudo isto só se consegue com ministérios que escutem as comunidades educativas, com políticas que coloquem o estudante no centro da educação, com medidas que dignifiquem os profissionais, com investimento nas estruturas de apoio às famílias, com sinergias e recursos adequados para todos.
>
> [...] Para concluir, quero ainda dizer que esta lei é um processo que exige um olhar abrangente e não pode excluir nenhuma das partes envolvidas. As crianças e jovens não são património dos pais, da escola ou do Estado. São pessoas com identidade e personalidade

> próprias, que, pela sua condição de menoridade, têm de ver garantidos os seus direitos e necessidades, seja em contexto familiar, escolar ou social. Este é o nosso pressuposto: colocar a criança e o jovem no centro das leis e das decisões. (PORTUGAL, 2021[a])

O Partido Social Democrata (PSD), o mesmo do Presidente da República, Marcelo Rebelo de Sousa, pôs em relevo a necessidade de se regulamentar a modalidade de ensino doméstico em Portugal, a exemplo do que vem acontecendo em outros países do mundo. Em contrapartida, a deputada Cláudia André, representante do PSD, alertou para a necessidade de o Estado zelar pela proteção das crianças, com vista ao seu desenvolvimento integral e contra o exercício abusivo da autoridade de famílias fundamentalistas. Ela acrescentou que a doutrinação religiosa radical não pode significar um perigo para a igualdade de direitos entre homens e mulheres e a dignidade humana, o que justificaria a fiscalização e o acompanhamento criterioso da modalidade pelo Estado.

> O ensino doméstico, tal como o ensino individual, são modalidades de ensino que podem ser praticadas em Portugal e em alguns países da Europa. De acordo com os dados disponíveis, serão quase 1000 as crianças que hoje estão a fazer o seu percurso académico em casa ou fora da escola. Esta modalidade de ensino individualizado é praticada por famílias portuguesas com residência temporária noutros países ou em mobilidade, famílias estrangeiras com residência em Portugal ou famílias que simplesmente desejam assumir maior responsabilidade no processo de ensino-aprendizagem dos seus educandos.
>
> Portugal é um país especialmente desigual. Também neste tema é manifesta a desigualdade. Para alguns menores, a opção pelo ensino doméstico ou individual é feita pela sua família e constitui uma vantagem pelo exercício do direito à liberdade de aprender e ensinar, conforme garante a Constituição. Mas, para outros menores, esta modalidade poderá ser aproveitada para os expor a contextos de doutrina religiosa radical ou a circunstâncias que atentem àquilo que constituem os valores da sociedade portuguesa, nomeadamente a igualdade de direitos entre homens e mulheres e a dignidade humana. E nestes casos, obviamente, o Estado não pode isentar-se do cumprimento do dever constitucional de zelar pela proteção das crianças, com vista ao seu desenvolvimento integral,

especialmente contra as formas de abandono, de discriminação e de opressão e contra o exercício abusivo da autoridade na família e nas demais instituições. É, assim, muito importante salvaguardar o equilíbrio entre a proteção das crianças e jovens e o respeito pela escolha das famílias que optam por estes regimes excecionais de ensino. Estas famílias não podem tornar-se, *a priori*, suspeitas de qualquer ato ilegítimo ou ser alvo de uma espécie de *bullying* pela administração educativa ou escolar, nomeadamente com sinalizações às CPCJ (Comissões de Proteção de Crianças e Jovens), sem fundamento ou com controlos arbitrários, provocando, por vezes, verdadeiras situações de pressão, que põem em causa o bem-estar da criança, situações de desorganização emocional e até de ansiedade extrema pelo risco, erradamente anunciado, de perda da guarda parental. Se está legalmente consagrada a possibilidade de as famílias, por razões de natureza estritamente pessoal ou mesmo profissional, assumirem uma maior responsabilidade na educação dos seus educandos, optando por um processo educativo fora do contexto escolar, é fundamental que as instituições responsáveis não esqueçam que a prática do ensino doméstico é uma opção livre e não deve ser discriminada como uma opção excecional. Entendemos que a maioria das medidas inscritas no projeto do decreto-lei, anexo a este pedido de autorização legislativa, visam encontrar esse equilíbrio onde, em nosso entender, é garantido o respeito pelas opções das famílias, a monitorização do processo de ensino-aprendizagem, mas também a eventual proteção de alunos que possam estar em risco. (PORTUGAL, 2021[a])

Em 3 de agosto de 2021, o Decreto-Lei 70/2021 foi aprovado na Assembleia da República pelas bancadas parlamentares, conforme quadro a seguir.

PARTIDOS	VOTOS CONT.	VOTOS FAV.	ABST.
PAN	4		
CHEGA	1		
Joacine Katar	1		
PS		108	
PSD		79	
Comunista			X
CDS-PP			X
Os Verdes			X

Os 187 votos favoráveis dos maiores partidos portugueses (Partido Socialista – PS e Partido Social Democrata – PSD) garantiram a aprovação do Decreto, contra os seis votos da oposição. Em análise comparativa da proposta e do Decreto-Lei 70/2021, percebem-se poucas alterações em seu conteúdo, somente supressão de palavras ou expressões ou o acréscimo de outras que, apenas em alguns casos, surtirão efeito social prático. Para tanto, a manifestação da Associação Nacional de Pais em Ensino Doméstico – ANPED – bem como alguns pontos relevantes dos debates legislativos serão analisados em cotejo com a lei aprovada pela Assembleia.

A título de comparação com a Portaria nº 69/2019, revogada pelo Decreto-Lei 70/21, manteve-se quase todo o seu texto, com exceção da possibilidade atual de prever o acesso à ação social escolar e aos manuais gratuitos. Convém ressaltar, ainda, que, no Direito português, a lei e o decreto-lei são atos legislativos, enquanto a portaria é um ato emitido pelo poder administrativo. Numa hierarquia de normas, as leis e os decretos-lei têm o mesmo valor e são aprovados pelos órgãos legislativos, de acordo com os poderes conferidos pela Constituição da República Portuguesa; a portaria tem valor inferior às leis e aos decretos-lei e não os pode contrariar.

Percebe-se que, anteriormente à atual regulamentação, havia uma liberalidade na escolha dos pais, que poderiam optar pelo ensino doméstico apenas comunicando pessoalmente ao diretor da escola de matrícula sobre a sua decisão. A partir da Portaria 69/2019 e, posteriormente, do Decreto-Lei nº 70/2021, percebe-se uma maior intervenção do Estado no sentido de interferir na prerrogativa dos pais na escolha da opção educacional, reduzindo deles o poder decisório. Com o Decreto, tornou-se necessária a autorização do Estado, por meio de um pedido formal da família à escola de matrícula, mediante apresentação de documentos, em especial das habilitações do tutor do ensino. O agrupamento de escolas, correspondente às secretarias estaduais brasileiras, irá decidir se defere ou não o pedido dos pais. Essa participação maior do Estado no regime de ensino doméstico está prevista no Decreto, podendo ser percebida na sua integralidade. Ainda no âmbito das discussões sobre a proposta de lei, a ANPED apresentou uma manifestação acerca da experiência das famílias *homeschoolers* portuguesas, na execução das medidas impostas pela Portaria 69/2019, com o fim de verem suas pretensões inscritas no Decreto.

A ANPED vem, no seguimento do que já foi anteriormente comunicado e requerido ao Ministério da Educação e reforçando que o acesso e a prática do Ensino Doméstico se encontram neste momento limitados por força da entrada em vigor da Portaria nº 69/2019, de 26 de fevereiro, que procura revogar o que se encontrava legislado e protegido por lei anterior, uma vez mais requerer que seja dado provimento ao seguinte:

1. revogação da exigência de licenciatura no acesso ao Ensino Doméstico, à semelhança do que acontece noutros países, em que não são exigidas habilitações mínimas;

2. revogação da obrigatoriedade de apresentação de pedido fundamentado junto do director de agrupamento e consequente dependência do deferimento do mesmo;

3. possibilidade de inscrição na modalidade de Ensino Doméstico no portal de matrículas, à semelhança do que sucede para as outras modalidades de ensino, bem como prever a entrega digital de todos os documentos necessários à efetivação da mesma, com a devida comunicação ao agrupamento ou escola da área de residência ou estabelecimento de ensino particular escolhido pelo responsável educativo;

4. revogação da obrigatoriedade de celebração de protocolo com as escolas e de apresentação de portefólios, passando a constituir uma opção das famílias, de acordo com a disponibilidade, meios e recursos de ambas as partes;

5. desenvolvimento de novos modelos de avaliação/certificação de aprendizagens para os alunos em Ensino Doméstico, procurando ir ao encontro da ideia de flexibilidade curricular que é a base do Perfil do Aluno e à semelhança do que já existe noutros países da União Europeia e do mundo para a modalidade de Ensino Doméstico;

6. revisão/revogação da Portaria nº 69/2019, de 26 de fevereiro, e sua substituição por um regime jurídico que respeite os direitos e garantias das famílias em Ensino Doméstico. (PORTUGAL, 2021[a])

Com a aprovação do Decreto-Lei, o requerimento da ANPED quanto à revogação da exigência de licenciatura para o responsável educativo não foi atendido, pelos dizeres do Art. 16, 1: "No ensino doméstico, o responsável educativo deve ser detentor, pelo menos, do grau de licenciatura".[58] A Associação pleiteava que o responsável educativo fosse

58 PORTUGAL, 2021[c].

detentor de um grau acima daquele em que a criança ou o jovem estivessem matriculados.

O item 2 do Ofício buscava a revogação da obrigatoriedade de apresentação de pedido fundamentado junto do diretor de agrupamento, dependendo, necessariamente, do seu deferimento. A expressão "pedido fundamentado" foi retirada do texto normativo, mas prevaleceu a exigência de deferimento ou não ao diretor da escola de matrícula. O requerimento de matrícula pela via digital também não foi acolhido. É o que se infere, pela leitura do Art. 9º, 2: "O pedido de matrícula é efetuado pelo encarregado de educação mediante a apresentação de um requerimento dirigido ao diretor da escola da área de residência do aluno"[59].

A revogação da obrigatoriedade de celebração de protocolo com as escolas e de apresentação de portfólios também não foi recepcionada pelo Decreto. O seu conteúdo, a conferir mais adiante, reveste-se de um registro detalhado do percurso curricular e didático-pedagógico do aluno.

O item 5 do Ofício – desenvolvimento de novos modelos de avaliação/certificação de aprendizagens para os alunos em Ensino Doméstico –, talvez por seu aspecto genérico, não impediu a manutenção dos requisitos anteriores. Manteve-se a realização das provas de equivalência à frequência, das provas finais do ensino básico e dos exames finais nacionais, nos termos da legislação em vigor no país.

Por fim, quanto ao pedido de revisão/revogação da Portaria nº 69/2019, de 26 de fevereiro – mesmo porque estava em curso a ação do Ministério Público nesse sentido –, registra-se que ela foi integralmente revogada. Afinal a escolha do ato administrativo não foi a via legislativa adequada, o que foi corrigido pela publicação do Decreto-Lei 70/21, com a autorização da Assembleia da República.

Em seu preâmbulo, o Decreto-Lei 70/21 menciona a Constituição da República de Portugal, dando relevo à liberdade de aprender e ensinar, em regime de cooperação do Estado com a família. O Decreto alberga trechos da *Declaração Universal dos Direitos Humanos*, de 1948, sobre as responsabilidades educacionais, em sua tríplice dimensão de deveres – Estado, família e sociedade –, em consonância com a Lei de

59 *Ibidem*.

Bases do Sistema Educativo de Portugal. O texto legal atribui aos pais o direito de escolha do melhor regime educacional para seus filhos com idade adequada à frequência do ensino básico.

> A liberdade de aprender e ensinar e o direito à educação são reconhecidos e garantidos enquanto direitos fundamentais, respetivamente, no nº 1 do artigo 43º e no artigo 73º da Constituição da República Portuguesa (CRP). Para a prossecução do direito à educação, a CRP atribui ao Estado um conjunto de tarefas, tais como "cooperar com os pais na educação dos filhos", conforme previsto na alínea c) do nº 2 do artigo 67º e no nº 1 do artigo 68º, a par dos direitos e deveres dos pais na educação dos filhos, previstos no nº 5 do artigo 36º, todos da CRP.
>
> Por outro lado, a Declaração Universal dos Direitos Humanos, à qual o nº 2 do artigo 16º da CRP atribui valor constitucional, para além de consagrar os direitos já referidos em matéria educativa, abre o leque das entidades a quem esses direitos são atribuídos, nomeadamente aos pais, cabendo a estes a prioridade do direito de escolher o género de educação a dar aos seus filhos, atento o disposto no nº 3 do artigo 26º da mesma Declaração. A educação, enquanto direito de todos e dever do Estado e da família, é promovida e incentivada com a colaboração da sociedade, visando ao pleno desenvolvimento da pessoa, à preparação para o exercício da cidadania e à qualificação profissional, conforme decorre da CRP, do Direito Internacional, da Lei de Bases do Sistema Educativo, aprovada pela Lei nº 46/86, de 14 de outubro, na sua redação atual e demais legislação complementar.[60]

O Decreto 70/2021 aplica-se aos alunos com idade para cursarem o ensino básico geral e os cursos científico-humanísticos e que optaram pelo ensino doméstico, de responsabilidade dos pais ou responsáveis, ou pelo ensino individual, ministrado a um aluno, por um professor habilitado. Em ambos os casos, as aulas são dadas fora do ambiente escolar da rede pública ou de estabelecimentos de ensino particular e cooperativo, cujas atuações também são regulamentadas por ele.

O Art. 4º do Decreto traz definições que serão retomadas mais adiante, relativamente às diferenças entre ensino doméstico e individual, escola de matrícula, portfólio do aluno, professor-tutor e protocolo de

60 PORTUGAL, 2021[c].

colaboração. É relevante também mencionar os materiais de aprendizagem, currículos e avaliações que caracterizam o percurso educativo do aluno, os procedimentos de acompanhamento e monitorização do seu processo educativo, bem como as responsabilidades do encarregado de educação e do responsável educativo.

> Para efeitos do presente diploma, entende-se por:
>
> a) "Ensino doméstico" aquele que é lecionado no domicílio do aluno, por um familiar ou por pessoa que com ele habite;
>
> b) "Ensino individual" aquele que é ministrado por um professor habilitado a um único aluno fora de um estabelecimento de ensino;
>
> c) "Escola de matrícula" aquela em que o aluno se encontra matriculado;
>
> d) "Portefólio do aluno" o registo do percurso curricular e pedagógico didático, organizado com a documentação e a informação das evidências do trabalho e das aprendizagens realizadas pelo aluno, apresentadas em suportes variados, tendo por referência o estabelecido no protocolo de colaboração;
>
> e) "Professor-tutor" o docente da escola de matrícula responsável pelo acompanhamento do aluno;
>
> f) "Protocolo de colaboração" o acordo estabelecido entre o encarregado de educação e a direção da escola onde o aluno se encontra matriculado, no qual se consagram as responsabilidades das partes signatárias, designadamente no que diz respeito à organização do percurso educativo do aluno e à operacionalização do currículo no quadro do referencial educativo que o Perfil dos Alunos à Saída da Escolaridade Obrigatória constitui;
>
> g) "Responsável educativo": i) no ensino doméstico, o familiar do aluno ou a pessoa que com ele habita e que junto do aluno desenvolve o currículo; ii) no ensino individual, o professor indicado pelo encarregado de educação, de entre os que, junto do aluno, desenvolvem o currículo.[61]

A primeira medida a ser adotada pelos pais que decidiram assumir os estudos dos seus filhos fora do ambiente escolar consiste em definir quem será o responsável pelo processo educativo, bem como elaborar um currículo disciplinar e um plano de aulas. O percurso curricular do aluno deve ser documentado em seu processo individual,

61 PORTUGAL, 2021[c].

uma espécie de histórico ou dossiê do seu período de estudos. Após essa etapa, os pais devem matricular seus filhos em uma escola pública ou privada mais próxima da sua residência e submetê-los a fiscalizações, acompanhamento e avaliações em consonância com o sistema educacional português, de acordo com cada ciclo de estudos.

Os estudantes em regime doméstico devem seguir o calendário escolar do ensino básico, composto por nove ciclos, iniciando-se aos seis anos e terminando aos 15, e o ensino secundário, dos 15 aos 18 anos, constituindo as etapas de educação obrigatória e universal. A organização do currículo nas modalidades educativas de ensino individual e de ensino doméstico adota os princípios, visão, valores e áreas de competências do *Perfil dos Alunos à Saída da Escolaridade Obrigatória*[62], tendo como referência os documentos curriculares em vigor para cada disciplina.

A frequência ao ensino básico geral e aos cursos científico-humanísticos, nas modalidades de ensino individual e de ensino doméstico, está sujeita a: (a) matrícula em alguma escola regular de ensino; (b) renovação da matrícula; (c) celebração de um protocolo de colaboração entre a escola de matrícula, que deverá assegurar o acompanhamento, a monitorização, a certificação das aprendizagens e a interlocução com o encarregado de educação.

A matrícula deve ser realizada em uma escola pública ou privada, encaminhada por requerimento ao diretor, com indicação das habilitações de quem irá ministrar as aulas, que deverá ter, no mínimo, uma licenciatura, correspondente ao curso superior no Brasil. Na matrícula, deve ser apresentado um "Protocolo de Colaboração", um contrato anual unicamente realizado por adesão entre os encarregados da educação individual ou doméstica e a escola escolhida por eles. Nesse Protocolo, devem constar o planejamento pedagógico e as responsabilidades dos intervenientes - a escola de matrícula, o encarregado de educação, o professor-tutor, o responsável educativo -, bem como o compromisso de cada um, inclusive quanto à necessidade de comparecimento à escola durante entrevistas ou avaliações dos estudos. Para complementar a matrícula, os alunos e o encarregado de educação devem ser submetidos a uma entrevista, mediante convocatória da escola de matrícula, com vista a conhecer o seu projeto educativo, além de

62 PORTUGAL, 2017.

aferir sobre as condições em que eles se encontram, se estão contentes com o método aplicado, se sofrem abusos de qualquer natureza, se estão segregados da sociedade, entre outras questões.

As figuras do encarregado de educação, responsável educativo e professor-tutor têm diferentes nuances dentro do processo de ensino doméstico ou individual, que merecem ser destacadas.

Considera-se encarregado de educação, de acordo com o nº 4, do Art. 43, do *Estatuto do Aluno e Ética Escolar*,[63] quem residir com menores ou confiados aos seus cuidados: pelo exercício das responsabilidades parentais; por decisão judicial; pelo exercício de funções executivas na direção de instituições que tenham menores. Ou seja, o encarregado de educação pode ser naturalmente alguém da família que convive com os menores, pela via judicial ou pela força de cargo de direção de ensino ou, ainda, por delegação. O encarregado de educação assume especiais responsabilidades no desenvolvimento do processo educativo do aluno, cabendo a ele, entre outras atribuições, garantir sua matrícula, sua presença nas avaliações periódicas e exames nacionais e servir de elo entre ele e a escola de matrícula.

Enquanto cabe ao encarregado da educação a função administrativa da matrícula à continuidade dos estudos, o responsável educativo possui a incumbência didático-pedagógica de assegurar o desenvolvimento do currículo em consonância com os princípios, visão, valores e áreas de competências do *Perfil dos Alunos à Saída da Escolaridade Obrigatória*,[64] tendo como referência os documentos curriculares em vigor para cada disciplina. Segundo o Art. 3º do Decreto, o responsável educativo é o familiar do aluno ou a pessoa que com ele habita e que junto dele desenvolve o currículo (alínea g, do Art. 4º). Ele deve ser detentor, pelo menos, do grau de licenciatura (nº 1, do Art. 16).

Essa exigência de licenciatura, ou seja, qualquer curso superior, como também prevê o PL 3.179-B/2012, no Brasil, desprestigia a função pedagógica do professor, principalmente nos anos iniciais de formação da criança. Basta imaginar um responsável educativo que tenha formação em Física, por exemplo, considerando a estrutura curricular do seu curso, para inferir que muitas atividades didático-pedagógicas, com foco principalmente no lúdico, tendem a não ser aplicadas ao ensino

63 PORTUGAL, 2012.
64 PORTUGAL, 2017.

doméstico. Passa-se a mensagem de que qualquer pessoa pode assumir a tarefa de ensinar – e não se está falando de educação em seu sentido lato –, mesmo que não tenha habilidades e preparo para tanto.

No caso de ensino individual, o responsável educativo é o professor indicado pelo encarregado de educação para desenvolver o currículo aplicado aos estudos dos alunos (alínea g, do Art. 4º). O professor, ou, caso existam, os demais docentes responsáveis pelo desenvolvimento do currículo, devem estar habilitados para a docência (nº 2, do Art. 16). Cabe a ele assegurar o desenvolvimento do currículo em consonância com os princípios, visão, valores e áreas de competências do *Perfil dos Alunos à Saída da Escolaridade Obrigatória*, tendo como referência as aprendizagens essenciais para cada ciclo de escolaridade do ensino básico e das disciplinas dos cursos científico-humanísticos e os temas obrigatórios de Cidadania e Desenvolvimento, definidos na Estratégia Nacional de Educação para a Cidadania[65] (nº 3, do Art. 16).

Outro interveniente nesse processo, o professor-tutor é um docente, designado pela direção da escola de matrícula, com a qual possui vínculo empregatício. Esse professor é responsável pelo acompanhamento do percurso educativo dos alunos, mediante a discussão do portfólio, que congrega as evidências das aprendizagens realizadas e a sua evolução (nº 1, do Art. 18). Ao final do ciclo educativo, o professor-tutor irá avaliá-lo, em reunião conjunta com o aluno e o encarregado de educação (nº 3, do Art. 18), elaborando uma síntese, com eventuais recomendações ao encarregado da educação.

Os estudantes domésticos ou que aderiram ao ensino individual, para fazerem jus aos certificados e diplomas emitidos pela escola de matrícula, devem participar das avaliações regulares dispostas nos calendários escolares. A conclusão do ensino básico ocorre mediante aprovação nas provas de equivalência à frequência nos anos terminais de cada ciclo do ensino básico. No ensino secundário, as provas de equivalência à frequência ocorrem nos anos terminais de cada disciplina. Substituem as provas de equivalência à frequência a oferta de prova final do ensino básico ou, no ensino secundário, de exame final nacional.

Os alunos não aprovados nas avaliações periódicas terão as mesmas oportunidades de recuperação de notas daqueles que frequentam

65 GTEC, 2017.

a escola; vale ressaltar que algumas aboliram a repetência até o nono ano. Caso haja a reprovação, por dois anos consecutivos, no final de cada ciclo do ensino básico, ou por dois anos consecutivos nas disciplinas terminais, o aluno terá sua autorização de matrícula cancelada. Isso poderá ocorrer, ainda, se ele descumprir o estabelecido no protocolo de colaboração, sem justificação plausível. Nesse caso, os pais deverão encaminhá-lo imediatamente para uma escola regular. Da decisão da escola de matrícula, cabe recurso hierárquico ao órgão regional do governo, de acordo com o nº 5, do Art. 14.

Em resumo, os pais interessados na prática do *homeschooling* deverão matricular seus filhos em alguma escola pública ou particular, apontando o responsável educativo, no caso do ensino doméstico, ou indicar o professor particular, no caso do ensino individual. O próximo passo, obrigatório, consiste na assinatura de um contrato por adesão – o Protocolo de Colaboração, em sintonia com o currículo escolar previsto no *Perfil dos Alunos* à Saída da Escolaridade Obrigatória. Os pais deverão, ainda, preparar o portfólio do percurso educativo de seus filhos e submetê-lo ao professor-tutor, vinculado à escola de matrícula e, a cada final de ciclo escolar, conduzi-los presencialmente à escola, para que sejam submetidos às avaliações, provas de equivalência à frequência e exames finais nacionais, quando houver. As provas de equivalência à frequência são testes aplicados aos alunos para que seja analisado se eles devem continuar os estudos no âmbito do lar ou se devem frequentar obrigatoriamente uma escola pública ou particular de ensino básico e secundário.

No próximo capítulo, serão analisados os projetos de lei que visam regulamentar a educação domiciliar no Brasil, bem como seus aspectos de divergência e convergência com o Decreto-Lei nº 70/2021, de Portugal.

6

A ALTERNATIVA DA EDUCAÇÃO DOMICILIAR NO BRASIL DIANTE DA ESCOLARIDADE OBRIGATÓRIA

A educação escolarizada no Brasil no período colonial era destinada aos filhos dos senhores de engenho e dos donos de terras, ou seja, à classe dominante daquele tempo. Mesmo assim, não eram todos os filhos dos colonos que tinham o direito de ir à escola: os primogênitos deveriam cuidar dos negócios da família, e as mulheres também não frequentavam a escola e raramente sabiam ler. Esse costume perdurou até o século XIX, como ilustrado no romance autobiográfico *Como e porque sou romancista*, do escritor José de Alencar, recordando sua infância, quando fazia leituras para sua mãe e para as tias, que não sabiam ler: "Era eu quem lia para minha boa mãe não somente as cartas e os jornais, como os volumes de uma diminuta livraria romântica formada ao gosto do tempo".[1]

Uma das obras do Romantismo mais conhecida, *Escrava Isaura*, de autoria do escritor mineiro Bernardo Guimarães, publicada em 1875, ambientava-se na senzala e na casa grande, onde vivia e era educada a personagem central, a escrava branca Isaura. Toda a sua educação formal foi construída no ambiente doméstico, sob os cuidados do comendador Almeida e de sua esposa, Ester, que, após a morte da mãe de Isaura, ofereceu a ela, além das primeiras letras, aulas de etiqueta, idiomas, piano. A escrava branca, que não frequentou escola regular, teve, pois, sua instrução em casa, prática bastante comum no século XIX no Brasil e em Portugal.

1 ALENCAR, 1990, p. 5.

> Eis aí debaixo de que tristes auspícios nasceu a linda e infeliz Isaura. Todavia, como para indenizá-la de tamanha desventura, uma santa mulher, um anjo de bondade, curvou-se sobre o berço da pobre criança e veio ampará-la à sombra de suas asas caridosas. A mulher do comendador considerou aquela tenra e formosa cria como um mimo, que o céu lhe enviava para consolá-la das angústias e dissabores, que tragava em consequência dos torpes desmandos de seu devasso marido.
>
> Levantou ao céu os olhos banhados em lágrimas, e jurou pela alma da infeliz mulata encarregar-se do futuro de Isaura, criá-la e educá-la, como se fosse uma filha.
>
> Assim o cumpriu com o mais religioso escrúpulo. À medida que a menina foi crescendo e entrando em idade de aprender, foi-lhe ela mesma ensinando a ler e escrever, a coser e a rezar. Mais tarde procurou-lhe também mestres de música, de dança, de italiano, de francês, de desenho, comprou-lhe livros, e empenhou-se enfim em dar à menina a mais esmerada e fina educação, como o faria para com uma filha querida. Isaura, por sua parte, não só pelo desenvolvimento de suas graças e atrativos corporais, como pelos rápidos progressos de sua viva e robusta inteligência, foi muito além das mais exageradas esperanças da excelente velha, a qual, em vista de tão felizes e brilhantes resultados, cada vez mais se comprazia em lapidar e polir aquela jóia, que ela dizia ser a pérola entrançada em seus cabelos brancos.[2]

As raízes da precária e incipiente escolarização colonial e a educação dada no lar remetem à Reforma Pombalina, principalmente após a expulsão dos jesuítas dos domínios portugueses. Em 3 de setembro de 1759, o Rei Dom José I proclamou a *Lei de Extermínio, Proscrição e Expulsão dos seus Reinos e Domínios Ultramarinos dos Regulares da Companhia de Jesus*. Essa publicação espelhava a reforma do Ministro Pombal, com repercussão no Brasil, não com a força arrebatadora das mudanças em Portugal, uma vez que alguns missionários se mantiveram na colônia, onde eram proprietários de fazendas, e continuaram seus misteres de catequizar os índios.

As aulas ministradas por meio do *Ratio Studiorum*, unificação dos métodos pedagógicos dos jesuítas, foram substituídas abruptamente pelas aulas régias, de conteúdo laico e público, por força do alvará

2 GUIMARÃES, s/a, p. 7.

anterior, de 28 de junho de 1759, circunscrito à reforma dos estudos menores. Foi adotado, em todo o Reino e em seus domínios, o *Novo Método da Gramática Latina*, de autoria do Padre Antônio Vieira. Os primeiros concursos para as cadeiras de latim e retórica ocorreram na Bahia, com a aprovação do alvará pombalino. No ano seguinte, foram realizados outros exames para admissão de professores régios no Recife e no Rio de Janeiro.

Com a vinda da família real para o Brasil, em 1808, o cenário educacional e cultural começou a se modificar no país. Milhares de livros foram trazidos - entre os que não eram proibidos em Portugal - para comporem, posteriormente, a Biblioteca Nacional. Uma vez estabelecida no Brasil, a nobreza necessitava de escolarização para seus filhos, principalmente para os que iriam ingressar nas Escolas Maiores. D. João VI criou, no mesmo ano de sua chegada, a primeira faculdade de Medicina do Brasil, estabelecida na Bahia. Os filhos dos nobres e ricos que não fossem enviados para estudar no exterior ou nas escolas brasileiras eram submetidos à educação doméstica, ministrada por preceptores leigos ou religiosos, mestres particulares ou por parentes que coabitassem ou não com eles.

Com a morte de D. Maria I, em 1816, o príncipe regente passou a ser chamado de D. João VI, com o título de El-Rei do Reino Unido de Portugal, Brasil e dos Algarves. O projeto iniciado da reforma do ensino foi retomado, com a nomeação de Rodrigo de Souza Coutinho, afilhado de Pombal, como ministro influente do Rei. As ordens religiosas adotaram as aulas régias para ministrarem seus ensinamentos, e isso significava uma conveniência para a Coroa, que economizava o pagamento dos baixos salários dos professores leigos.

> As aulas régias foram se estendendo no Brasil, embora enfrentando condições precárias de funcionamento, salários reduzidos e frequentes atrasos nos pagamentos dos professores. As aulas régias eram sinônimo de escolas que, por sua vez, se identificavam com determinada cadeira, funcionando, em regra, na casa dos próprios professores. Daí a expressão "aulas de primeiras letras", "aulas de latim", "de grego", "de filosofia" etc. Eram aulas avulsas, portanto, os alunos poderiam frequentar umas ou outras indiferentemente, pois, além de avulsas, eram isoladas, isto é, sem articulação entre si.[3]

3 SAVIANI, 2013, p. 108.

Após a Proclamação da Independência do Brasil, houve uma movimentação das autoridades no sentido de se desenvolver um sistema de escolas públicas no país. A primeira Constituição Política do Império do Brasil, outorgada pelo Imperador D. Pedro I, após ter dissolvido a Assembleia Constituinte e Legislativa, afirmava, no Art. 179, inciso XXXII, que os brasileiros tinham direito: "a instrucção primaria e gratuita a todos os cidadãos",[4] o que não passou de letra morta, sem aplicabilidade prática, pois não se desenvolvia nenhum planejamento estrutural de ensino. Além disso, ressalta-se que os escravizados não eram alcançados por nenhuma política de ensino, pois não eram considerados cidadãos.

Em 15 de outubro de 1827, como forma de regulamentar o disposto na Constituição, é promulgada a primeira lei geral sobre educação no Brasil-Império. Os currículos das escolas de primeiras letras destacavam, entre as disciplinas regulares, os princípios da moral cristã e da doutrina da religião católica. Com essa atitude, D. Pedro I mantinha, em benefício do catolicismo institucional, o padroado e a imposição dos ensinamentos da religião oficial no ensino.

> Art 1º Em todas as cidades, villas e logares mais populosos, haverão as escolas de primeiras letras que forem necessarias.
>
> [...]
>
> Art 6º Os Professores ensinarão a ler, escrever as quatro operações de arithmetica, pratica de quebrados, decimaes e proporções, as noções mais geraes de geometria pratica, a grammatica da lingua nacional, e os principios de moral christã e da doutrina da religião catholica e apostolica romana, proporcionados á comprehensão dos meninos; preferindo para as leituras a Constituição do Imperio e a Historia do Brazil.[5]

A criação das escolas de primeiras letras ficava condicionada às cidades, vilas e lugares mais populosos do Império, excluindo-se, pois, os menores, que não tiveram acesso à escolarização imperial. A instalação de escolas elementares não vigorou na sua integralidade, pois o governo central desobrigou-se de cuidar do ensino primário e secundário,

4 BRASIL, 1824.

5 BRASIL, 1827, p. 71.

transferindo essa incumbência para os governos provinciais, conforme disposto no Ato Adicional de 1834.[6]

Outro ponto a destacar da primeira lei geral de educação no Brasil diz respeito à obrigatoriedade do método mútuo, também chamado de monitorial ou lancasteriano. Por esse método, os alunos mais adiantados adquiriam a função de monitores dos professores; na verdade, acabavam por ser mesmo investidos na função de docentes.

A meritocracia premiava aqueles alunos que se destacavam e punia os que erravam, com a aplicação de "castigos lancasterianos", extraídos do sistema britânico de educação. Os alunos se posicionavam em filas da direita para a esquerda, de acordo com seu desempenho nas respostas aos questionamentos dos professores. As punições eram humilhantes e executadas publicamente, conforme se pode notar do trecho a seguir: "Algumas vezes se põe os meninos dentro de um saco ou cesta, suspensos no tecto da sala, à vista de todos os outros, que frequentemente se estão rindo dos pássaros na gaiola"[7].

Com a descentralização do ensino, estipulada pelo Ato Adicional de 1834, as maiores províncias brasileiras regulamentaram a instrução primária pelo País. Na Província de Minas Gerais, a Lei nº 13, de 28 de março de 1835, estabeleceu a obrigatoriedade escolar, mas cabia aos pais decidirem se os filhos receberiam instrução pública, particular ou doméstica. Em seu regulamento nº 3, formou-se um conjunto articulado e detalhado de determinações que instituíram e regulamentaram uma verdadeira política de instrução para a Província de Minas Gerais, ordenando que, dentro de certos limites, a instrução primária passasse a ser obrigatória na Província. Assim, defendiam os legisladores que: 1) somente as pessoas livres poderiam frequentar as escolas públicas, ficando sujeitas aos seus regulamentos; 2) os pais de família seriam obrigados a dar a seus filhos a instrução primária de primeiro grau nas escolas públicas ou particulares, ou em suas próprias casas, o que deveria permanecer até que eles dominassem as matérias próprias do mesmo grau; 3) a infração a essas determinações seria a punição com pagamento de multa, que seria dobrada, em caso de reincidência; 4) a obrigação imposta começaria aos oito anos de idade e se estenderia aos que tivessem 14 anos naquela data.

6 BRASIL, 1834.

7 CASTIGOS..., 1829, p. 9.

> Art. 1º A Instrução primária consta de dois graus: no 1º se ensinará a ler e escrever, e a prática das quatro operações aritméticas; e no 2º a ler, escrever, aritmética até as proporções, e noções gerais dos deveres morais e religiosos.
>
> [...]
>
> Art. 3º O Governo poderá estabelecer também Escolas para meninas nos lugares em que as houver do 2º grau, e em que, atenta a população, puderem ser habitualmente freqüentadas por vinte e quatro alunas ao menos. Nestas Escolas se ensinarão, além das matérias do 1º grau, ortografia, prosódia, noções gerais dos deveres morais, religiosos e domésticos.
>
> [...]
>
> Art. 12 Os pais de famílias são obrigados a dar a seus filhos a instrução primária do 1º grau ou nas Escolas Públicas, ou particulares, ou em suas próprias casas, e não os poderão tirar delas, enquanto não souberem as matérias próprias do mesmo grau.
>
> Art. 13 A obrigação imposta no Artigo precedente aos pais de famílias começa aos oito anos de idade dos meninos; mas estende-se aos que atualmente tiverem quatorze anos de idade.[8]

A Lei nº 1, de 1837, e o Decreto nº 15, de 1839, sobre instrução primária na província do Rio de Janeiro, demonstram que a educação no Império ainda estava longe de atingir a pretensa universalidade da instrução primária. Conforme se depreende do Art. 3º, "São prohibidos de frequentar as Escolas Publicas: 1º Todas as pessoas que padecerem molestias contagiosas. 2º Os escravos, e os pretos Africanos, ainda que sejão livres ou libertos"[9].

O Decreto Imperial nº 1.331-A, de 17 de fevereiro de 1854, que aprovou o "Regulamento para a reforma do ensino primário e secundário do Município da Corte", exerceu destaque para a instrução pública primária. Editado pelo Ministro do Império, Luiz Pedreira do Couto Ferraz, o Regulamento reformista buscava alcançar a instrução pública, gratuita e obrigatória, mas reconhecia a legitimidade dos pais, tutores, curadores ou protetores no oferecimento da educação no lar. A função de fiscalizar essa prática cabia ao Inspetor-Geral ou a seus delegados.

8 MINAS GERAIS, 1835.

9 Disponível em: https://seer.ufrgs.br/asphe/article/viewFile/29135/pdf. Acesso em: 10 fev. 2022.

> Art. 64. Os paes, tutores, curadores ou protectores que tiverem em sua companhia meninos maiores de 7 annos sem impedimento physico ou moral, e lhes não derem o ensino pelo menos do primeiro gráo, incorrerão na multa de 20$ a 100$, conforme as circumstancias. [...]
>
> Art. 65. O Inspector Geral, por si e por seus Delegados, velará efficazmente na execução dos Artigos antecedentes; e para este fim haverá das Autoridades locaes as listas das familias, contendo os nomes e idades dos meninos pertencentes a cada huma.[10]

No Brasil, durante a segunda metade do século XIX, apesar da produção de algumas leis educacionais, não se pode falar de alcance universal da escolaridade pública. Os dados estatísticos não conseguem retratar a realidade empírica da educação no país: as instituições formais de ensino não davam conta de abranger a população em idade escolar. Com isso, pode-se inferir que boa parte dos jovens brasileiros permanecia sem acesso à educação pública, gratuita e universal. "Em 1869, havia uma escola primária para 541 crianças livres, em idade escolar (6 a 15 anos). Em 1876 havia uma para 314 crianças, nas mesmas condições." (ALMEIDA, 1989, p. 177)[11] Conclui-se também que a instrução básica constituía um privilégio dos abastados e era oferecida em poucas instituições de ensino, dado o enorme contingente populacional brasileiro da época, ou ministrada em casa – espaço informal de educação.

> Apesar de estudos fundamentais e pioneiros acerca da escola pública ou privada no Brasil, especialmente no século XIX, as estatísticas apresentadas eram conflitantes, oferecendo uma pista para a investigação: o número de instituições formais de educação no país, particularmente na Corte Imperial – tomada como referencial por se tratar do local onde se concentravam as decisões políticas e econômicas –, era insuficiente para dar conta do contingente, mesmo reduzido, de pessoas que sabiam ler e escrever e que, principalmente nas elites, consumiam o vasto material de leitura impresso que prolifera a partir da segunda metade de Oitocentos. De alguma forma, essa população letrada havia recebido instrução, mesmo que elementar, e, considerando as estatísticas e os relatos analisados, sem a

10 BRASIL, 1854.

11 Disponível em: https://www.unicamp.br/iel/memoria/Ensaios/LiteraturaInfantil/contedu.htm. Acesso em: 22 out. 2022.

participação em instituições formais destinadas ao ensino. Provavelmente essas práticas formadoras, que reuniam educação e instrução, estavam concentradas em um espaço informal: a Casa.[12]

Vasconcelos (2005) faz menção ao *Projecto Reorganizando o Ensino Primário e Secundário*, apresentado na Câmara dos Deputados em 30 de julho de 1874 pelo Conselheiro João Alfredo Corrêa de Oliveira, Ministro dos Negócios do Império, destacando seu Art. 1º, parágrafo 2º. O projeto de lei estabelecia a obrigatoriedade do ensino primário elementar na Corte e trazia a excepcionalidade da educação em casa.

> § 2º O ensino primário elementar no município da côrte será obrigatório para todos os indivíduos de 7 a 14 annos; sel-o-há também para os de 14 a 18, que ainda o não tenham recebido, nos logares do mesmo município em que houver escolas de adultos. [...] II Os Paes e mais pessoas acima referidas têm o direito de ensinar ou mandar ensinar os meninos em casa ou em estabelecimentos particulares; mas no fim de cada anno deverão submettelos a exame perante o inspector litterario respectivo.[13]

A província de São Paulo também publicou sua primeira lei de obrigatoriedade escolar, a Lei nº 9, de 22 de março de 1874. Ela dispunha que:

> Art. 1.º – O ensino primario é obrigatorio para todos os menores de 7 a 14 annos do sexo masculino, e 7 a 11 do sexo feminino, que residirem dentro de Cidade ou Villa em que houver escola publica ou particular subsidiada, não tendo elles impossibilidade physica ou moral.[14]

A exceção à escolaridade obrigatória estava prevista no Art. 4.º, da Lei nº 9, segundo o qual cabia ao Conselho de Instrução paulista a fiscalização dessa obrigatoriedade e a aplicação de multa aos pais que não enviassem seus filhos a alguma escola primária. A exceção, consoante o § 3º, apresentava uma alternativa genérica em seu texto, cuja punição se aplicava aos pais que não mandassem à escola os menores sob sua guarda ou não ministrassem para eles, por qualquer

12 VASCONCELOS, 2005, p. XV-XVI.

13 *Idem*, p. 15.

14 SÃO PAULO, 1874.

modo, a instrução primária. Nesse caso, apesar de não estar explícita a alternativa de educação doméstica - pelo fato de o modelo ser aplicado na sociedade, tendo em vista o ainda reduzido alcance do ensino escolarizado -, não se puniam os pais que ministrassem aos seus filhos a instrução em casa.

> Art. 4º - Ao Conselho de Instrucção incumbe:
>
> [...]
>
> § 3.º - Impor aos pais, tutores ou patronos a multa de 10$000, podendo ser repetida e argumentada até 50$000 em caso de reincidencia, se findo o prazo do paragrapho antecedente, não mandarem á escola os menores sob sua guarda ou não ministrarem-lhes por qualquer modo a instrucção primaria, nem apresentarem razões justificativas da omissão.[15]

No âmbito nacional, a obrigatoriedade do ensino primário dos sete aos 14 anos, que poderia também ser dado em casa, por intermédio dos pais, tutores ou protetores, foi mantida no Decreto nº 7.247, de 19 de abril de 1879,[16] último dispositivo legal a tratar da política educacional do Império. A Reforma Leôncio de Carvalho, ocorrida em 1879, proclamava a liberdade do ensino primário e secundário, ressalvada a prática recorrente do higienismo no Segundo Império e na Primeira República. Já a Reforma Couto Ferraz previa a criação de jardins de infância para as crianças de três a sete anos, bibliotecas e museus escolares, subvenção ao ensino particular e adoção do método intuitivo, focado no aluno.

> Art. 2º - Até se mostrarem habilitados em todas as disciplinas que constituem o programma das escolas primarias do 1º gráo, são obrigados a frequentalas, no municipio da Còrte, os individuos de um e outro sexo, de 7 a 14 annos de idade.
>
> Esta obrigação não comprehende os que seus pais, tutores ou protectores provarem que recebem a instrucção conveniente em escolas particulares ou em suas proprias casas, e os que residirem a distancia maior, da escola publica ou subsidiada mais proxima, de um e meio kilometro para os meninos, e de um kilometro para as meninas.[17]

15 *Ibidem.*

16 BRASIL, 1879.

17 BRASIL, 1879.

No âmbito das reformas educacionais da segunda metade do século XIX, o projeto de lei de autoria do Dr. Antônio Cândido Cunha Leitão também tratava da obrigatoriedade da instrução primária e apresentava o ensino oferecido em escolas particulares ou em casa como exceção à escolaridade obrigatória.

> § 5º – A instrucção primaria é obrigatória para os menores de um e de outro sexo de 7 a 14 annos de idade e para os de 14 a 18 annos nos logares onde houver escolas de adultos ou profissionais; devendo-se proceder ao recenseamento da população escolar, e providenciando o governo sobre os meios de fornecer aos filhos de pais reconhecidamente indigentes o vestuário e mais objetos indispensáveis á frequência da escola. Exceptuão-se desta obrigação: 1º, os que provarem que recebem em escolas particulares, ou nas próprias casas, instrucção primaria com o desenvolvimento do programma oficial de ensino publico.[18]

O Colégio de Pedro II, fundado no Rio de Janeiro, a partir da conversão do Seminário de São Joaquim em escola, em 2 de dezembro de 1837, por inspiração dos liceus franceses, assimilou, a princípio, o caráter elitista da educação colonial; a partir das reformas de Couto Ferraz, de 1854, e de Leôncio de Carvalho, de 1879, no entanto, serviu como instituição educacional modelo para os outros estabelecimentos de instrução secundária das províncias na segunda metade do século XIX. A instituição adotou o ensino de letras clássicas e modernas, gramática, retórica e poética, inspirando, em especial, o Ginásio Baiano, na Bahia, e o Colégio do Caraça, em Minas Gerais, cuja enorme biblioteca, segundo consta, encantou o Imperador Dom Pedro II, na visita que fez à Província de Minas, entre 26 de março e 30 de abril de 1881.

O regime monárquico foi derrubado pelos republicanos, por meio de um golpe militar, em 1889, culminando com a Proclamação da República. O Governo Provisório criou a Secretaria de Estado dos Negócios da Instrução Pública, Correios e Telégrafos; adotou o método intuitivo da Reforma Leôncio de Carvalho, instituiu o *Pedagogium*[19]; fixou a atribuição dos estados sobre a instrução pública e suprimiu o

---

18 VASCONCELOS, 2005, p. 16.

19 Museu pedagógico fundado em 1890, na cidade do Rio de Janeiro, então capital do Brasil. (N.A.)

ensino religioso dos estabelecimentos públicos, ainda um resquício da monarquia. Deve-se ter em conta que a república brasileira foi instaurada abruptamente e, por conseguinte, os laços com a monarquia em suas relações de convivência (ou conveniência), em muitos casos, foram mantidos.

O republicanismo – tanto no Brasil quanto em Portugal, em 1910 – define um ciclo histórico de condicionamento entre escola e regime político, impregnado da aproximação institucionalizada com o Estado. A educação republicana mostrou-se como uma virada de página histórica, a deixar para trás a condição de vassalagem imperial. A nova tônica impunha um desígnio para a escola, que deveria servir aos anseios de amor à pátria e prática dos valores morais, cujo axioma consta do preâmbulo da Reforma Republicana do Ensino Infantil, Primário e Normal, consignada no Decreto português, com força de lei, publicado em 29 de março de 1911.[20] Segundo o introito do decreto, "o homem vale, sobretudo, pela educação que possui", assentando-se na noção científica de que o processo educativo tem uma dupla função: desenvolver harmonicamente as faculdades humanas e potencializá-las em benefício próprio e dos outros.

> Historicamente, a aliança entre república e escola foi sedimentada pelas noções de serviço público e de regeneração político-social, através de uma nova cidadania. Assim tinha sucedido na Grécia e em Roma, no período Clássico, nalguns Estados alemães da Idade Moderna, como viria a acontecer nas Repúblicas Italianas, na I, II e III Repúblicas Francesas, na República dos Estados Unidos da América, nas Repúblicas Brasileiras e Portuguesa, na República de Weimar. No caso português, houve ideólogos e estadistas que usaram a expressão republicanizar a escola, ficando a dever-se muito particularmente a João de Barros a sua consagração. Ele interviera activamente na redacção do Decreto de 29 de março de 1911, sobre a reforma da Instrução, dando sequência ao argumento de que a solução do problema pedagógico nacional era educativa e de critério republicano.[21]

Considerando o ensino doméstico no Brasil-Império, resultante da defasagem do ensino público na relação do número de escola para

20 PORTUGAL, 1911.

21 MAGALHÃES, 2010, p. 349.

todos os alunos, houve um esgarçamento desse modelo com o advento da república. O aumento do número de escolas públicas era proporcional à diminuição da prática do ensino doméstico, seja pelas opções à disposição dos pais, seja pela possibilidade de trabalho dos professores, tanto nas escolas públicas quanto nas instituições particulares.

> O crescimento do número de colégios particulares e a emergência da escola pública estatal foram, sem dúvida, fatores que influenciaram a mudança não só de designação, como de postura dos agentes da educação doméstica. Além disso, a perspectiva de trabalhar em colégios particulares ou em estabelecimentos oficiais foi, pouco a pouco, seduzindo esses sujeitos, seja pela titulação recebida, seja pelo lugar social ocupado, ou, o que é mais provável, pelas condições de trabalho relativas à segurança e estabilidade. Enquanto nas Casas tornar as crianças e os jovens aptos para aquilo que eram ensinadas significava perder o emprego e ter que recomeçar a busca por outro, nos colégios e escolas oficiais essa era apenas uma etapa que, uma vez cumprida, indicava a próxima.
>
> Pode-se afirmar que o percurso dos mestres até tornarem-se professores, e as modificações exigidas para o cumprimento do estatuto necessário a esta titulação, foi um dos inúmeros fatores que contribuíram na progressiva mudança das estruturas educacionais da Casa para as instituições formais de ensino no Brasil de Oitocentos.[22]

A Reforma Benjamin Constant, instituída pelo Decreto nº 981, de 8 de novembro de 1890 – precedendo, pois, a primeira Constituição da República –, dispunha sobre o ensino doméstico e privilegiou a estrutura curricular em prejuízo da administrativa. Determinou-se sobre a instrução primária no Distrito Federal, o que se estenderia aos estados: "Art. 2º A instrucção primaria, livre, gratuita e leiga, será dada no Districto Federal em escolas publicas de duas categorias: 1ª escolas primarias do 1º gráo; 2ª escolas primarias do 2º gráo".[23] O Instituto Nacional de Instrução Secundária, que depois se chamou Colégio Imperial Pedro I, mudou novamente de nome, passando a se chamar Ginásio Nacional. A Reforma instituiu a obrigatoriedade do exame de madureza para certificar a conclusão do ensino secundário e garantir o acesso ao ensino superior. Os exames das escolas estaduais teriam a

22 VASCONCELOS, 2005, p. 61.
23 BRASIL, 1890.

mesma validade, desde que seguissem o plano do Ginásio Nacional, que manteve sua condição de modelo e padrão do ensino secundário a ser ministrado no país.

A Constituição de 1891 referendou a laicidade do ensino público em seu Art. 72, § 6º: "Será leigo o ensino ministrado nos estabelecimentos públicos",[24] mas não destinou nenhum capítulo para a educação, que constituía competência privativa do Congresso Nacional.

O ensino elementar passou, numa manutenção prática do Ato Adicional de 1834, a ser responsabilidade das antigas províncias - agora estados nacionais - e, mais uma vez, não se desenvolveu um sistema nacional de ensino. Questões relevantes como a gratuidade e obrigatoriedade do ensino primário ficariam a cargo dos estados federativos. Dessa forma, os estados mais pobres ficaram abandonados na missão de estruturar a instrução pública. Diferentemente dos demais, tendo em vista os rendimentos da lavoura cafeeira, o estado de São Paulo promoveu, em 1892, uma ampla reforma do ensino, estabelecendo condições de criação e estruturação dos grupos escolares no século seguinte.

Minas Gerais também promoveu uma intensa reforma educacional no estado, no período pós-promulgação da primeira Constituição da República, em 1891. A Lei nº 41, de 3 de agosto de 1892, dava nova organização à instrução pública do estado de Minas e firmava o propósito de garantir o ensino primário gratuito - consequentemente obrigatório - para crianças de ambos os sexos, dos sete aos 13 anos de idade. A obrigação dos pais, tutores, patrões e protetores com a matrícula e frequência à escola pública primária do estado de crianças em idade escolar guardava a excepcionalidade do "aprendizado efetivo em família".

> Art. 53 - O ensino primário é gratuito e obrigatório para os meninos de ambos os sexos, de 7 a 13 anos de idade.
>
> Art. 54 - Os pais, tutores, patrões e protetores são responsáveis pela educação dos meninos que em sua companhia ou sob sua autoridade estiverem, e, como tais, obrigados a fazer com que eles, em idade escolar, frequentem a escola pública primária do Estado, a fim de aprenderem os conhecimentos de que trata o art. 88.
>
> Art. 55 - Excetuam dessa obrigação:

24 BRASIL, 1891.

> I A incapacidade física ou mental;
>
> II Enfermidade contagiosa;
>
> III A indigência;
>
> IV A de escola municipal ou particular, ou aprendizado efetivo em família.[25]

Em 1906, com a reforma do ensino proposta por João Pinheiro, que criou os modelos dos grupos escolares em Minas Gerais, a obrigatoriedade do ensino ou do aprendizado foi deixada de lado e mantida em certo silêncio até 1909, ano em que reapareceu como reivindicação dos professores, diretores e inspetores. Acreditava-se que a população não estava preparada para o regime de liberdade em matéria de educação e, diante da falta de zelo dos pais com a instrução dos filhos, a reivindicação da obrigatoriedade foi atendida. O Decreto nº 3.191, de 9 de junho de 1911, tornou o ensino primário obrigatório para crianças de ambos os sexos, dos sete aos 14 anos de idade, tanto no que concerne à obrigatoriedade da matrícula quanto à obrigatoriedade da manutenção da frequência da criança na escola.

Sob a coordenação de Delfim Moreira da Costa Ribeiro, Secretário do Interior de Minas Gerais, o Decreto nº 3.191, com seus 487 artigos, obrigava a criação de concurso público para provimento inicial de professores para as escolas públicas. Homens ou mulheres poderiam se candidatar às provas, mas estas teriam exigências que denunciavam a misoginia do período: as mulheres separadas deveriam provar "sua honra", para ingressarem no magistério público; as casadas eram tratadas como civilmente incapazes, assim como os menores de idade, exigindo-se, para inscrição no concurso público, autorização ou licença dos pais ou dos maridos.

> Art. 84. As mulheres provarão, sendo casadas ou viuvas, o seu estado; sendo casadas, mas separadas judicialmente, que o motivo determinante da separação não lhes é deshonroso, mediante certidão *verbum ad verbum* das respectivas sentenças.
>
> Art. 85. Dos menores e das mulheres casadas exigir-se-á ainda autorização ou licença dos paes ou maridos, ou documento jurídico equivalente.[26]

25 MINAS GERAIS, 1892.

26 MINAS GERAIS, 1911.

O ensino primário obrigatório era oferecido gratuitamente nas escolas estaduais, municipais e institutos federais e poderia ser ministrado também nas escolas particulares. A instrução em domicílio constituía um modelo educativo que elidia a obrigatoriedade de matrícula e frequência nas escolas primárias de Minas Gerais.

> Art. 208. São alumnos das escolas primarias estaduaes todas as creanças, de um e outro sexo, domiciliadas ou residentes no Estado, exceptuadas: 1) as doentes, affectadas de molestias contagiosas incuraveis; 2) as loucas; 3) as que receberem instrucção: 1) em domicílio; [...]
>
> Art. 209. A edade escolar começa aos 7 annos e vae até aos 16.
>
> Art. 239. A frequencia semestral será apurada na Secretaria do Interior, á vista do mappa a que se refere o art. 132, n. 17.[27]

O Art. 132, nº 17, desse decreto atribuía diretamente ao professor público primário a incumbência de enviar à Secretaria do Interior a situação escolar do aluno, para fins de recenseamento.

As reformas estaduais - como as de São Paulo, Minas Gerais e Rio de Janeiro - foram inspiradas na doutrina positivista da laicidade e liberdade de ensino em todos os graus, sendo que o ensino primário não deveria ser apenas preparatório, mas uma ponte para a ascensão ao ensino secundário e, depois, para o superior. A descentralização para os sistemas estaduais de ensino desvelou as desigualdades regionais - já patentes no campo econômico - do federalismo republicano. Muitos desses aspectos reveladores das desigualdades dos estados permanecem no atual sistema público de ensino, marcado pela precariedade escolar de estados do Norte e Nordeste e da periferia urbana das regiões Sudeste e Sul.

> Depois, a vitória do federalismo, que dava plena autonomia aos Estados, acentuou, não só no plano econômico, mas também no plano educacional, as disparidades regionais. Colocando o ensino à mercê das circunstâncias político-econômicas locais, o federalismo acabou por aprofundar a distância que já existia entre os sistemas escolares estaduais. Sim, porque os Estados que comandavam a política e a economia da nação e eram, em consequência, sede do poder econômico, estavam em condições privilegiadas para equipar, com melhores recursos, o aparelho educacional, enquanto os Estados mais

27 MINAS GERAIS, 1911.

> pobres, sem a possibilidade de qualquer ingerência nos destinos do país e, mais ainda, sem condições de colocar em pé de igualdade suas reivindicações junto ao poder público, ficavam à mercê de sua própria sorte. Esse liberalismo político e econômico, que acabou por transformar-se num liberalismo educacional foi fator de relevância no aprofundamento das desigualdades socioeconômicas e culturais das diversas regiões do país, o que, evidentemente, redundou na impossibilidade de se criarem uma unidade e continuidade de ação pedagógica. Vamos ver, assim, a educação e a cultura tomando impulso em determinadas regiões do sudeste do Brasil, sobretudo em São Paulo, e o restante dos Estados seguindo, sem transformações profundas, as linhas do seu desenvolvimento tradicional, determinadas na vida colonial e no regime do Império.[28]

O liberalismo educacional foi levado a efeito, após fracassadas iniciativas parlamentares, por intermédio do jurista Rivadávia Cunha Corrêa (1866-1920), Ministro da Justiça e Negócios Interiores do governo de Hermes da Fonseca. O Decreto nº 8.659, de 5 de abril de 1911, conhecido por Lei Orgânica do Ensino Superior e do Fundamental na República, anunciara a desoficialização do ensino, tendo alçado o Colégio Pedro II como instituição modelar do curso fundamental, devendo: "[...] revestir-se de caracter pratico e libertar-se da condição subalterna de meio preparatorio para as academias".[29] Uma dessas medidas de desoficialização do ensino consistia na criação do exame de admissão, mais tarde denominado vestibular, desobrigando a escolaridade prévia como aquela do ensino oficial e existente nas escolas equiparadas ao modelo do Pedro II: "Art. 64. Para requerer matricula nos institutos de ensino superior os candidatos deverão provar: a) idade minima de 16 annos; b) idoneidade moral".[30] A Reforma Rivadávia promoveu a privatização do ensino com o afastamento do Estado desse processo, a defesa preferencial da educação primária a ser dada no âmbito doméstico e a proliferação de cursos livres de educação, muitos dos quais, aventureiros.

> [...] pode-se dizer que a Reforma Rivadávia, com sua desoficialização, foi muito original e buscou, em base à concepção positivista, outro campo para o desenvolvimento da educação. Esse campo apontava para um Brasil em que a sociedade civil como um todo ainda era

28 ROMANELLI, 2017, p. 44-45.

29 BRASIL, 1911, Art. 6º.

30 *Idem.*

> muito fraca e sujeita aos interesses de uns poucos. Com isso, o recuo do Estado e sua eventual saída significaram um campo livre para toda a sorte de inescrupulosos tomarem de assalto a educação.
>
> Ficou a lição de que a saída ou o recuo do Estado em matéria de educação abre o campo para alguns setores sadios da sociedade civil. Mas, ao mesmo tempo, abre o flanco para transformar a educação, serviço público e bem público, em um serviço identificado com um bem qualquer, mercadoria vendável no mercado.[31]

A experiência da Revolução Russa de 1917, assinalada pela queda da monarquia czarista e pela ascensão dos bolcheviques, influenciou sobremaneira o movimento operário no Brasil, composto majoritariamente por imigrantes europeus. Em 1922, fundou-se o Partido Comunista Brasileiro (PCB), colocado na ilegalidade no mesmo ano de fundação pelo governo de Epitácio Pessoa. A clandestinidade não intimidou os movimentos, que introduziam no país ideologias políticas pautadas no anarquismo e no socialismo. A educação pública gratuita e para todos representava uma bandeira de libertação da opressão das oligarquias agrárias, o que poderia constar na proposta de revisão constitucional. Na esteira revisional, a Igreja Católica tentou restabelecer o ensino religioso obrigatório nas escolas. A reforma da Constituição de 1891, em 3 de setembro de 1926, não contemplou nenhum dos projetos educacionais.

> Entre 1925-1926 houve uma Revisão Constitucional na qual se outorgaram maiores poderes à União à vista dos movimentos sociais e das relações de trabalho. No campo da Educação houve propostas no sentido de restabelecimento da gratuidade e da obrigatoriedade do ensino primário em nível nacional. Na mesma ocasião, a bancada católica buscou restabelecer o ensino religioso (facultativo) nos estabelecimentos oficiais de ensino primário, como regra nacional. Nenhum desses projetos foi aprovado.[32]

À ebulição das agitações sociais da década de 1920, seguiu-se o seu desfecho com mais um golpe militar, que, não reconhecendo a vitória do paulista Júlio Prestes para o cargo de presidente do Brasil, preparou terreno para Getúlio Vargas, apoiado pelos estados de Minas Gerais, Rio Grande do Sul e Paraíba. A Revolução de 1930 encerrava a "política

31 CURY, 2009, p. 734-735.
32 CURY, 2013, p. 109.

do café-com-leite", representada pelo revezamento no poder de políticos paulistas e mineiros, finalizando também a chamada República Velha.

O Governo Provisório assinalaria uma nova era na educação, a partir da Reforma de Francisco Campos, ministro da Educação e Saúde Pública, com menos de um ano em que Getúlio assumira a presidência. Foram publicados decretos, que estabeleciam: o Conselho Nacional da Educação; a organização do ensino superior no Brasil; a Universidade do Rio de Janeiro; o ensino secundário, consolidado em 1932; o ensino comercial; e o retorno do ensino religioso facultativo nas escolas, atendendo a pressão da Igreja Católica.

O *Manifesto dos Pioneiros da Educação Nova*, lançado em 1932 por um grupo de 26 educadores e intelectuais,[33] propunha princípios e bases para uma reforma de todo o sistema educacional brasileiro. O *Manifesto*, redigido por Fernando de Azevedo e assinado, entre outros, por Anísio Teixeira e Lourenço Filho, apoiava-se nos princípios da escola única, laicidade, gratuidade, obrigatoriedade e coeducação, em que não haveria divisão por sexos, e revelava, ainda, o entusiasmo pedagógico que marcou esse período, com o anúncio de um programa de reconstrução nacional.

> Percebe-se, portanto, boa dosagem de otimismo e confiança nos poderes da educação, fatores que constituíam a tônica mesma de todo o movimento renovador, mas percebe-se também a consciência da precariedade das reformas parciais improvisadas e da importância e necessidade de se adotar um programa nacional de reorganização da educação.[34]

A educação do primeiro governo de Getúlio Vargas (1930-34) viu-se diante das forças antagônicas do movimento renovador escolanovista e do conservadorismo católico, tendo por defensor, como visto, o mineiro Francisco Campos.

A Constituição da República de 16 de julho de 1934, instituída no fim do governo provisório de Vargas, para dar legitimidade à sua presidência e ao Estado, reforçava o estabelecimento da educação como direito de todos, devendo ser ministrada: 1) pela família; e 2) pelo Estado. O ensino primário – de competência da União – era integral, gratuito, universal e de frequência escolar obrigatória, embora, na prática, não

33 AZEVEDO *et al.*, 1932.
34 ROMANELLI, 2017, p. 148.

estivessem estabelecidas consequências aos pais que não mantivessem seus filhos em alguma escola regular. A Constituição anunciava, por norma programática, a gratuidade do ensino educativo após o primário, com a finalidade de o tornar mais acessível a todos, reconhecendo os estabelecimentos particulares de ensino, desde que assegurassem a seus professores estabilidade e remuneração digna. O ensino religioso constituiu matéria curricular nas escolas públicas primárias, secundárias, profissionais e normais, mas tinha frequência facultativa e era ministrado de acordo com os princípios da confissão religiosa do aluno, manifestada pelos pais ou responsáveis.

> Art. 149 – A educação é direito de todos e deve ser ministrada, pela família e pelos Poderes Públicos, cumprindo a estes proporcioná-la a brasileiros e a estrangeiros domiciliados no País, de modo que possibilite eficientes fatores da vida moral e econômica da Nação, e desenvolva num espírito brasileiro a consciência da solidariedade humana.
>
> Art. 150 – Compete à União:
>
> [...]
>
> a) ensino primário integral gratuito e de frequência obrigatória extensivo aos adultos.
>
> b) tendência à gratuidade do ensino educativo ulterior ao primário, a fim de o tornar mais acessível;
>
> c) liberdade de ensino em todos os graus e ramos, observadas as prescrições da legislação federal e da estadual;
>
> d) ensino, nos estabelecimentos particulares, ministrado no idioma pátrio, salvo o de línguas estrangeiras;
>
> e) limitação da matrícula à capacidade didática do estabelecimento e seleção por meio de provas de inteligência e aproveitamento, ou por processos objetivos apropriados à finalidade do curso;
>
> f) reconhecimento dos estabelecimentos particulares de ensino somente quando assegurarem a seus professores a estabilidade, enquanto bem servirem, e uma remuneração condigna.
>
> [...]
>
> Art. 153 – O ensino religioso será de frequência facultativa e ministrado de acordo com os princípios da confissão religiosa do aluno manifestada pelos pais ou responsáveis e constituirá matéria dos horários nas escolas públicas primárias, secundárias, profissionais e normais.[35]

35 BRASIL, 1934.

A Redação do Plano Nacional de Educação, previsto na Constituição de 1934, foi elaborado pelo Conselho Nacional de Educação, acompanhado de perto pelo ministro da Educação Gustavo Capanema e submetido ao Congresso Nacional. Após muitas discussões na Câmara, foi aprovado e encaminhado ao Senado. Dado o golpe de 10 de novembro de 1937, o projeto foi esquecido. Entretanto, vale trazer o que ele previa, caso houvesse sido aprovado.

> Art. 38: O ensino primário, que tem por fim o desenvolvimento físico, intelectual e moral das crianças de 7 a 12 anos, é integral, gratuito e obrigatório.
>
> Art. 39: A obrigatoriedade da educação primária pode ser satisfeita nas escolas públicas, particulares ou ainda no lar.
>
> Art. 40: Dos 7 aos 12 anos de idade, toda criança é obrigada a frequentar a escola, salvo quando receber instrução no lar.
>
> Art. 41: Aos pais e responsáveis, infratores desta lei, serão impostas as penalidades previstas pela legislação do Estado e do Distrito Federal.
>
> Art. 42: Da frequência escolar, ficam dispensadas as crianças:
>
> a) quando não haja escola pública dentro do perímetro de três quilômetros de raio em relação ao seu domicílio,
>
> b) quando sofrerem de doença repulsiva ou contagiosa ou manifestarem incapacidade física ou mental.[36]

Aqui se percebe como a educação no lar era vista como uma função *ersatz* (substitutiva) da falta de escolas. É esta perspectiva que vai dominar a concepção de educação no lar até 1988. Ademais, essa restrição da distância, *a fortiori,* era estendida às regiões próprias de um país agrário. É essa predominância que vai se alterar com o atual movimento de educação doméstica que sofre uma influência estadunidense.

A procura do equilíbrio entre a pedagogia tradicional e a renovadora incumbia ao também mineiro Gustavo Capanema, que esteve à frente do Ministério da Educação e Saúde de 1934 a 1945. Durante esse período, Capanema promoveu a Reforma do Ensino Secundário de 1942, a Reforma Universitária, com a criação e padronização do sistema universitário público federal, a criação da Universidade do Brasil e a criação do Serviço Nacional da Indústria (Senai), em 1942.

36 BRASIL, 1949.

A Constituição de 1934 já havia iniciado um movimento de reconstrução nacional a partir da educação descentralizada, mas não aplicável a uma democracia com viés burguês-industrial, orientada à exclusão dos mais pobres. Tanto que a Carta Constitucional, outorgada em 10 de novembro de 1937, após novo golpe de Estado, suprimiu essa vertente, para dar vazão ao projeto autoritário que se instaurara no país. A educação no âmbito da família foi novamente considerada como alternativa à escolaridade obrigatória e uma prioridade de escolha dos pais. No que diz respeito ao ensino público, reiterou-se a gratuidade e a obrigatoriedade do ensino primário, prevista na Constituição anterior.

> Art. 125 - A educação integral da prole é o primeiro dever e o direito natural dos pais. O Estado não será estranho a esse dever, colaborando, de maneira principal ou subsidiária, para facilitar a sua execução ou suprir as deficiências e lacunas da educação particular.
>
> [...]
>
> Art. 130 - O ensino primário é obrigatório e gratuito. A gratuidade, porém, não exclui o dever de solidariedade dos menos para com os mais necessitados; assim, por ocasião da matrícula, será exigida aos que não alegarem, ou notoriamente não puderem alegar escassez de recursos, uma contribuição módica e mensal para a caixa escolar.
>
> [...]
>
> Art. 133 - O ensino religioso poderá ser contemplado como matéria do curso ordinário das escolas primárias, normais e secundárias. Não poderá, porém, constituir objeto de obrigação dos mestres ou professores, nem de frequência compulsória por parte dos alunos.[37]

A rigor, por essa Constituição outorgada, desloca-se a titularidade da educação das crianças e adolescentes para os pais, sob influxo de um jusnaturalismo de fundo religioso ou mesmo laico. Pelo disposto no citado art. 130, o Estado tem uma função principal ou subsidiária, pondo a escola particular no centro da oferta, ao menos formalmente.

O espírito renovador, provocado pelo fim da Segunda Guerra Mundial, atingiu a educação no Brasil, sedimentando-se na transculturalidade e na universalização da educação básica. A nova ordem política, ainda sob o influxo do movimento escolanovista, caracterizava-se pela maior participação do cidadão nos rumos do país e pelo respeito

37 BRASIL, 1937.

da igualdade de direitos humanos, recusando qualquer forma de autoritarismo. Nesse novo ambiente social, a Constituição de 1946 restaurou o regime democrático, restabeleceu a descentralização e fixou as Diretrizes e Bases da Educação Nacional, anunciada explicitamente como "direito de todos". Consoante o texto constitucional, o ensino público primário, obrigatório, deveria, portanto, ser acessível e gratuito para todos. Na esteira das garantias individuais, a educação representava direito amplo e pleno de todos, podendo ser dada no lar ou na escola, inspirada nos princípios de liberdade e nos ideais de solidariedade humana, que animariam o século seguinte.

> Os princípios liberais da Carta de 1946, que asseguravam direitos e garantias individuais inalienáveis, estavam visivelmente impregnados do espírito democrático tão próprio das reivindicações sociais do século em que vivemos. Foi assim, pois, que, ao aliar garantias, direitos e liberdade *a todos*, a Constituição de 1946 fugiu à inspiração da doutrina econômica liberal dos séculos anteriores para inspirar-se nas doutrinas sociais do século XX. Nisso ela se distanciava também da ideologia liberal aristocrática esposada pelas nossas elites, no antigo regime.[38]

O ensino primário – dado no lar e na escola – foi contemplado na Constituição de 1946. Para o ensino secundário e superior, previa-se concurso de títulos e provas, assegurando a vitaliciedade dos professores. O ensino religioso constituía disciplina curricular nas escolas oficiais; sua matrícula era facultativa e ele era ministrado de acordo com a confissão religiosa do aluno. Os recursos orçamentários para prover as despesas com a educação pública, oriundos das receitas públicas, ficaram assim distribuídos: a União deveria aplicar, no mínimo, dez por cento de suas receitas, e os Estados, o Distrito Federal e os Municípios, no mínimo, vinte por cento.

> Art. 166 – A educação é direito de todos e será dada no lar e na escola. Deve inspirar-se nos princípios de liberdade e nos ideais de solidariedade humana.
>
> [...]
>
> Art. 168 – A legislação do ensino adotará os seguintes princípios:
>
> I – o ensino primário é obrigatório e só será dado na língua nacional;

38 ROMANELLI, 2017, p. 176.

> II - o ensino primário oficial é gratuito para todos; o ensino oficial ulterior ao primário sê-lo-á para quantos provarem falta ou insuficiência de recursos;
>
> [...]
>
> V - o ensino religioso constitui disciplina dos horários das escolas oficiais, é de matrícula facultativa e será ministrado de acordo com a confissão religiosa do aluno, manifestada por ele, se for capaz, ou pelo seu representante legal ou responsável;
>
> VI - para o provimento das cátedras, no ensino secundário oficial e no superior oficial ou livre, exigir-se-á concurso de títulos e provas. Aos professores, admitidos por concurso de títulos e provas, será assegurada a vitaliciedade.
>
> Art. 169 - Anualmente, a União aplicará nunca menos de dez por cento, e os Estados, o Distrito Federal e os Municípios nunca menos de vinte por cento da renda resultante dos impostos na manutenção e desenvolvimento do ensino.[39]

A era desenvolvimentista foi marcada pela descentralização do ensino proposta por Clemente Mariani, Ministro da Educação e Saúde em 1949, durante o governo de Eurico Gaspar Dutra, em contraposição ao projeto centralizador de Gustavo Capanema, vencido. Aliás, além desse embate intelectual, a segunda metade do século XX é assinalada por outras tensões: liberalismo econômico pragmatista, em defesa da escola particular, ou socialismo, na proteção da escola pública para todos. O *Manifesto dos educadores: mais uma vez convocados*, redigido novamente por Fernando de Azevedo, e assinado por Anísio Teixeira, Florestan Fernandes, Caio Prado Júnior, Sérgio Buarque de Holanda, Fernando Henrique Cardoso, Darci Ribeiro, Álvaro Vieira, Nelson Werneck Sodré, entre outros intelectuais,[40] denuncia essa tensão. O debate, para além da rotulagem de grupos de orientação política de direita ou de esquerda, proclama uma educação pública leiga, obrigatória, única, ativa e progressista para todos, sem distinção.

A primeira Lei de Diretrizes e Bases da Educação Nacional (LDBEN), promulgada em 20 de dezembro de 1961,[41] limitou-se à organização escolar, praticamente mantendo o que já estava implementado.

---

39 BRASIL, 1946.

40 AZEVEDO *et al.*, 1959.

41 BRASIL, 1961.

De alguma forma, ela conseguiu traduzir o ideário dos renovadores, consistente na descentralização do ensino, na defesa inarredável da autonomia dos estados. Por outro lado, mais uma vez, foram feitas concessões à inciativa privada, desconsiderando a construção de um sistema público de ensino gratuito, obrigatório e universal. Ao mesmo tempo, destaca-se o artigo 30, especialmente o § único, letra b:

> Art. 30. Não poderá exercer função pública, nem ocupar emprêgo em sociedade de economia mista ou emprêsa concessionária de serviço público o pai de família ou responsável por criança em idade escolar sem fazer prova de matrícula desta, em estabelecimento de ensino, ou de que lhe está sendo ministrada educação no lar.
>
> Parágrafo único. Constituem casos de isenção, além de outros previstos em lei:
>
> a) comprovado estado de pobreza do pai ou responsável;
>
> b) insuficiência de escolas;
>
> c) matrícula encerrada;
>
> d) doença ou anomalia grave da criança.[42]

A longa discussão das ideias sobre educação foi abruptamente interrompida, em 1964, por força da intervenção militar, em mais um golpe de Estado assinalado no Brasil.

> Entre 1946 e 1961, o que tomou conta de tudo foi a elaboração das Diretrizes e Bases da Educação Nacional sob a forma de lei. No início dos debates o foco era centralização *versus* descentralização (ou seja, o regime federativo). Contudo, entre 1959 e 1961, o debate ficou mais caloroso, já que o foco foi ensino público *versus* ensino privado. Finalmente, já sob o regime parlamentarista, veio à luz a Lei nº 4.024/61, que confirmou a gratuidade, a obrigatoriedade, a vinculação orçamentária e o Plano Nacional de Educação. E também contemplou várias demandas do ensino privado como possibilidade de recursos públicos e o ensino religioso nas escolas oficiais. Desse modo, a organização da educação nacional continuava a se desenhar por um federalismo bastante dependente dos setores ligados à economia e à divisão dos impostos. Entretanto, poucos anos depois, veio o golpe de 1964 e a instauração do regime militar com o cerceamento da democracia.[43]

42 BRASIL, 1961.
43 CURY, 2014, p. 41.

A LDBEN, ratificando o disposto na Constituição de 1946, determinava a obrigatoriedade de frequência ao ensino primário a partir dos sete anos, cuja fiscalização deveria ser promovida pelos estados, Distrito Federal e municípios. O Art. 2º consagrava a todos o direito à educação, cuja universalidade ainda não se dava na prática, autorizando o ensino dado no lar, decorrente da liberdade do direito de escolha: "Art. 2º – A educação é direito de todos e será dada no lar e na escola. Parágrafo único. À família cabe escolher o gênero de educação que deve dar a seus filhos".[44] No que diz respeito ao ensino médio, não obrigatório, condicionava o seu ingresso a exame de admissão, o que, na prática, acabou por ser relativizado em razão do aumento da demanda nas escolas públicas e número de vagas insuficiente.

> Art. 2º A educação é direito de todos e será dada no lar e na escola. Parágrafo único. À família cabe escolher o gênero de educação que deve dar a seus filhos.
>
> [...]
>
> Art. 27. O ensino primário é obrigatório a partir dos sete anos e só será ministrado na língua nacional. Para os que o iniciarem depois dessa idade poderão ser formadas classes especiais ou cursos supletivos correspondentes ao seu nível de desenvolvimento.
>
> Art. 28. A administração do ensino nos Estados, Distrito Federal e Territórios promoverá:
>
> a) o levantamento anual do registro das crianças em idade escolar;
>
> b) o incentivo e a fiscalização da frequência às aulas.
>
> [...]
>
> Art. 36. O ingresso na primeira série do 1° ciclo dos cursos de ensino médio depende de aprovação em exame de admissão, em que fique demonstrada satisfatória educação primária, desde que o educando tenha onze anos completos ou venha a alcançar essa idade no correr do ano letivo.[45]

Celso Otavio do Prado Kelly (1906-1979), diretor-geral do Departamento Nacional de Ensino do Ministério da Educação, emitiu o Parecer nº 474/66, em 29 de setembro de 1966, para tratar sobre a obrigatoriedade do ensino primário no Brasil. No parecer, ele mencionava o Art. 30

44 BRASIL, 1961.
45 BRASIL, 1961.

da LDBEN de 1961, em que se estabeleceu uma prova de matrícula ou da prática de educação domiciliar como condição para se exercer cargo público, além de versar sobre a parceria de empresas e proprietários rurais no que diz respeito à facilitação do acesso à educação de empregados e de menores com dificuldade no prosseguimento dos estudos. Prado Kelly concluiu que são muitos os dispositivos legais que impõem sobre a obrigatoriedade do ensino primário, que não pode ser, considerando a sua magnitude, tratada como "letra morta", que não se pode aplicar na realidade social. Ao final, o parecer consignava os mecanismos fiscalizatórios dessa obrigatoriedade: o recenseamento da população escolar; a chamada pública dos alunos; e o envio ao Ministério Público dos casos de não cumprimento da obrigatoriedade do ensino primário.

> A Lei de Diretrizes e Bases aprofunda o dever do pai em relação à educação de seus filhos. "Não poderá exercer função pública, nem ocupar emprego em sociedade de economia mista ou empresa concessionária de serviço público, o pai de família ou responsável por criança em idade escolar sem fazer prova de matrícula desta, em estabelecimento de ensino, ou de que lhes está sendo ministrada no lar" (art. 30). Nos arts. 31 e 32 impõe às empresas industriais, comerciais e agrícolas, bem como aos proprietários rurais o dever de ministrar, ou facilitar a educação de servidores e menores.
>
> Não é pois por falta de dispositivos legais que a obrigatoriedade do ensino primário rola como letra morta, à espera de quem a acorde, velando por sua vigência.
>
> Impõem-se medida de quatro naturezas:
>
> a) o registro de população escolar;
>
> b) a chamada pelos Prefeitos, da população escolar por parte de quantos têm a obrigação e comprová-la com relação a filhos e dependentes; ou o atestado declaratório da isenção;
>
> [...]
>
> d) o envio ao Ministério Público de todos os casos de não cumprimento da obrigatoriedade do ensino primário para as providências cabíveis.[46]

Deve-se consignar que a gratuidade, a obrigatoriedade e o caráter universal do ensino público no Brasil, país de dimensões continentais, não correspondiam a uma tarefa de simples execução. A III Conferência

46 BRASIL, 1966.

Nacional de Educação, sediada em Salvador (BA), no ano de 1967, lançou luz ao problema da concretude do imperativo legal quanto ao oferecimento de vagas para a população escolarizável correspondente na rede escolar primária. Essa Conferência apontou também para outra mazela do ensino público no tocante às reprovações, que retinham os alunos (em regra, os mais carentes de recursos) até a conclusão do seu curso, atrasando enormemente seu percurso educativo.

> Em 1966 o Conselho Federal de Educação examinou a matéria a pedido do Ministro da Educação, tendo aprovado Parecer de que foi relator o Conselheiro Prof. Celso Kelly, Parecer em que, após historiar a questão no Brasil e sua atualidade, propôs anteprojeto de decreto consubstanciando medidas relacionadas com a definição de obrigatoriedade e gratuidade, extensão da escolaridade, o dever das diferentes esferas do Poder Público e as formas de quitação definitiva, temporária e de emergência da obrigatoriedade. Esses são os elementos a partir dos quais podemos estudar a real extensão da escolaridade no Brasil. Se, de um ponto de vista legal, a extensão da escolaridade gratuita no Brasil é a exposta anteriormente, se os propósitos formulados, no tocante a esse problema, são os que constam dos documentos citados, em termos reais a situação se apresenta muito aquém da insuficiente norma legal e dos reiterados propósitos expressos em documentos oficiais. Por uma série de defeitos, uns, mais gerais, decorrentes das limitações do subdesenvolvimento, outros, mais definidos, representados por insuficiências e distorções específicas no funcionamento do aparelho escolar, *a rede escolar primária não só não vem podendo acolher toda a população escolarizável correspondente*, como, o que será quiçá mais grave, o sistema escolar vem revelando ínfima capacidade de retenção do discente até a conclusão do seu curso. (grifo nosso)[47]

Todos os manifestos pela educação, com a participação maciça de atores sociais no processo de construção da "escola para todos", sofreram um revés a partir do golpe militar no Brasil, em 1964. O infausto evento deu-se de forma concertada com os setores militares e civis conservadores, apoiado inicialmente pela Igreja Católica e patrocinado pelo governo dos Estados Unidos, receoso da influência de um "suposto comunismo", que estaria grassando principalmente nos meios acadêmico e sindical brasileiros.

47 CONFERÊNCIA..., 1967, p. 7.

O período ilustrou uma etapa da história do país, marcada pelo crescimento da indústria de base e, por conseguinte, pela criação e variedade de empregos e pelo fortalecimento do setor de prestação de serviços. Aumentaram também a concentração de renda da oligarquia burguesa-industrial e o empobrecimento da classe média, até então em ascensão.

A procura por qualificação nas multinacionais que por aqui se instalaram exigiu um olhar mais voltado para o ensino técnico-profissional, na esteira dos acordos entre o Ministério da Educação (MEC) e a Agência dos Estados Unidos para o Desenvolvimento Internacional (USAID, na sigla em inglês). Os Acordos MEC-USAID pretendiam reformar o ensino brasileiro, conforme os padrões impostos pelos modelos de administração estadunidense do fordismo e do taylorismo. O ensino tecnicista pautou-se pelo modelo econômico-industrial, com enfoque no racionalismo sistêmico, baseado no aprender fazendo e no controle do comportamento behaviorista.

> Com o advento do regime militar, o lema positivista "Ordem e Progresso", inscrito na bandeira do Brasil, metamorfoseou-se em "segurança e desenvolvimento". Guiando-se por esse lema, o grande objetivo perseguido pelo governo dito revolucionário era o desenvolvimento econômico com segurança. Diante desse objetivo, a baixa produtividade do sistema de ensino, identificada no reduzido índice de atendimento da população em idade escolar e nos altos índices de evasão e repetência, era considerada um entrave que necessitava ser removido. A adoção do modelo econômico associado-dependente, a um tempo consequência e reforço da presença das empresas nacionais, estreitou os laços do Brasil com os Estados Unidos. Com a entrada dessas empresas, importava-se também o modelo organizacional que as presidia. E a demanda de preparação de mão de obra para essas mesmas empresas associada à meta de elevação geral da produtividade do sistema escolar levou a adoção daquele modelo organizacional no campo da educação. Difundiram-se, então, ideias relacionadas à organização racional do trabalho (taylorismo, fordismo), ao enfoque sistêmico e ao controle do comportamento (behaviorismo), que, no campo educacional, configuraram uma orientação pedagógica que podemos sintetizar na expressão "pedagogia tecnicista".[48]

48 SAVIANI, 2013, p. 367.

A Constituição de 24 de janeiro de 1967, no governo de Humberto de Alencar Castelo Branco, estabelecida pelo Ato Institucional n. 4, mitigou os poderes atribuídos aos estados e municípios, centralizando as decisões no âmbito do poder central. Em consonância com o *caput* do Art. 168, a educação deveria ser direito de todos, podendo ser dada no lar e na escola, repetindo o texto constitucional de 1946 e a LDBEN de 1961. O ensino primário, ainda de acordo com o Art. 168, II, manteve-se obrigatório para todos e gratuito nos estabelecimentos primários oficiais dos sete aos 14 anos. Já a gratuidade do ensino oficial secundário estava condicionada ao rendimento escolar do aluno e destinada aos que provassem falta ou insuficiência de recursos (Art. 168, III). O ensino religioso continuou a fazer parte das disciplinas do ensino oficial do primário e médio, e a matrícula continuava facultativa.

Essa Constituição de 1967, por meio da Emenda Constitucional nº 1/1969, da Junta Militar, acrescentou, ainda no Art. 168, V, acesso ao magistério do ensino oficial somente por meio de concurso público: "o provimento dos cargos iniciais e finais das carreiras do magistério de grau médio e superior será feito, sempre, mediante prova de habilitação, consistindo em concurso público de provas e títulos quando se tratar de ensino oficial".[49]

Após a turbulência dos "anos de chumbo", os estudantes e professores brasileiros, que simbolizaram uma forte resistência contra a ditadura militar, pela liberdade de expressão e pela transformação social com justiça, voltaram às ruas na defesa de uma "constituição cidadã". Não mais se admitiria - embora ainda haja os que defendam a intervenção militar nos rumos do país - autoritarismo, supressão de direitos constitucionais, perseguição política, prisão e tortura de opositores ao regime democrático. A imposição da censura prévia aos meios de comunicação e a cassação do direito de expressão impuseram uma nova ordem na pauta política do Brasil.

A Assembleia Nacional Constituinte - que vigorou de 2 de fevereiro de 1987 a 5 de outubro de 1988 - teve intensa participação popular e sintetizou as manifestações sociais que clamavam por "Diretas Já!". Algumas lideranças passaram a formar a nova elite política brasileira, e o processo de redemocratização culminou com a volta do poder civil

49 BRASIL, 1969.

em 1985, por meio da eleição de Tancredo Neves, que faleceu antes de assumir o mandato.

A instituição escolar pública promove, nesse período, o deslocamento da sua função social: de mera reprodutora de conhecimentos, assume a tarefa de sistematizar os conhecimentos construídos historicamente pelo homem em suas relações com o meio social. Esse movimento fortaleceu a procura por uma "escola cidadã", na qual a convivência com o outro é fundamental para o aprimoramento de valores adquiridos durante a primeira socialização iniciada em casa, tais como a solidariedade, o respeito à dignidade humana e o exercício cotidiano da liberdade e da autonomia. A Escola Cidadã deveria estar apta a combater a tendência doutrinadora da educação tradicional – ainda com resquícios da ditadura militar – e sua vocação para o tecnicismo.

> Um dos últimos sonhos de Paulo Freire, reagindo a essa tendência doutrinadora da educação, foi o projeto *Escola Cidadã*. A Escola Cidadã já vem se construindo há mais de duas décadas, não só no Brasil. Trata-se de uma educação para e pela cidadania, uma escola como espaço de convivência, de formação em valores, de solidariedade, de amorosidade, um espaço acolhedor para as crianças, de construção da liberdade e autonomia. Em vez de construir egoísmos e individualismos, a Escola Cidadã se propõe a construir o compartilhamento, a amizade, o sonho e a utopia, formando, desde a infância, para o exercício da cidadania e para o respeito à dignidade humana.[50]

O processo de ensino/aprendizagem – que, na concepção do ensino tradicional, centrava suas forças no professor como detentor exclusivo do saber – deslocou-se, durante o período da "escola nova", para o aluno, como centro das atenções pedagógicas, repercutindo também na nova ordem constitucional. A educação pública não mais seria vista como salvadora da humanidade, mas como importante reduto da prática democrática do conhecimento e de valores partilhados. Nesse processo, todos os atores envolvidos – família, alunos, profissionais da educação, Estado, sociedade – eram fundamentais para que a escola pública fosse efetivamente garantidora da cidadania e da emancipação dos sujeitos.

---

50 GADOTTI, 2019, p. 40.

> Ora, essa direção em torno do aluno se desenvolve qualificada e plenamente pela mediação do docente e de uma instituição apropriada para tal, a escola. É em torno desse direito que se deu o nascimento e a constituição da escola pública como instituição aberta a todos. Ela nasceu sob o pressuposto, nem sempre alcançado, da garantia do direito à Educação a fim de que todos pudessem ter acesso ao saber organizado, seja para se afirmarem como sujeitos no âmbito das relações sociais, seja para poderem participar consciente e criticamente dos destinos de sua comunidade. Foi desse princípio de direito de aprender, componente da cidadania mais ampla, que adveio o dever do Estado de propiciar as condições para que, pelo exercício mediador do magistério na escola, se cumprisse o dever de ensinar.[51]

Historicamente houve mudanças significativas na legislação brasileira quanto aos novos papéis nesse complexo e dinâmico procedimento de ensino/aprendizagem e, principalmente, no de educar, em seu sentido lato. Ao garantir o direito à educação, a Constituição da República de 1988 impôs o dever da família, da sociedade e do Estado de assegurar à criança e ao adolescente o direito à educação e à convivência comunitária, nos seguintes termos:

> Art. 227. É dever da família, da sociedade e do Estado assegurar à criança e ao adolescente, com absoluta prioridade, o direito à vida, à saúde, à alimentação, à educação, ao lazer, à profissionalização, à cultura, à dignidade, ao respeito, à liberdade e à convivência familiar e comunitária, além de colocá-los a salvo de toda forma de negligência, discriminação, exploração, violência, crueldade e opressão.[52]

A responsabilidade da família, do Estado e da sociedade é legitimada no Art. 205 da Constituição da República. A educação pública surge como direito de todos, gratuita e obrigatoriamente estabelecida como dever do Estado e da família. Essa relação deôntico-axiológica amplifica e destaca a importância da interação entre os sujeitos, como forma de garantir a eles seu pleno desenvolvimento, seu preparo para o exercício da cidadania e sua qualificação para o mundo do trabalho.

51 CURY, 2013, p. 105.
52 BRASIL, 1988.

> Art. 205. A educação, direito de todos e dever do Estado e da família, será promovida e incentivada com a colaboração da sociedade, visando ao pleno desenvolvimento da pessoa, seu preparo para o exercício da cidadania e sua qualificação para o trabalho.[53]

Concebe-se, portanto, a responsabilidade da família, do Estado e da sociedade quanto à tarefa de promover solidariamente a educação. Será necessária, nesse sentido, a "participação solidária" e concorrente desses três parceiros para que se possam efetivar os objetivos constitucionais previstos no Art. 205, acerca do objetivo de desenvolver o indivíduo para o exercício da cidadania, de forma emancipatória e consciente.

O Estado brasileiro entendeu que a família, por si só, não poderia atingir esse amplo objetivo constitucional na formação de seus filhos, sem a participação estatal e da sociedade no cumprimento desse dever. Assim, a obrigação da família não exclui a dos outros entes e nenhum tem prioridade sobre o outro, não havendo, pois, pelo texto constitucional, alternativa diversa à escolarização da educação básica.

A educação básica no Brasil é obrigatória, gratuita e universal, iniciando-se aos quatro anos de idade e encerrando-se aos 17, consoante a Emenda Constitucional nº 59/2009. Compreende a Educação Infantil: creche - zero a três anos; pré-escola - quatro a cinco anos; ensino fundamental: anos iniciais - 1º ano (seis anos de idade) ao 5º ano (dez anos de idade); anos finais - 6º ano (11 anos de idade) ao 9º ano (14 anos de idade); e ensino médio: 1ª ano (15 anos de idade) ao 3º ano (17 anos de idade, última etapa desse ciclo básico).

Além da gratuidade, compete ao poder público, em todas as etapas da educação básica, fornecer ao educando padrões mínimos de qualidade. A concretização desse objetivo deve ocorrer, entre outras medidas, com a disponibilização gratuita de material didático-escolar, transporte, alimentação, assistência à saúde - insumos indispensáveis ao desenvolvimento do processo de ensino-aprendizagem - e vaga na escola pública mais próxima da residência de toda criança.

> Art. 208. O dever do Estado com a educação será efetivado mediante a garantia de:
>
> I educação básica obrigatória e gratuita dos 4 (quatro) aos 17 (dezessete) anos de idade, organizada da seguinte forma: a) pré-escola; b) ensino fundamental; c) ensino médio;

53 BRASIL, 1988.

> II educação infantil gratuita às crianças de até 5 (cinco) anos de idade;
>
> III atendimento educacional especializado gratuito aos educandos com deficiência, transtornos globais do desenvolvimento e altas habilidades ou superdotação, transversal a todos os níveis, etapas e modalidades, preferencialmente na rede regular de ensino;
>
> IV acesso público e gratuito aos ensinos fundamental e médio para todos os que não os concluíram na idade própria;
>
> V acesso aos níveis mais elevados do ensino, da pesquisa e da criação artística, segundo a capacidade de cada um;
>
> VI oferta de ensino noturno regular, adequado às condições do educando;
>
> VII oferta de educação escolar regular para jovens e adultos, com características e modalidades adequadas às suas necessidades e disponibilidades, garantindo-se aos que forem trabalhadores as condições de acesso e permanência na escola;
>
> VIII atendimento ao educando, em todas as etapas da educação básica, por meio de programas suplementares de material didático-escolar, transporte, alimentação e assistência à saúde;
>
> IX padrões mínimos de qualidade de ensino, definidos como a variedade e quantidade mínimas, por aluno, de insumos indispensáveis ao desenvolvimento do processo de ensino-aprendizagem;
>
> X vaga na escola pública de educação infantil ou de ensino fundamental mais próxima de sua residência a toda criança a partir do dia em que completar 4 (quatro) anos de idade.[54]

O Art. 208 da Constituição da República aborda a obrigatoriedade da educação básica dos quatro aos 17 anos de idade, como direito público subjetivo, incumbindo ao poder público o recenseamento dos educandos, bem como o acompanhamento dos pais ou responsáveis no zelo pela frequência à escola. O não oferecimento do ensino obrigatório pelo poder público – ou sua oferta irregular – importa responsabilidade da autoridade competente. O ente estatal não pode, pois, se eximir da obrigação de buscar o aluno (censo escolar), disponibilizar a matrícula e zelar, em conjunto com os pais ou responsáveis, pela sua frequência regular à escola. A Constituição Federal deixa claro, desse modo, a importância da presença física do aluno na escola, especialmente na faixa etária relativa ao ensino obrigatório.

54 BRASIL, 1988.

> Art. 208. O dever do Estado com a educação será efetivado mediante a garantia de:
>
> I - educação básica obrigatória e gratuita dos 4 (quatro) aos 17 (dezessete) anos de idade, assegurada inclusive sua oferta gratuita para todos os que a ela não tiveram acesso na idade própria;
>
> [...]
>
> § 1º - O acesso ao ensino obrigatório e gratuito é direito público subjetivo. § 2º - O não-oferecimento do ensino obrigatório pelo Poder Público, ou sua oferta irregular, importa responsabilidade da autoridade competente.
>
> § 3º - Compete ao Poder Público recensear os educandos no ensino fundamental, fazer-lhes a chamada e zelar, junto aos pais ou responsáveis, pela frequência à escola.[55]

Convém destacar que a obrigação do Poder Público e dos pais quanto à observância da frequência escolar constitui uma norma constitucional, não um princípio, o que poderia constituir um óbice à prática da educação escolar inserida em legislação infraconstitucional.

Educação e cidadania são direitos individuais indisponíveis, assegurados pela Carta Magna e também presentes na legislação específica. Nesse sentido, a Lei 9.394/96 (Lei de Diretrizes e Bases da Educação Nacional - LDBEN) define a abrangência do ensino e determina que a educação ocorra, predominantemente, em instituições próprias. O advérbio predominantemente pode ser explicado, por exemplo, com a Educação de Jovens e Adultos (EJA), que possibilita a educação escolar sob várias formas, inclusive o autodidatismo.

> Art. 1º A educação abrange os processos formativos que se desenvolvem na vida familiar, na convivência humana, no trabalho, nas instituições de ensino e pesquisa, nos movimentos sociais e organizações da sociedade civil e nas manifestações culturais.
>
> § 1º Esta Lei disciplina a educação escolar, que se desenvolve, predominantemente, por meio do ensino, em instituições próprias.
>
> § 2º A educação escolar deverá vincular-se ao mundo do trabalho e à prática social.[56]

55 BRASIL, 1988.
56 BRASIL, 1996.

Decorrente do § 3º do Art. 208 da Constituição, a LDBEN também estabelece a obrigação da matrícula, tarefa da qual os pais não podem se omitir: "Art. 6º É dever dos pais ou responsáveis efetuar a matrícula das crianças na educação básica a partir dos 4 (quatro) anos de idade".[57] Essa obrigatoriedade também está prevista no Art. 55 do Estatuto da Criança e do Adolescente - ECA, Lei nº 8.069/1990: "Art. 55. Os pais ou responsável têm a obrigação de matricular seus filhos ou pupilos na rede regular de ensino".[58]

O Art. 24 da LDBEN prevê a possibilidade de classificação do aluno pela escola, possibilitando a matrícula de quem tenha iniciado os estudos fora do ambiente escolar, em série compatível com sua idade e nível de conhecimento. Esse mesmo artigo também exige a frequência mínima de 75% nas 800 horas anuais para a aprovação, dando destaque, uma vez mais, à presença física do aluno na sala de aula.

> Art. 24. A educação básica, nos níveis fundamental e médio, será organizada de acordo com as seguintes regras comuns:
>
> I a carga horária mínima anual será de oitocentas horas, distribuídas por um mínimo de duzentos dias de efetivo trabalho escolar, excluído o tempo reservado aos exames finais, quando houver;
>
> II a classificação em qualquer série ou etapa, exceto a primeira do ensino fundamental, pode ser feita:
>
> [...]
>
> c) independentemente de escolarização anterior, mediante avaliação feita pela escola, que defina o grau de desenvolvimento e experiência do candidato e permita sua inscrição na série ou etapa adequada, conforme regulamentação do respectivo sistema de ensino;
>
> [...]
>
> VI o controle de frequência fica a cargo da escola, conforme o disposto no seu regimento e nas normas do respectivo sistema de ensino, exigida a frequência mínima de setenta e cinco por cento do total de horas letivas para aprovação.[59]

A educação básica constitui um direito-dever da família, considerada em toda a sua extensão, e é também dever do Estado e da sociedade

57 *Ibidem*.
58 BRASIL, 1990[a].
59 BRASIL, 1996.

garantir o acesso a ela, obrigatória e gratuitamente em todos os seus níveis: educação infantil, ensino fundamental e médio. Assim sendo, os municípios deverão atuar prioritariamente no ensino fundamental e na educação infantil, cabendo aos estados e ao Distrito Federal a atuação prioritária no ensino fundamental e médio, conforme artigos 10 e 11, da LDBEN.[60]

Os pais ou responsáveis que não se ocuparem da instrução primária de seus filhos em idade escolar incorrerão no crime de abandono intelectual, de acordo com o Art. 246, do Código Penal Brasileiro: "Deixar, sem justa causa, de prover à instrução primária de filho em idade escolar: Pena – detenção, de quinze dias a um mês, ou multa".[61] O abandono intelectual implica dizer que os pais infratores não só deixam de matricular seus filhos em idade escolar como também não se preocupam com sua formação cognitiva, o que não parece ocorrer com os pais que assumem a responsabilidade exclusiva pela instrução de seus filhos.

Convém destacar que a criança tem o direito de acesso à escola gratuita e de qualidade, em que ela possa atuar ativamente na tarefa de promover a transformação social ao seu redor, sendo ela também transformada. Essa educação, de acordo com uma visão crítico-dialética, deve ser entendida como parte de um contexto maior, em que a participação ativa e afetiva de todos os atores responsáveis é essencial para a emancipação crítica dessa criança.

O "despertamento" da visão crítica remete ao conteúdo de uma frase atribuída a Paulo Freire: "Ensinar não é transferir conhecimento, mas criar as possibilidades para a sua própria produção ou a sua construção"[62]. O poder transformador das pessoas, marcado pela produção e construção do próprio conhecimento, somente se fundamenta e se fortalece horizontalmente a partir das bases populares, para, dessa forma, modificar também as estruturas do poder. Não se pode afirmar, por óbvio, que a escola pública seja o espaço exclusivo desse despertamento, mas, sem dúvida, ela simboliza uma constante busca pela efetivação de uma "escola cidadã para todos". A escola pública representa a conquista de uma luta histórica de diversos atores ao longo do tempo em que o ensino se deslocou das casas de famílias privilegiadas para o ambiente escolar, abundante de interação social.

60 *Ibidem*.

61 BRASIL, 1940.

62 FREIRE, 1996, p. 25.

O direito de representatividade - assim como a escola pública para todos - também foi uma garantia proporcionada pela Constituição de 1988. A população brasileira conseguiu, finalmente, participar das eleições diretas para o cargo de Presidente da República, em 1989. A escolha dos legisladores e gestores das políticas públicas voltadas para a efetivação dos direitos sociais básicos configurou uma mudança significativa nos rumos do país. A Constituição vigente abriga as minorias sociais - até então não incluídas nas legislações anteriores - e não tolera o autoritarismo e a censura, na defesa do cumprimento do Estado Democrático de Direito. Logo em seu primeiro artigo, parágrafo único, ela estabelece que "todo o poder emana do povo", ou seja, o artigo definido assevera que o poder, na sua totalidade, deve derivar do povo e retornar em benefício dele. A representatividade desse comando encontra-se no Título II - Dos Direitos e Garantias Fundamentais, onde estão contidos princípios e valores preconizados na *Declaração Universal dos Direitos* Humanos[63], de 10 de dezembro de 1948, no pós-Segunda Guerra Mundial.

A concepção do individual e do privado deu lugar à concepção dos direitos e deveres individuais e coletivos, amplamente considerados e protegidos como cláusula pétrea, que não pode ser modificada ao alvedrio dos legisladores. Os direitos sociais - como saúde, educação, alimentação, trabalho e moradia digna - somente fazem sentido se forem efetivamente realizados também na assistência aos desamparados. Isso implica dizer que todos devem ser contemplados com esses direitos e, em caso de sua recusa ou mitigação por parte dos gestores públicos, surge o direito de acionar os órgãos de defesa do cidadão, como a Defensoria Pública e o Ministério Público.

O direito à educação básica pública, gratuita, obrigatória e universal, que, como visto anteriormente, não era previsto nas legislações nacionais, passou a ser tratado como objetivo fundamental da União, dos estados e municípios de forma concorrente. A novidade reside no fato de que a família e a sociedade também despontam como entes necessários para a concretização do direito público subjetivo à educação básica, comum e acessível a todos, em idade escolar ou fora dela.

O grande desafio que se impõe - e que ainda persiste no contexto atual - resume-se na formatação de uma educação pública com todos

63 ONU, 1948.

os atributos solenemente defendidos na Constituição da República, com o fim de se buscar uma "educação verdadeiramente de qualidade". Essa definição deve caminhar no sentido de se construir socialmente uma escola cidadã, lugar em que se possa praticar diuturnamente a pluralidade de ideias e opiniões, em que não se escamoteie o direito de acesso ao conhecimento universal e à diversidade étnico-racial, bem como às diferentes culturas e ideologias. Nessa acepção, a escola deve, sim, com coragem e respeito aos diversos valores individuais, tomar partido na apresentação das questões polêmicas da sociedade moderna e suas distintas faces, com foco na promoção do desenvolvimento do processo de ensino-aprendizagem.

Concomitantemente – e até mais relevante num país cuja desigualdade social vem aumentando acentuadamente, apesar de um relativo conforto no Índice de Desenvolvimento Humano (IDH), dado utilizado pela Organização das Nações Unidas (ONU) – faz-se necessário considerar a pobreza e a miséria no país. Não se pode conceber uma educação de qualidade para todos, num ambiente em que 47% da população – ou quase cem milhões de pessoas – não têm acesso a sistemas de esgotamento sanitário e perto de 20% não possuem sequer água tratada, segundo o IBGE[64].

O cálculo da desigualdade social, medido por fatores como escolarização, acesso a cultura e acesso a serviços básicos – como saúde, segurança, saneamento –, revela as diferenças socioeconômicas no país, destacando-se as regiões Sul e Sudeste com os melhores Índices de Desenvolvimento Humano (IDHs) – mesmo assim, apresentando bolsões de pobreza e miséria –, enquanto o Nordeste sobrevive essencialmente com os programas sociais do governo. Essa transferência de renda direta, como o Bolsa Família, tornou-se um alívio imediato para os pobres e significou, ainda que minimamente, algum resgate da dignidade humana, para promover o acesso dos mais vulneráveis aos direitos sociais básicos, entre eles a educação de qualidade, com sua capacidade de transformar o homem e, por consequência, o ambiente em que ele vive.

A opção pela educação domiciliar representa, em muitos casos, a frustração de alguns pais ou responsáveis diante do fato de não encontrarem escola de qualidade para seus filhos. Com isso, eles preferem

64 Disponível em: https://cidades.ibge.gov.br/brasil/pesquisa/30/84366. Acesso em: 10 fev. 2021.

assumir o risco de um processo judicial - que pode durar até a maioridade dos filhos - a terem de submetê-los à escolarização.

Por não haver previsão expressa na Constituição da República nem na LDBEN, a prática da educação domiciliar tornou-se clandestina e levou aos tribunais inúmeras famílias brasileiras. Em 2012, uma delas, insatisfeita com a decisão da Secretaria de Educação do Município de Canela (RS) - que negou pedido para que uma criança, então com 11 anos de idade, fosse educada em casa -, impetrou mandado de segurança, que foi negado tanto em primeira instância quanto no Tribunal de Justiça do Rio Grande do Sul. O caso chegou até o Supremo Tribunal Federal em 2018 - com repercussão geral reconhecida -, que, posteriormente, em decisão colegiada, negou provimento ao Recurso Extraordinário (RE) 888.815, considerando não haver legislação nacional que ampare essa modalidade de ensino pretendida.

O ministro Alexandre de Moraes, relator do Recurso - e que foi acompanhado pela maioria dos ministros -, reconheceu que a Constituição Federal, em seus artigos 205 e 227, prevê a solidariedade do Estado e da família no dever de cuidar da educação das crianças. A liberdade de escolha da família, por outro lado, não é absoluta, pois encontra óbice na mesma Constituição, que estabelece a existência de um núcleo mínimo curricular e a necessidade de convivência familiar e comunitária. Moraes, no entanto, admitiu que a alternativa de educação domiciliar possa vir a ser regulamentada no País, por meio de lei federal, editada pelo Congresso Nacional, na modalidade utilitarista ou por conveniência circunstancial - caso em que o contexto obrigue o isolamento social, como se verificou na pandemia. A decisão recomendou a modalidade utilitarista, em que se considere a repercussão social da escolha dos pais e a possibilidade de intervenção da sociedade e do poder público como dever de justiça. A supervisão, avaliação e fiscalização pelo poder público deverão cumprir as previsões da Constituição, no que diz respeito às finalidades e objetivos do ensino; em especial, evitar a evasão escolar e garantir a socialização do indivíduo, por meio da convivência familiar e comunitária, consoante o Art. 227 da Constituição. A tese fixada (tema 822) "Não existe direito público subjetivo do aluno ou de sua família à educação domiciliar, inexistente na legislação brasileira"[65] confere ilegitimidade à educação familiar no Brasil e a coloca como movimento social à margem da lei. Para sair da clandestinidade, o Senado Federal terá

65 BRASIL, 2019[b].

que aprovar o PL 3.179-B/2012, já apreciado e votado pela Câmara dos Deputados, sob pena de se perpetuarem os processos judiciais contra as famílias que optaram pela alternativa de ensino.

EMENTA

CONSTITUCIONAL. EDUCAÇÃO. DIREITO FUNDAMENTAL RELACIONADO À DIGNIDADE DA PESSOA HUMANA E À EFETIVIDADE DA CIDADANIA. DEVER SOLIDÁRIO DO ESTADO E DA FAMÍLIA NA PRESTAÇÃO DO ENSINO FUNDAMENTAL. NECESSIDADE DE LEI FORMAL, EDITADA PELO CONGRESSO NACIONAL, PARA REGULAMENTAR O EDUCAÇÃO DOMICILIAR. RECURSO DESPROVIDO.

1. A educação é um direito fundamental relacionado à dignidade da pessoa humana e à própria cidadania, pois exerce dupla função: de um lado, qualifica a comunidade como um todo, tornando-a esclarecida, politizada, desenvolvida (CIDADANIA); de outro, dignifica o indivíduo, verdadeiro titular desse direito subjetivo fundamental (DIGNIDADE DA PESSOA HUMANA). No caso da educação básica obrigatória (CF, art. 208, I), os titulares desse direito indisponível à educação são as crianças e adolescentes em idade escolar.

2. É dever da família, sociedade e Estado assegurar à criança, ao adolescente e ao jovem, com absoluta prioridade, a educação. A Constituição Federal consagrou o dever de solidariedade entre a família e o Estado como núcleo principal à formação educacional das crianças, jovens e adolescentes com a dupla finalidade de defesa integral dos direitos das crianças e dos adolescentes e sua formação em cidadania, para que o Brasil possa vencer o grande desafio de uma educação melhor para as novas gerações, imprescindível para os países que se querem ver desenvolvidos.

3. A Constituição Federal não veda de forma absoluta a educação domiciliar, mas proíbe qualquer de suas espécies que não respeite o dever de solidariedade entre a família e o Estado como núcleo principal à formação educacional das crianças, jovens e adolescentes. São inconstitucionais, portanto, as espécies de *unschooling* radical (desescolarização radical), *unschooling* moderado (desescolarização moderada) e *homeschooling* puro, em qualquer de suas variações.

4. O ensino domiciliar não é um direito público subjetivo do aluno ou de sua família, porém não é vedada constitucionalmente sua criação por meio de lei federal, editada pelo Congresso Nacional, na modalidade utilitarista ou por conveniência circunstancial, desde que se cumpra a obrigatoriedade, de 4 a 17 anos, e se respeite o dever

solidário família/Estado, o núcleo básico de matérias acadêmicas, a supervisão, avaliação e fiscalização pelo poder público; bem como as demais previsões impostas diretamente pelo texto constitucional, inclusive no tocante às finalidades e objetivos do ensino; em especial, evitar a evasão escolar e garantir a socialização do indivíduo, por meio de ampla convivência familiar e comunitária (CF, art. 227).

5. Recurso extraordinário desprovido, com a fixação da seguinte tese (TEMA 822): Não existe direito público subjetivo do aluno ou de sua família à educação domiciliar, inexistente na legislação brasileira.[66]

A decisão do STF leva à conclusão empírica de que as famílias que adotaram a educação domiciliar no Brasil, pela ausência de legislação que abone a prática, cometem atualmente desobediência civil. Esse conceito, desenvolvido no século XIX pelo filósofo estadunidense Henry David Thoreau (1817-1862), consiste na conduta de um movimento social não violento, que prega o desrespeito deliberado a uma determinada lei, por entender que ela promove injustiça e desigualdade.

Enquanto não houver uma regulamentação da educação domiciliar, reitere-se que as famílias continuarão sendo processadas cível e criminalmente, agindo à margem da lei vigente, o que pode ser resolvido por meio da votação de um dos projetos de lei que ainda tramitam no Congresso Nacional sobre o assunto. Outros projetos nesse mesmo sentido foram propostos, mas recorrentemente rejeitados, como foi o caso do pioneiro Projeto de Lei 4.657, de 1994,[67] proposto pelo deputado federal João Teixeira (PL-MT), que faz referência ao tema, autorizando a "prática da educação domiciliar de 1º grau".

O Projeto de Lei 3.179-B/2012, de autoria do deputado federal Lincoln Portela (PR-MG), integrante da Frente Parlamentar Evangélica (FPE), com 194 deputados e oito senadores[68], considerado um dos primeiros textos legais em vigor a tratar sobre o assunto no Brasil, foi aprovado em maio de 2022, com alterações significativas, que serão vistas em capítulo próprio. Inicialmente, o Projeto teve parecer favorável do deputado federal Maurício Quintella Lessa (MDB-AL), que, ao final, destacou: "[...] somos favoráveis à sua aprovação, ressaltando aqui que caberá sempre o controle por parte do poder público com relação

66 BRASIL, 2019[b].

67 BRASIL, 1994. (Esse PL foi arquivado em 2 jan. 1995. N.A.)

68 Disponível em: https://www.camara.leg.br/internet/deputado/frenteDetalhe.asp?id=54010. Acesso em: 4 fev. 2022.

à qualidade e efetividade do ensino domiciliar ministrado".[69] Esse PL apresenta o acréscimo de um parágrafo ao Art. 23 da Lei nº 9.394 – LDBEN –, mas é silente sobre a obrigatoriedade de matrícula de crianças e adolescentes na educação básica, também prevista no Estatuto da Criança e do Adolescente (ECA). O Projeto admite a educação básica domiciliar, sob a responsabilidade dos pais ou tutores responsáveis, sujeitando seus filhos às avaliações dos sistemas de ensino.

> § 3º É facultado aos sistemas de ensino admitir a educação básica domiciliar, sob a responsabilidade dos pais ou tutores responsáveis pelos estudantes, observadas a articulação, supervisão e avaliação periódica da aprendizagem pelos órgãos próprios desses sistemas, nos termos das diretrizes gerais estabelecidas pela União e das respectivas normas locais.[70]

O Projeto de Lei nº 3.261, de 2015, de autoria do deputado federal Eduardo Bolsonaro (PL-SP), outro integrante da bancada evangélica, propõe alterações nos dispositivos da Lei nº 9.394/1996, que estabelece as diretrizes e bases da educação nacional, e da Lei nº 8.069/1990, Estatuto da Criança e do Adolescente (ECA), para instituir a educação domiciliar na educação básica para os menores de 18 anos. O Art. 1º do PL mencionado tem a seguinte redação: "Fica autorizada a educação domiciliar na educação básica, formada pela educação infantil, ensino fundamental e ensino médio para os menores de 18 (dezoito) anos".[71]

O Art. 5º, da LDBEN, e o Art. 101, do ECA, em análise conjunta com o § 3º do Art. 208 da Constituição Federal, representam, como visto no capítulo anterior, o acesso à educação básica obrigatória e gratuita, como direito público subjetivo, competindo aos estados e aos municípios, em regime de colaboração, e com a assistência da União, a obrigatoriedade (matrícula e frequência à escola) e gratuidade da educação básica.

O Projeto de Lei altera o inciso III, da LDBEN, apresentando a seguinte redação: "III – zelar, junto aos pais ou responsáveis, pela frequência à escola para os estudantes matriculados em regime presencial e pela frequência em cumprimento ao calendário de avaliações, para os estudantes matriculados em regime de educação domiciliar".[72]

69 BRASIL, 2012.
70 BRASIL, 2012.
71 BRASIL, 2015.
72 *Ibidem*.

Quanto ao dever dos pais de matricularem seus filhos na educação básica, o Projeto propõe mudança no Art. 6º, da LDBEN, que passaria a ter a seguinte redação: "Art. 6º É dever dos pais ou responsáveis efetuar a matrícula das crianças na educação básica a partir dos 4 (quatro) anos de idade, inclusive quando optarem pelo ensino domiciliar".[73] A nova redação inclui, na parte final do artigo, alternativa à possibilidade de matrícula em escola regular. Essa modalidade também é inserida no inciso V, do Art. 129, da Lei nº 8.069, de 13 de julho de 1990 – o Estatuto da Criança e do Adolescente (ECA) –, que passaria a vigorar com a seguinte redação:

> Art. 129. [...]
>
> V – obrigação de matricular o filho ou pupilo na rede pública ou privada de ensino:
>
> a) optando pelo regime presencial deverá acompanhar sua frequência e aproveitamento escolar;
>
> b) optando pelo regime de educação domiciliar deverá garantir sua frequência em cumprimento ao calendário de avaliações.[74]

O controle da frequência obrigatória nos diferentes níveis da educação básica – formada pela educação infantil, ensino fundamental e ensino médio – considera a presença do estudante na escola e proporciona políticas de apoio a sua permanência. O Art. 24, da LDBEN, possui elementos relevantes acerca da elaboração do calendário escolar, como a carga horária, rendimento e diretrizes para os componentes curriculares. O Projeto de Lei 3.261 adiciona ao sistema de avaliações da educação básica os estudantes em casa, que participariam do calendário de avaliações escolares, mas não disciplina a execução dessas tarefas: não define se elas seriam realizadas nas escolas ou no âmbito virtual nem se seriam submetidas ao mesmo sistema de avaliação de rendimento escolar. O PL ainda insere, no mesmo artigo, a possibilidade de expedição de históricos escolares, declarações de conclusão de série e diplomas ou certificados de conclusão de cursos aos estudantes previamente matriculados em regime de educação domiciliar.

---

73 *Ibidem*.

74 BRASIL, 2015.

> Art. 24 [...]
>
> VI o controle de frequência fica a cargo da escola, para os alunos em regime presencial, conforme o disposto no seu regimento e nas normas do respectivo sistema de ensino, exigida a frequência mínima de setenta e cinco por cento do total de horas letivas para aprovação e, para os alunos previamente matriculados em regime de educação domiciliar, a frequência em cumprimento ao calendário de avaliações;
>
> VII cabe a cada instituição de ensino expedir históricos escolares, declarações de conclusão de série e diplomas ou certificados de conclusão de cursos, com as especificações cabíveis, inclusive aos previamente matriculados em regime de educação domiciliar.[75]

O Projeto de Lei do Senado nº 490, de 2017, do senador Fernando Bezerra Coelho (MDB-PE), prevê a modalidade da educação domiciliar no âmbito da educação básica, por meio de modificação dos dispositivos da LDBEN (Art. 6º e Art. 23) e do ECA (Art. 55), que garantem a obrigatoriedade de matrícula e a permanência numa escola regular de ensino. Os pais ou responsáveis deveriam ter a autorização específica e supervisão do respectivo sistema de ensino, sem mencionar como seria esse processo. A avaliação periódica aplicada aos adeptos da educação básica domiciliar não ficou bem estabelecida no Projeto: "Art. 23 [...] IV – avaliação de rendimento periódica, por meio de exames nacionais e do respectivo sistema de ensino"[76]. Afinal, o calendário de provas do "respectivo sistema de ensino" ao longo do ano letivo obedece a critérios exclusivos do professor de cada disciplina, e somente no final de ano acontecem as provas somativas.

> Art. 1º A Lei nº 9.394, de 20 de dezembro de 1996, passa a vigorar acrescida do seguinte art. 6º-A:
>
> Art. 6º-A. Mediante manifesto interesse dos pais ou responsáveis, o dever de que trata o art. 6º poderá ser efetivado por meio da oferta de educação domiciliar, nos termos do art. 23, §§ 3º e 4º desta Lei.
>
> Art. 2º O art. 23 da Lei nº 9.394, de 20 de dezembro de 1996, passa a vigorar com as seguintes alterações:
>
> Art. 23.
>
> [...]

75 BRASIL, 2015.
76 BRASIL, 2017.

§ 3º A educação básica obrigatória poderá ser desenvolvida na modalidade domiciliar, sob a orientação dos pais ou responsáveis, mediante autorização específica e supervisão do respectivo sistema de ensino, nos termos do regulamento.

§ 4º A oferta de educação básica domiciliar observará as seguintes condições:

I respeito integral aos direitos da criança e do adolescente;

II cumprimento da base nacional comum curricular;

III garantia de padrão de qualidade;

IV avaliação de rendimento periódica, por meio de exames nacionais e do respectivo sistema de ensino;

V acompanhamento e fiscalização pelo Poder Público

Art. 3º O art. 55 da Lei nº 8.069, de 13 de julho de 1990, passa a vigorar com as seguintes alterações:

Art. 55

[...]

Parágrafo único. Mediante manifesto interesse dos pais ou responsáveis, o dever de que trata o *caput* poderá ser efetivado por meio da oferta de educação domiciliar, nos termos da lei e do regulamento próprio.[77]

O PL 10.185/2018, de autoria do deputado federal Alan Rick (DEM-AC), também integrante da bancada evangélica, disciplina a LDBEN, especialmente o Art. 23, e o ECA, Art. 129, e objetiva conciliar a educação domiciliar às regras de avaliação da educação básica para o ensino público. Esse regime de cooperação garantiria a inserção das famílias que já praticam o ensino em casa nas estatísticas oficiais do sistema público de educação.

Art. 23

[...]

§ 3º É admitida a educação básica domiciliar, sob a responsabilidade dos pais ou tutores responsáveis pelos estudantes, observadas a articulação, supervisão e avaliação periódica da aprendizagem pelos órgãos próprios dos sistemas de ensino, nos termos das diretrizes gerais estabelecidas pela União e das respectivas normas locais, que contemplarão especialmente:

77 BRASIL, 2017.

> I manutenção de registro oficial das famílias optantes pela educação domiciliar;
>
> II participação do estudante nos exames do sistema nacional e local de avaliação da educação básica;
>
> III vedação de qualquer espécie de discriminação entre crianças e adolescentes que recebam educação escolar e aquelas educadas domiciliarmente;
>
> § 4º É plena a liberdade de opção pela educação domiciliar ou escolar dos filhos, podendo ser exercida a qualquer tempo, sem sujeição a qualquer espécie de requisito ou condição.
>
> Art. 129
>
> [...]
>
> V obrigação de matricular o filho ou pupilo e acompanhar sua frequência e aproveitamento escolar, de acordo com o regime de estudos, se presencial ou domiciliar.[78]

Autor do projeto de lei "Escola sem partido em Minas Gerais" e de ações que beneficiam igrejas mineiras, o deputado estadual Leo Portela (PR), filho do Deputado federal, Lincoln Portela, reelegeu-se, em 2018, para a Assembleia Legislativa de Minas Gerais, com quase cem mil votos, discursando em defesa da família, da vida e dos valores cristãos e no combate à ideologia de gênero no plano estadual de educação. O deputado conservador apresentou, em 16 de maio de 2019, um projeto de lei sobre a "educação domiciliar no âmbito do Estado de Minas Gerais". O PL 713/2019 considera, em seu Art. 2º, "educação domiciliar a modalidade de ensino solidária em que a família assume a responsabilidade pelo desenvolvimento pedagógico do educando, ficando a cargo do Estado apenas o acompanhamento do desenvolvimento dos estudantes"[79]. A opção pela educação domiciliar, de exclusividade dos pais ou responsáveis, deveria ser registrada na Secretaria Estadual de Educação do Estado de Minas Gerais ou em alguma entidade de apoio à educação domiciliar. O Art. 6º do Projeto reconhece a necessidade da socialização dos estudantes: "Os pais ou responsáveis têm o dever de proporcionar aos seus filhos ou tutelados a convivência comunitária necessária ao adequado desenvolvimento social"[80], mas o PL não

78 BRASIL, 2018.
79 MINAS GERAIS, 2019.
80 *Ibidem*.

apresentou sanções ou como se daria a fiscalização desse processo socializante. Ao final de cada ciclo da educação básica, os estudantes em casa teriam direito às certificações de conclusão emitidas pela Secretaria Estadual de Educação.

Apesar de a Comissão de Constituição e Justiça da Assembleia Legislativa de Minas Gerais ter apresentado parecer pela constitucionalidade, legalidade e juridicidade desse PL, em 3 de julho de 2019, a Comissão de Educação, Ciência e Tecnologia o rejeitou. No dia 31/1/2023 ele foi arquivado, em virtude do final da legislatura, sendo desarquivado no dia 7/2/2023 e recolocado, nessa data, novamente em tramitação.

No plano federal, com o apoio de última hora da Frente Parlamentar Evangélica (FPE), Jair Messias Bolsonaro (PSL-RJ) elegeu-se presidente do Brasil em 2018, adotando o discurso de preservar os valores relacionados a família, propriedade e religião. Anunciado como arauto da "direita cristã", Bolsonaro jurou combater a corrupção endêmica de governos anteriores, sem apresentar projetos factíveis nesse sentido, promovendo pautas de incentivos fiscais de interesse das igrejas e nomeando líderes evangélicos para compor seu governo.

> Líderes evangélicos apoiaram Bolsonaro, acima de tudo, por considerá-lo representante legítimo de seus valores e capaz de derrotar o inimigo petista e os perigos que lhe atribuíram: implantar o comunismo, perseguir os cristãos, abolir o direito dos pais de educar os filhos, reorientar a sexualidade das crianças, destruir famílias.[81]

O governo do presidente Jair Bolsonaro (PSL-RJ) demonstrou interesse na regulamentação da educação domiciliar no Brasil. Não somente o Ministério da Educação articulou – com significativa atuação do ex-Ministro Abraham Bragança de Vasconcellos Weintraub – pelo estabelecimento da modalidade, como também o Ministério da Mulher, da Família e dos Direitos Humanos, chefiado à época por Damares Regina Alves. A pauta conservadora da defesa da família e da propriedade revela-se prioritária, acima até dos temas centrais desses Ministérios: Educação e Direitos Humanos. Pode-se constatar a retórica dos postulados genéricos da Secretaria Nacional da Família na própria apresentação institucional do que seria esse órgão de apoio ao Ministério de

81 MARIANO; GERARDI, 2019, p. 69.

Damares. A educação privatista *homeschooling* parece ter sido extraída da ementa definidora dos propósitos da Secretaria na "promoção e defesa da família".

> À Secretaria Nacional da Família (SNF) compete:
>
> I – assistir o Ministro de Estado nas questões relativas à formação, ao fortalecimento e à promoção da família;
>
> II – formular políticas e diretrizes para a articulação dos temas, das ações governamentais e das medidas referentes à promoção e defesa da família;
>
> III – coordenar e propor ações transversais no que se refere à formação, ao fortalecimento e à promoção da família;
>
> IV – articular ações intersetoriais, interinstitucionais, interfederativas e internacionais para fortalecimento da família;
>
> V – promover a inserção de uma perspectiva de família em todas as áreas de atuação do Governo federal;
>
> VI – coordenar e articular ações com órgãos governamentais, organizações da sociedade civil, e com secretarias integrantes da estrutura organizacional básica do Ministério para:
>
> a) suporte à formação e desenvolvimento da família; [...][82]

Os dois Ministérios propuseram, em 9 de abril de 2019, uma minuta de medida provisória sobre o exercício do direito à educação domiciliar no âmbito da educação básica, assumindo principalmente os motivos que reconheceram a repercussão geral do assunto pelo STF. Alguns dias depois, o governo federal desistiu da medida provisória e apresentou, no dia 17 de abril, o PL 2.401/2019, que cria regras para a educação domiciliar no Brasil.

Para justificar a propositura do Projeto pelo Ministério da Mulher, da Família e dos Direitos Humanos, cuja defesa se deu, sobretudo, pela ministra Damares, inclusive com forte presença nos debates parlamentares, mencionou-se a *Declaração dos Direitos Humanos*. Na essência, não se pode olvidar que a educação domiciliar abre mão do direito social à educação, o que se conduz ao raciocínio inverso, o de que a prática do *homeschooling* pode significar ofensa aos direitos humanos, em determinados contextos de privação da liberdade infanto-juvenil.

82 BRASIL, 2022.

> O ato normativo insere-se na seara dos Direitos Humanos, tratando de aspectos concretos relacionados à família e à educação dos próprios filhos. É nesse contexto que se situa a educação domiciliar. Nos termos da Declaração Universal dos Direitos Humanos, "os pais têm prioridade de direito na escolha do gênero de instrução que será ministrada a seus filhos" (art. 26.3). Adota-se no art. 2º da Medida Provisória a concretização dessa prioridade no direito de escolha à educação domiciliar.[83]

Segundo as diretrizes propostas, os pais teriam de oficializar a escolha no Ministério da Educação, órgão gestor das avaliações anuais de estudantes domiciliares, mediante condições específicas de matrícula, como apresentação de caderneta de vacinação atualizada, certidões de antecedentes criminais e de plano pedagógico individualizado. O Art. 2º, § 2º, instituiu o dever aos pais de garantir a convivência social e comunitária dos filhos, mas não fixou sanções para o seu descumprimento. São impedidos de pleitear os estudos autodirigidos os condenados por crimes previstos no Estatuto da Criança e Adolescente, na Lei Maria da Penha e na Lei de Crimes Hediondos. Os estudantes seriam submetidos a uma avaliação anual, aplicada pelo Ministério da Educação, com direito a prova de recuperação aos que não obedecessem a critérios mínimos de aprovação. Aqueles que fossem reprovados em dois anos consecutivos nos exames ou em três anos não consecutivos, que não comparecessem justificadamente à avaliação anual ou que não tivessem renovado o cadastramento anual na plataforma virtual perderiam o direito à educação domiciliar.

> Art. 13. Os pais ou os responsáveis legais perderão o exercício do direito à opção pela educação domiciliar nas seguintes hipóteses:
>
> I quando o estudante for reprovado, em dois anos consecutivos, nas avaliações anuais e nas provas de recuperação;
>
> II quando o estudante for reprovado, em três anos não consecutivos, nas avaliações anuais e nas recuperações;
>
> III quando o aluno injustificadamente não comparecer à avaliação anual de que trata o art. 6º; ou
>
> IV enquanto não for renovado o cadastramento anual na plataforma virtual, nos termos do disposto no art. 4º.[84]

83 BRASIL, 2019[c].
84 BRASIL, 2019[c].

O Projeto de Lei do Executivo federaliza as normas relativas à modalidade *homeschooling*, assumindo a responsabilidade pela inserção desse dispositivo no ordenamento jurídico, estabelecendo condições para seu oferecimento, gestão e dotação orçamentária em despeito dos demais entes federativos. Esse PL propõe alteração dos artigos 5º e 6º, da LDBEN, da Lei nº 9.394, de 1996, e dos artigos 15 e 55, do Estatuto da Criança e Adolescente, Lei nº 8.069, de 1990. As mudanças dizem respeito à obrigatoriedade de matrícula e à permanência em escola regular de ensino básico.

> Art. 14. A Lei nº 9.394, de 1996, passa a vigorar com as seguintes alterações:
>
> Art. 5º [...]
>
> § 1º [...]
>
> II fazer-lhes a chamada pública; e
>
> III zelar, junto aos pais ou aos responsáveis, pela frequência à escola para os estudantes matriculados em regime presencial.
>
> Art. 6º É dever dos pais ou dos responsáveis:
>
> I efetuar matrícula das crianças na educação básica a partir dos quatro anos de idade; ou
>
> II declarar a opção pela educação domiciliar, nos termos da lei.
>
> Art. 15. A Lei nº 8.069, de 1990 - Estatuto da Criança e do Adolescente, passa a vigorar com as seguintes alterações:
>
> Art. 55. Os pais ou os responsáveis têm a obrigação de:
>
> III matricular seus filhos ou seus pupilos na rede regular de ensino; ou
>
> IV declarar a opção pela educação domiciliar, nos termos da lei.[85]

Na contramão das pretensões dos adeptos da educação domiciliar, como modalidade oficial de educação pública, o Projeto de Lei 3.159/2019, de autoria da deputada federal Natália Bonavides (PT-RN), acrescenta ao Art. 5º, da LDBEN, o § 6º: "A educação domiciliar não poderá substituir a frequência à escola, sendo esta parte inalienável do direito público subjetivo disposto no *caput*"[86]. O Projeto leva em consideração a existência do fenômeno social, mas o descaracteriza, uma

85 BRASIL, 2019[c].

86 BRASIL, 2019[d].

vez que destaca a importância da frequência à escola como condição de acesso a ela e permanência nela. Poderia ter sido mais efetivo se proibisse expressamente a modalidade no Brasil, o que não se observou na redação do Projeto.

> Ao anular o direito de crianças e adolescentes à educação escolar em benefício do direito dos pais ou responsáveis legais de escolherem o tipo de instrução que será ministrada a seus filhos, a educação domiciliar agride o princípio da igualdade de condições para o acesso e permanência na escola, bem como a liberdade de aprender e o pluralismo de ideias e de concepções pedagógicas.[87]

O abandono intelectual, consistente na sanção aos pais ou responsáveis que, sem justa causa, deixarem de prover a instrução primária dos seus filhos, é tipificado pelo Art. 246, do Código Penal brasileiro, Decreto-Lei nº 2.848, de 7 de dezembro de 1940[88]. O Projeto de Lei nº 3.262/2019, de autoria das deputadas federais Chris Tonietto (PSL-RJ), Bia Kicis (PSL-DF), Caroline de Toni (PSL-SC) e outros, acrescenta ao Art. 246 o parágrafo único, com a seguinte redação: "Os pais ou responsáveis que ofertarem a modalidade de educação domiciliar (*homeschooling*) não incorrem no crime previsto neste artigo"[89]. Dessa forma, a criminalização por abandono intelectual não alcançaria os adeptos dos estudos em casa, independentemente da regulamentação da modalidade, evitando, com isso, sanção penal aos infratores, bem como consequências deletérias da persecução criminal, em detrimento da seara cível.

Já o PL nº 5.852/2019 altera o Art. 23, da LDBEN, para permitir o ensino da educação básica por meio de tutores autônomos. O autor do Projeto, deputado federal Pastor Eurico (PATRIOTA-PE), também da Frente Parlamentar Evangélica, justifica a mudança do artigo que trata da organização da educação básica no País, ressaltando a importância do papel da família na educação, com destaque para a função histórica dos tutores educacionais autônomos: "[...] § 3º A educação básica também poderá ser ministrada por tutores autônomos, em local diverso dos estabelecimentos oficiais de ensino, conforme regulamentação a ser estabelecida"[90].

---

87 *Ibidem*.
88 BRASIL, 1940.
89 BRASIL, 2019[e].
90 BRASIL, 2019[f].

O PL nº 6.188/2019, proposto pelo deputado federal Geninho Zuliani (DEM-SP), acrescenta parágrafos ao Art. 58, da Lei nº 9.394, de 1996, LDBEN, para dispor sobre a educação domiciliar para educandos que se inserem na modalidade de educação especial. Não há nele menção ao imperativo legal mencionado no Art. 55 do ECA, em que se obrigam os pais ou responsáveis a matricularem seus filhos ou pupilos na rede regular de ensino. Os educandos em regime especial de estudos domiciliares, como nominados no Projeto, seriam dispensados da frequência escolar obrigatória, mas submetidos a avaliações periódicas, embora não se esclareça quais seriam esses períodos. De acordo com o texto proposto, a rede pública da educação básica deveria acompanhar os estudantes em casa, desenvolvendo programa individualizado educacional com equipes interdisciplinares. Na prática, o sistema público de educação – cujos desafios pedagógicos passam pela superlotação nas escolas, diversidade e desigualdade social complexas – ficaria por conta de programas educacionais individualizados, o que poderia criar conflitos com as necessidades próprias da educação escolar. Os estudantes em casa teriam privilégios, por meio de uma rede pedagógica a seu dispor, em relação àqueles submetidos ao ensino escolarizado.

> Art. 58
>
> [...]
>
> § 4º Verificada a inadequação ou a impossibilidade de inclusão do educando na rede regular de ensino, será admitida a educação básica domiciliar, sob a responsabilidade dos pais ou responsáveis, observados os seguintes requisitos:
>
> I os pais ou responsáveis farão registro dessa opção perante o órgão responsável pela rede pública de educação básica da localidade em que residem;
>
> II o órgão responsável pela rede pública de educação básica:
>
> a) promoverá avaliação do educando, para efeitos da verificação referida no "caput" e das condições familiares para assegurar o atendimento a suas necessidades educacionais;
>
> b) fará elaborar, por equipe integrada por docentes de diferentes áreas do conhecimento, profissionais da área da saúde e pelos pais ou responsáveis pelo educando, programa individualizado de desenvolvimento educacional;
>
> c) acompanhará periodicamente o progresso do educando em seu programa individualizado de desenvolvimento educacional;

> d) submeterá o educando a avalições periódicas tendo em vista a certificação oficial dos estudos realizados com êxito.
>
> III ao educando em regime de educação domiciliar será assegurado, quando necessário, acesso aos espaços e equipamentos públicos ou apoiados por recursos públicos, destinados a atendimento educacional especializado.
>
> § 5º O registro referido no inciso I do § 4º deste artigo equivale à obrigatoriedade de matrícula referida no art. 6º, não se aplicando aos educandos sob o regime de educação domiciliar o controle de frequência previsto no art. 24, VI, e no art. 31, IV, desta Lei.[91]

No dia 25 de setembro de 2020, Cascavel, no Paraná, tornou-se o primeiro município brasileiro a ter regramento próprio a disciplinar a educação domiciliar, como ficou denominada no texto legal. A Lei nº 7.160[92] admitia a modalidade no sistema municipal de ensino no âmbito da cidade, mediante algumas condições. Os pais ou responsáveis deveriam matricular seus filhos ou pupilos por meio de plataforma virtual de instituição credenciada pelo poder público, mediante a emissão de Certificado de Educação Domiciliar (CED). Durante o processo de matrícula, deveria ser apresentado um plano pedagógico individual, com validade para o calendário anual de estudos. Os alunos seriam submetidos a avaliações ao fim de cada ciclo, também pela plataforma digital, e os resultados obtidos em exames nacionais poderiam ser aproveitados pelo município, para fins de promoção a cada ciclo.

> Art. 6º Os estudantes domiciliares têm o direito de obter as certificações de conclusão dos ciclos de aprendizagem da educação básica.
>
> § 1º As avaliações ocorrerão ao fim de cada ciclo de aprendizagem.
>
> § 2º O município poderá se valer do resultado de exames nacionais ou estaduais promovidos ao final de cada ciclo de aprendizagem.
>
> § 3º O desempenho satisfatório garante ao estudante domiciliar a certificação do respectivo ciclo de aprendizagem ao qual foi submetido em avaliação; em caso de desempenho insatisfatório, a certificação não será concedida.[93]

91 BRASIL, 2019[g].
92 PARANÁ, 2020[a].
93 PARANÁ, 2020[a].

Menos de um ano depois de ser aprovada pela Assembleia do Paraná, a Lei 7.160/2020 foi declarada inconstitucional pelo Tribunal de Justiça daquele estado. No julgamento da Ação Direta de Inconstitucionalidade, proposta pelo deputado estadual José Rodrigues Lemos (PT), o TJPR decidiu pela procedência do pedido, reconhecendo que o ato normativo municipal viola a competência privativa da União para legislar sobre as diretrizes e bases da educação nacional. Ponderou-se, no Acórdão, que o Supremo Tribunal Federal, em sede do tema 822 da repercussão geral, considerou a ausência da autoaplicabilidade da educação domiciliar, por falta de regulamentação no âmbito da LDBEN. A obrigatoriedade da matrícula em escola regular do ensino básico é a única regra possível na atualidade, segundo o entendimento do Tribunal.

> **Ementa**
>
> AÇÃO DIRETA DE INCONSTITUCIONALIDADE. CONTROLE DE CONSTITUCIONALIDADE REALIZADO PELOS TRIBUNAIS DE JUSTIÇA ESTADUAIS. PARÂMETRO. CONSTITUIÇÃO ESTADUAL E NORMAS DE REPRODUÇÃO OBRIGATÓRIA CONTIDAS NA CONSTITUIÇÃO FEDERAL. MÉRITO. LEI MUNICIPAL Nº 7.160/2020, DE CASCAVEL, QUE ADMITIU A MODALIDADE DE EDUCAÇÃO DOMICILIAR NO SISTEMA DE ENSINO DAQUELA MUNICIPALIDADE. MATÉRIA RECENTEMENTE ENFRENTADA PELO SUPREMO TRIBUNAL FEDERAL, AO APRECIAR O TEMA 822 DA REPERCUSSÃO GERAL. ENTENDIMENTO PELA COMPATIBILIDADE DO *HOMESCHOOLING* COM A CONSTITUIÇÃO FEDERAL E PELA AUSÊNCIA DE SUA AUTOAPLICABILIDADE, DEPENDENDO DE CRIAÇÃO E REGULAMENTAÇÃO PELO CONGRESSO NACIONAL, POR MEIO DE LEI FEDERAL. COMPETÊNCIA PRIVATIVA DA UNIÃO PARA LEGISLAR SOBRE AS DIRETRIZES E BASES DA EDUCAÇÃO NACIONAL (ART. 22, XXIV, CF) E CONCORRENTE PARA ESTABELECER NORMAS GERAIS SOBRE EDUCAÇÃO E ENSINO (ART. 24, IX, CF). COMPETÊNCIA LEGISLATIVA SUPLEMENTAR CONFERIDA AOS MUNICÍPIOS EM RELAÇÃO A ASSUNTOS DE INTERESSE LOCAL (ARTS. 30, IE II, CF, E 17, I E II, CE/PR). EDIÇÃO DA LEI Nº 9.394/1996 PELA UNIÃO (LEI DAS DIRETRIZES E BASES DA EDUCAÇÃO NACIONAL), POR MEIO DA QUAL elegeu a escolarização formal em instituição convencional de ensino como modalidade pedagógica predominante e

> estabeleceu a obrigatoriedade de matrícula e frequência das crianças em estabelecimento oficial de ensino, nada dispondo acerca da educação domiciliar.
>
> LEGISLAÇÃO MUNICIPAL IMPUGNADA QUE CRIOU NOVA MODALIDADE DE ENSINO, NÃO PREVISTA PELA LEGISLAÇÃO FEDERAL. USURPAÇÃO DA COMPETÊNCIA LEGISLATIVA PRIVATIVA DA UNIÃO. RECONHECIMENTO DO VÍCIO DE INCONSTITUCIONALIDADE FORMAL. PROCEDÊNCIA DA AÇÃO DIRETA DE INCONSTITUCIONALIDADE.[94]

A Lei nº 6.759, de 16 de dezembro de 2020, que instituiu a educação domiciliar no Distrito Federal,[95] guarda semelhanças com a Lei do município de Cascavel. Ela classifica a modalidade de ensino como solidária, utilitarista ou por conveniência circunstancial, em que a família assumiria a responsabilidade pelo desenvolvimento pedagógico do educando. No texto legal, atribui-se ao Poder Executivo acompanhar e fiscalizar o desenvolvimento dos estudantes em seus estudos.

A opção pela modalidade deveria ser feita presencial ou virtualmente pelos pais ou responsáveis no sistema público de educação ou em instituição privada com funcionamento regular. A família deveria demonstrar capacidade técnica para o desenvolvimento pedagógico de seus filhos ou contratar profissionais capacitados, em ambos os casos sob a supervisão da Secretaria de Educação do Distrito Federal. O Conselho Tutelar acompanharia a família nos termos de lei específica.

O Art. 5º da Lei nº 6.759 parece reconhecer a importância da socialização dos estudantes e do convívio com seus pares em ambiente escolar e adverte os pais sobre sua responsabilidade quanto à convivência social. Uma equipe de profissionais do sistema público de educação, com a função de fiscalizar as famílias, deveria fazer o controle dessa observância, por meio de laudo psicossocial, a cada seis meses. Os alunos em regime de estudos domésticos seriam avaliados periodicamente, de acordo com os conteúdos disciplinares do regime regular de ensino e em consonância com o calendário escolar, recebendo diploma de conclusão de curso, em caso de promoção. Sendo o desempenho insatisfatório, previa-se que o aluno deveria frequentar a rede pública ou particular de ensino e nela cumprir obrigatoriamente os seus estudos.

94 PARANÁ, 2021[a].
95 DISTRITO FEDERAL, 2020.

> Art. 5º Os pais ou responsáveis têm o dever de proporcionar a seus filhos ou tutelados a convivência necessária ao adequado desenvolvimento social, devendo proporcionar momentos de lazer e recreação em horário compatível com a rede regular de ensino.
>
> § 1º O aluno vinculado a família apta à educação domiciliar participa das avaliações periódicas, recebe diploma de conclusão e tem acesso a todos os serviços públicos de educação, sendo assegurada a igualdade de direitos entre os alunos da educação escolar e os da educação domiciliar no Distrito Federal.
>
> § 2º Para cumprimento do disposto no *caput*, deve ser elaborado laudo psicossocial a cada 6 meses.[96]

Ainda de acordo com o referido Projeto, a Secretaria de Educação do Distrito Federal deveria cadastrar as famílias que participassem da educação domiciliar e fiscalizar o seu funcionamento. A exemplo da lei de inciativa do governo federal, o Art. 12º proibia a opção pela modalidade aos pais ou responsáveis condenados por crimes sexuais, bem como aqueles advindos do descumprimento do Estatuto da Criança e Adolescente, da Lei Maria da Penha e da Lei de Combate ao Tráfico de Drogas.

> Art. 12. É vedada a opção pela educação domiciliar aos pais ou responsáveis condenados pelos crimes previstos no Decreto-Lei nº 2.848, de 7 de dezembro de 1940 (Parte Especial, Título VI), na Lei federal nº 8.069, de 1990, na Lei federal nº 8.072, de 25 de julho de 1990, na Lei federal nº 11.340, de 7 de agosto de 2006, e na Lei federal nº 11.343, de 23 de agosto de 2006.[97]

Alguns dias após a Lei 6.579 ser sancionada pelo Poder Executivo, o Sindicato dos Professores no Distrito Federal (SINPRO-DF) ingressou com Ação Direta de Inconstitucionalidade (ADI) contra ela, no Tribunal de Justiça do Distrito Federal. Na ADI 0752639-84.2020.8.07.0000[98], alega-se que, para garantir os direitos previstos na Constituição e na Lei Orgânica do DF, assim como na decisão do STF em 2018, a alternativa de educação domiciliar, visando transformar-se em uma modalidade educacional, teria de ser aprovada por lei federal, o que ainda não

96 DISTRITO FEDERAL, 2020.

97 *Ibidem*.

98 DISTRITO FEDERAL, 2021.

ocorreu. Dessa forma, a lei distrital ofenderia as normas previstas na LDBEN e no ECA, que tratam da obrigatoriedade da matrícula e frequência em escola regular de ensino básico.

A Lei "R" nº 89, de 17 de dezembro de 2020, dispunha sobre a educação domiciliar (*homeschooling*) no município de Toledo (PR), entendida como a modalidade de ensino que oferece aos pais – tutores do processo de educação de seus filhos ou pupilos – a possibilidade de educá-los em casa, sem a necessidade de matriculá-los em uma escola de ensino regular. O sistema municipal de educação deveria organizar o cadastro das famílias participantes desse modelo de estudos e avaliar periodicamente os estudantes, por meio das provas institucionais já aplicadas pelo sistema público de educação, como a Prova Brasil e o Exame Nacional para Certificação de Competências de Jovens e Adultos (Encceja).

> Art. 1º – Esta Lei dispõe sobre a Educação Domiciliar (*Homeschooling*) no Município de Toledo.
>
> Art. 2º – A Educação Domiciliar (*Homeschooling*) é a modalidade de ensino que oferece aos pais a possibilidade de educar seus filhos ou pupilos em casa, sem a necessidade de matriculá-los em uma escola de ensino regular, sendo os pais tutores do processo de educação da criança e do adolescente.
>
> Art. 3º – As famílias praticantes dessa modalidade de ensino terão garantidos todos os direitos relativos aos serviços públicos municipais de educação, ou seja, os mesmos previstos àqueles que exigem matrícula escolar.
>
> Parágrafo único – Ficam assegurados aos estudantes registrados na modalidade educacional prevista nesta Lei o direito à meia entrada em transporte público, salas de cinema, cineclubes, teatros, espetáculos musicais e circenses e eventos educativos, esportivos, de lazer, de entretenimento e todos demais direitos garantidos aos alunos regularmente matriculados no sistema municipal de ensino.
>
> Art. 4º – Os pais ou responsáveis ficam obrigados a proporcionar a seus filhos ou pupilos o ensino relativo aos níveis de educação nos termos da lei.
>
> Art. 5º – O Município deverá avaliar os alunos da Educação Domiciliar por meio das provas institucionais já aplicadas pelo sistema público de educação, como a Prova Brasil e o Exame Nacional para Certificação de Competências de Jovens e Adultos (Encceja).

> Art. 6º – O Município, por meio da secretaria competente, realizará o cadastro permanente de todas as famílias praticantes da Educação Domiciliar.[99]

A antinomia causada pela aprovação de lei municipal em confronto com lei federal causou a reação do Poder Executivo da cidade de Toledo. Dessa forma, a Lei "R" nº 89 foi integralmente revogada pela Lei "R" nº 114/2021: "Art. 2º – Fica revogada a Lei 'R' nº 89, de 17 de dezembro de 2020, que dispõe sobre a Educação Domiciliar (*Homeschooling*) no Município de Toledo".[100]

O Projeto de Lei nº 170/2019[101], aprovado em 8/6/2021, de autoria do deputado estadual Fábio Ostermann (Novo), regulamentava a educação domiciliar no estado do Rio Grande do Sul. Ele admitia, em seu Art. 2º, essa modalidade educacional, sob o encargo dos pais ou dos responsáveis pelos estudantes, observadas a articulação, supervisão e avaliação periódica da aprendizagem pelos órgãos próprios dos sistemas de ensino. Essa fiscalização caberia ao Conselho Tutelar da localidade, no que diz respeito aos direitos das crianças e dos adolescentes e, alternativamente, à Secretaria Estadual de Educação e às Secretarias Municipais de Educação, no âmbito de suas respectivas competências, no que diz respeito ao cumprimento do currículo mínimo estabelecido.

O governo do Rio Grande do Sul vetou integralmente o PL 170/2019[102] – o que foi confirmado pelos deputados da Assembleia Legislativa do Rio Grande do Sul – por 24 votos a 22, no dia 24 de agosto de 2021, arquivando-se a proposta. Nas razões do veto, o Poder Executivo rio-grandense utilizou-se da decisão do STF, que, apesar de reconhecer a repercussão geral do assunto, entendeu que a alternativa de educação domiciliar somente será possível mediante a edição de lei federal, por se tratar de competência legislativa da União. Com isso, ratifica-se a obrigatoriedade de matrícula e frequência escolar dos jovens gaúchos com idade entre quatro e 17 anos, conforme legislação nacional.

> Conforme estabelecido pela Constituição Federal em seu art. 209, o ensino é livre à iniciativa privada, desde que cumpridas as normas gerais da educação nacional e atendidas a autorização e a avaliação

99 PARANÁ, 2021[b].
100 PARANÁ, 2021[b].
101 RIO GRANDE DO SUL, 2019.
102 RIO GRANDE DO SUL, 2021.

> de qualidade pelo Poder Público. Por sua vez, o inciso XXIV do art. 22 da Constituição da República estabelece competir privativamente à União legislar sobre diretrizes e bases da educação nacional. O Supremo Tribunal Federal já decidiu que são inconstitucionais as normas estaduais e distritais que disponham de forma conflitante em matéria atinente a "diretrizes e bases" da educação.
>
> [...]
>
> O ensino domiciliar somente existirá se houver criação e regulamentação pelo Congresso Nacional, por meio de lei federal. A criação dessa modalidade de ensino não é uma obrigação congressual, mas sim uma opção válida constitucionalmente na citada modalidade utilitarista e desde que siga todos os princípios e preceitos que a Constituição estabelece de forma obrigatória para o ensino público ou para o ensino privado. É possível, portanto, ao Congresso Nacional - assim como estabelece quem pode e como pode ser fornecido o ensino privado e o ensino comunitário - criar e disciplinar o ensino domiciliar, seguindo os princípios e preceitos da Constituição, inclusive o dever de solidariedade família/Estado, por meio de prévia regulamentação, que estabeleça mecanismos de supervisão, avaliação e fiscalização e que respeite os mandamentos constitucionais, inclusive a norma direta do art. 208, § 3º.
>
> [...]
>
> Assim, da leitura das normas federais em vigor, fica clara a obrigatoriedade de crianças e jovens serem matriculados e frequentarem a escola, estando inclusive sujeitos a ações judiciais os pais e/ou responsáveis que não cumprirem essa responsabilidade. Portanto, somente lei federal poderá modificar esse *status quo* e regulamentar o ensino domiciliar, não sendo possível aos demais entes federados tratarem da matéria sob pena de usurpação da competência exclusiva da União Federal, restando clara assim a inconstitucionalidade do Projeto ora vetado.[103]

Os projetos de lei que tramitam na Câmara dos Deputados e no Senado Federal - bem como as leis aprovadas por alguns municípios que tratam do assunto - possuem algumas semelhanças. Neles percebe-se a necessidade de o sistema público de educação cadastrar as famílias que optarem pelo ensino em casa, para que possam fazer parte das estatísticas oficiais dos entes estatais. Seria uma maneira de oficializar

103 RIO GRANDE DO SUL, 2021.

um movimento social que existe à margem das políticas públicas educacionais e de haver uma fiscalização da sua prática, sobretudo para proteger o direito das crianças e adolescentes ao convívio social. Quanto ao critério de aferição dos aspectos cognitivos, as crianças e adolescentes até os 18 anos de idade seriam submetidos a avaliações periódicas e, em alguns casos, acompanhados por equipes interdisciplinares.

Não se depreende dos textos legais restrição quanto à aplicação dos estudos exclusivos em casa, apesar de a educação infantil escolar significar uma importante maneira de a criança interagir com o outro, num processo de ensino-aprendizagem de conteúdos cognitivos, mas também de vivência social a promover seu desenvolvimento integral. A escola, como espaço de socialização secundária, auxilia nessa forma de convívio, assinalado pela comunicação com as mais diversas formas de aprendizado intelectual, ético, social, filosófico e psicológico, num movimento diacrônico e transformador. O contato com as atividades lúdico-pedagógicas proporciona às crianças novos olhares em relação ao mundo que a cerca – caracterizado pela diversidade sociocultural –, o que pode contribuir para o seu aprimoramento ético-moral.

Não se pretende afirmar que as outras etapas de educação não estejam sujeitas ao influxo desses aspectos deônticos e axiológicos; afinal, a adolescência representa uma fase importante do desenvolvimento e da aprendizagem humana. Busca-se destacar o estágio de aquisição da linguagem e de formação da personalidade da criança, que necessita sobremaneira de noções de compartilhamento de seus materiais, de entendimento da importância da existência do outro, de compreensão e respeito às diferenças étnico-raciais e culturais dos sujeitos com quem convive.

A escolha dos pais ou responsáveis que optarem por assumir os estudos de seus filhos no âmbito doméstico, sem os matricular em escola regular, é antinômica ao direito à educação e não deve ser absoluta. Se aprovada a educação domiciliar no Brasil, os casos deveriam ser avaliados criteriosamente, e as razões da escolha, consideradas em um contexto maior, que envolva efetivamente a participação do Estado, da família em colaboração com a sociedade, visando ao pleno desenvolvimento da pessoa.

A avaliação, o acompanhamento e a fiscalização dos Conselhos Municipais de Educação, cuja composição é formada por representantes do poder público, da comunidade escolar e da sociedade civil, pode configurar, nesse processo, um importante mecanismo de defesa dos interesses da criança e do adolescente. Esses órgãos municipais poderiam ser responsáveis pela autorização da prática da educação domiciliar e, ocorrendo a não autorização ou a cassação do direito da escolha, encaminhariam o caso para o Ministério Público. Esses Conselhos Municipais, por estarem mais próximos da família, teriam melhores condições de avaliar as circunstâncias em que estão inseridos os participantes dessa modalidade.

De qualquer modo, como demonstrado neste capítulo, o conflito entre as normas municipais e estaduais surgiu em razão da decisão do STF em 2018, segundo a qual a educação domiciliar somente poderá ser autorizada por intermédio de lei federal, que permita avaliar não só o aprendizado como também a socialização do estudante. As leis municipais ou estaduais não têm esse condão, mesmo porque somente a LDBEN pode definir as diretrizes e bases da educação no Brasil. Somente lei editada pelo Congresso Nacional, respeitando, pois, o rito legislativo que lhe é próprio, poderia modificar o *status* da educação domiciliar de alternativa para modalidade educacional legalmente prevista, o que já existe em Portugal, como foi tratado no capítulo anterior. Dada a sua relevância, as alterações ao Projeto de Lei 3.179-B/2012[104], cujo texto foi aprovado pela Câmara dos Deputados e encaminhado ao Senado, serão vistas separadamente, a seguir.

6.1 PROPOSTAS DE ALTERAÇÕES AO PROJETO DE LEI 3.179-B/2012

O Projeto de Lei nº 3.179, proposto em 2012 pelo deputado federal Lincoln Portela (Republicanos-MG), também integrante da Bancada Evangélica, acrescentava parágrafo ao Art. 23, da Lei nº 9.394/1996 (LDBEN), para dispor sobre a possibilidade de oferta domiciliar da educação básica. Passados dez anos da sua proposição, e após sofrer várias alterações, recebeu nova classificação - PL 3.179-B/2012 -, cuja relatoria ficou a cargo da deputada federal Luísa Canziani (PSD-PR).

Na Câmara dos Deputados, o PL 3.179-B/2012 foi colocado em votação simbólica - quando não há registro individual de votos dos parlamentares, computando-se os votos da maioria - e aprovado no dia

104 BRASIL, 2012.

18/5/2022, com 264 votos a favor, 144 contra e duas abstenções. Após ser aprovado nessa Casa, o Projeto de Lei foi remetido ao Senado, para apreciação, onde ainda se encontra, aguardando votação.

O PL 3.179-B/2012 altera as Leis nº 9.394, de 20/12/1996 (Lei de Diretrizes e Bases da Educação Nacional – LDBEN), e 8.069, de 13/7/1990 (Estatuto da Criança e do Adolescente – ECA), para dispor sobre a possibilidade de oferta domiciliar da educação básica.

No parecer às emendas de Plenário (27/4/2022), a deputada Canziani abordou todos os projetos de lei que tramitaram na Câmara dos Deputados sobre o assunto: nº 6.001/2001; nº 6.484/2002; nº 3.518/2008; e nº 4.122/2008. Destaca-se que eles foram rejeitados pela então Comissão de Educação e Cultura, sob o argumento de que as iniciativas parlamentares feriam o Art. 208, § 3º, da Constituição Federal: "Compete ao poder público recensear os educandos no ensino fundamental, fazer-lhes a chamada e zelar, junto aos pais ou responsáveis, pela frequência escolar".[105]

Nos aspectos normativos, veio à tona a assertiva recorrente de que a educação domiciliar contrariaria a LDBEN, o ECA e o Código Penal, no que concerne ao abandono intelectual. O caráter da não socialização e do elitismo do modelo de educação – amparados por decisão do Superior Tribunal de Justiça, em 2002 – bem como as dificuldades ou óbices para implementação da educação familiar em outros países fizeram parte do voto da relatora para justificar a rejeição dos projetos de lei.

> Entre os argumentos que basearam a rejeição, encontram-se os de que a iniciativa contrariaria o Art. 208, § 3º, da Constituição Federal, não se articularia com a legislação vigente sobre educação básica, decorrente da Carta Magna, e confrontaria inclusive o Código Penal e o Estatuto da Criança e do Adolescente; os estudantes em educação domiciliar estariam privados dos processos pedagógicos desenvolvidos no espaço escolar, que promovem a socialização e a formação para a cidadania; a alternativa seria elitista, pois seu exercício, na prática, seria possível apenas para as famílias de mais alto capital cultural, o que não favoreceria as políticas de qualificação da escola pública brasileira.
>
> Foi também lembrada decisão do Superior Tribunal de Justiça, referente a mandado de segurança, em 2002, afirmando a não previsão

105 BRASIL, 1988.

da educação domiciliar na legislação. Foram citados pronunciamentos de diversos educadores, ressaltando a relevância da educação escolar como processo de socialização. Finalmente, foi mencionado que, mesmo em países que admitem essa modalidade de educação, ela enfrenta dificuldades ou óbices para implementação.[106]

O tema foi novamente trazido à apreciação da casa legislativa, pela reapresentação do Projeto de Lei nº 3.179, que havia recebido, em 2012, um primeiro parecer favorável, elaborado pelo deputado federal Maurício Quintella Lessa (PR-AL), no âmbito da então Comissão de Educação e Cultura. Esse parecer - destacando o fato de os países terem autonomia para adotar ou não o *homeschooling*, com base em suas realidades socioculturais - dava relevo à importância da participação e fiscalização do poder público nesse processo.

Na sustentação do seu voto, a deputada Canziani apresentou pareceres da deputada federal Prof. Dorinha Seabra Rezende (DEM-GO), favorável à educação familiar, com substitutivo, emitidos entre os anos 2014-2019, no âmbito da Comissão de Educação e Cultura. Segundo a deputada Dorinha, a educação domiciliar pode ser uma alternativa ao disposto no Art. 208, da CF/88, a substituir a frequência obrigatória escolar. Ela adverte, porém, que essa alternativa não poderá prescindir de uma efetiva articulação e supervisão por parte da instituição escolar oficialmente constituída.

> Se a educação domiciliar deve ser formalmente reconhecida no contexto brasileiro, cabe observar a história e a forma de organização da educação no País. Em primeiro lugar, é preciso considerar a proposta no âmbito das normas constitucionais referentes à educação. A educação básica, dos quatro aos dezessete anos de idade, é obrigatória. Cabe ao Estado oferecê-la, e à família assegurar que a criança e o jovem a ela tenham efetivo e exitoso acesso. Essa determinação se encontra no Art. 208, I, da Carta Magna. Ela se complementa pela disposição do § 3º desse mesmo artigo. Nele se lê sobre a competência do poder público para recensear os educandos no ensino fundamental, fazer-lhes a chamada e zelar, junto aos pais ou responsáveis, pela frequência à escola.
>
> Sobre esse ponto, há uma questão de interpretação a ser discutida. Em termos de eficácia educacional, isto é, garantia do direito do

106 BRASIL, 2012.

> estudante à educação básica, é preciso esclarecer o que significa o "zelo do poder público junto às famílias sobre a frequência à escola". Certamente o objetivo é assegurar que toda criança e todo jovem tenham acesso à educação básica de qualidade. O conceito de frequência à escola pode ser entendido de maneira ampla, dependendo do que estiver fixado na legislação infraconstitucional. No caso, a legislação de diretrizes e bases da educação nacional.
>
> Pode a frequência ser estabelecida em termos de obrigação de presença na escola ao longo de todo o período letivo; em termos de um percentual mínimo de presença e máximo de faltas; em termos de períodos de alternância, com duração variável; ou mesmo em termos de formas diferenciadas de articulação presencial com a escola, de acordo com processos de orientação pedagógica e de avaliação especificamente estabelecidos. Nessa última alternativa, pode ser aceita a hipótese de inserir a chamada educação domiciliar. Ela não poderá, porém, jamais prescindir de uma efetiva articulação e supervisão por parte da instituição escolar oficialmente constituída.
>
> Parece oportuno, ainda, explicitar algumas questões adicionais nas diretrizes da União sobre o assunto, objeto dos projetos de lei em análise. É necessário deixar claro que essa alternativa combina responsabilidades da família e das instituições escolares oficiais, ainda que em grau distinto do tradicionalmente praticado no sistema educacional brasileiro. É também importante que o órgão competente do sistema de ensino mantenha registro da opção dos pais ou responsáveis, autorize a prática, faça acompanhamento qualificado dos estudantes nessa situação e promova inspeções periódicas. Os estudantes devem se submeter a avaliações periódicas em escolas oficiais, nas quais deverão estar regularmente matriculados, em regime diferenciado de estudos, e aos exames nacionais e locais de avaliação da educação básica.[107]

O relatório da deputada Luísa Canziani aludiu ainda ao acórdão resultante do julgamento, em 2018, do Recurso Extraordinário nº 888.815/RS, com repercussão geral sobre o tema da educação domiciliar. A decisão do Supremo Tribunal Federal considerou a necessidade de se criar legislação federal apta a alterar os dispositivos legais da LDBEN e do ECA acerca da escolaridade obrigatória no ensino básico. Em seguida, a deputada reforçou a adequação do Projeto de Lei nº 3.179, de 2012, de autoria do deputado federal Lincoln Portela, ao que preceitua

107 BRASIL, 2012.

o acórdão do STF, e refutou todos os demais projetos sobre o tema, inclusive o PL nº 2.401, de 2019, de autoria do governo Bolsonaro. A argumentação da recusa consolidou-se no fato de que, em sua maioria, os projetos tratavam dos mesmos pontos abordados no substitutivo ao Projeto de Lei 3.179-B, de 2012.

> O projeto de lei principal em análise, de nº 3.179, de 2012, faculta aos sistemas de ensino admitir, sem obrigar, a possibilidade de uma diferenciação na responsabilidade pela educação básica, autorizando a alternativa de que pais e tutores se responsabilizem diretamente pela condução do processo ensino/aprendizagem de crianças e jovens de suas famílias. Aqui há uma dimensão nacional que precisa ser considerada. De fato, dada a existência de diretrizes gerais, fixadas pela União, para toda a educação nacional, seria inadequado que, em determinado ente da Federação essa alternativa fosse implementada e em outra, não. A norma, nesse caso, deve ser geral. Ressalte-se novamente que o projeto especifica que deve haver diretrizes que assegurem a articulação, a supervisão e a avaliação periódica da aprendizagem pelos órgãos próprios dos sistemas de ensino.
>
> O primeiro projeto de lei apensado, de nº 3.261, de 2015, apresenta a norma com caráter nacional, prevendo, entretanto, regulamentação pelos sistemas de ensino. As modificações nos diferentes dispositivos da Lei de Diretrizes e Bases da Educação Nacional seguem direção semelhante à do projeto principal. As alterações propostas no Estatuto da Criança e do Adolescente podem ser, em parte, acolhidas. Não parece necessário reescrever o Art. 55, pois, de todo modo, a ideia é a de que haja matrícula na rede regular de ensino, independentemente do regime de estudos. Já a mudança de texto do Art. 129 pode ser adotada, embora de modo mais simplificado, para que se caracterize a diferenciação entre os dois regimes: presencial e domiciliar.
>
> O segundo projeto de lei apensado, de nº 10.185, de 2018, apresenta diversos pontos comuns com a redação do substitutivo a seguir apresentado. Acolhe-se, por exemplo, a sugestão relativa ao Art. 5º, III, da LDB.
>
> O terceiro projeto de lei apensado, de nº 2.401, de 2019, apresenta várias disposições que se encontram contempladas no substitutivo ora oferecido. Entre elas, a realização de avaliação anual para fins de certificação da aprendizagem do estudante, as hipóteses em que os pais ou responsáveis perdem o direito de optar pela educação domiciliar e os casos em que, por condenações penais, lhes é vedada essa opção. Considera-se mais adequado, porém, inserir a matéria na Lei

nº 9.394, de 1996, a Lei de Diretrizes e Bases da Educação Nacional, e não sobre ela tratar em lei isolada. A organização federativa da educação básica brasileira também não recomenda que se acolha o caráter centralizador, no Ministério da Educação, da regulação e acompanhamento dessa nova modalidade educativa. Atribui-se então essa responsabilidade aos sistemas de ensino, mas sempre de acordo com normas gerais nacionais.

O quarto projeto de lei apensado, de nº 3.159, de 2019, visa vedar a alternativa da educação domiciliar tal como entendida no conjunto das demais proposições em exame. Não há, pois, como acolhê-lo no contexto do presente parecer.

O quinto projeto de lei apensado, de nº 5.852, de 2019, tem por objetivo, em última instância, permitir a prática da educação domiciliar, embora de forma bem mais genérica do que a proposta nos demais projetos ora apreciados e no substitutivo adiante apresentado.

O sexto projeto de lei apensado, de nº 6.188, de 2019, apresenta muitas das disposições que são contempladas no substitutivo ora oferecido. Não cabe considerar, porém, a restrição de inadequação ou impossibilidade de inclusão na rede regular de ensino, uma vez que se adota o posicionamento de que a opção pela educação domiciliar é um direito da família.

Do conjunto das proposições apresentadas e do acúmulo das discussões mantidas sobre o tema, cabe destacar que a regulamentação da educação domiciliar contemple algumas dimensões indispensáveis. Entre elas, o direito de opção dos pais e responsáveis, suas decorrentes responsabilidades e requisitos de qualificação; a autorização, o acompanhamento e a supervisão pelo poder público; a articulação da educação domiciliar com as redes de ensino; promoção do desenvolvimento intelectual, emocional, físico, social e cultural do educando; cumprimento de conteúdos curriculares previstos na Base Nacional Comum Curricular; e acompanhamento e avaliação periódica da aprendizagem.

Ressalte-se ainda que o presente parecer se coaduna com a já referida manifestação do Supremo Tribunal Federal.[108]

A orientação da bancada do Partido dos Trabalhadores, bem como de outros partidos de oposição ao governo, assentou-se na rejeição do Projeto de Lei nº 3.179/2012 em sua íntegra. Segundo a vice-líder do

108 BRASIL, 2012, p. 12.

PT na Câmara, deputada federal Erika Kokay (PT-DF), em seu discurso durante a votação do PL, a convivência com o outro é extremamente salutar para o desenvolvimento, principalmente da criança, uma vez que a escola constitui um espaço de ampliação das ideias e aperfeiçoamento de valores relacionados à cidadania e à noção de pertencimento à coletividade. Além disso, deve-se considerar que a criança tem prioridade absoluta garantida pela Constituição e, em caso de violência física ou psicológica dos pais, o ambiente escolar constitui lócus de denúncia de abusos eventualmente cometidos. Em caso de educação domiciliar, pode haver grande dificuldade em estabelecer contato com a rede social de proteção à criança e ao adolescente.

> Nós temos que discutir, a partir do que está na nossa Constituição e na nossa legislação, o direito maior da criança. A criança é prioridade absoluta, a única prioridade absoluta na nossa Constituição. O direito da criança a uma socialização, o direito da criança a um espaço onde ela possa lidar com o outro, onde ela possa lidar com as diferenças, é absolutamente fundamental. O direito dos pais não pode sobrepassar ou suplantar o direito das crianças.
>
> Além disso, o ser humano tem muitas inteligências. O ser humano tem inteligência cognitiva, o ser humano tem inteligência emocional, o ser humano tem muitas inteligências. E é com o outro, é coletivamente que vamos construindo as condições para que essas inteligências sejam potencializadas. Tirar da criança o direito de estar coletivamente lidando com as diferenças é tirar da criança o direito de aprender a perder e também de aprender a ser vitoriosa. Isolar a criança do convívio com outras crianças impacta inclusive o desenvolvimento cognitivo, porque é a partir do questionamento que há dentro de uma escola, do estranhamento dos conhecimentos que se constroem conhecimentos.
>
> O espaço de uma escola serve para as crianças lidarem com outras crianças, com crianças com deficiência, com crianças que vêm de forma diferente, com a diversidade. A diversidade é fundamental para adquirirmos o desenvolvimento humano. Todos os estudos pontuam que as crianças que frequentam creches, por exemplo, crescem na socialização, crescem no respeito ao outro, crescem inclusive no questionamento, na consciência crítica, elas crescem numa etapa da vida, que é a da inteligência, até determinada idade, a inteligência concreta. Elas precisam do outro, elas precisam inclusive de educadores e educadoras que sejam capacitados para tanto, porque a educação não é só conteudista.

> Além disso, a educação e a escola são um dos principais instrumentos de proteção de direitos de crianças e adolescentes – proteção de direitos. É a escola que muitas vezes detecta quando a criança está sendo vítima de violências e responde por isso.[109]

O Projeto de Lei nº 3.179-B, de 2012, procura adequar a educação domiciliar à LDBEN e ao ECA, fazendo-a constar, nesses dispositivos, como alternativa de exceção à obrigatoriedade de matrícula e frequência escolar na educação básica.

> Art. 1º A Lei nº 9.394, de 20 de dezembro de 1996 (Lei de Diretrizes e Bases da Educação Nacional), passa a vigorar com as seguintes alterações:
>
> Art. 1º [...]
>
> § 1º Esta Lei disciplina a educação escolar, que se desenvolve predominantemente em instituições próprias, admitida, na educação básica, a educação domiciliar.
>
> § 2º A educação escolar e domiciliar deverão vincular-se ao mundo do trabalho e à prática social.
>
> Art. 5º [...]
>
> § 1º [...]
>
> III zelar, junto aos pais ou responsáveis legais, pela frequência à escola e, no caso do disposto no § 3º do Art. 23 desta Lei, pelo adequado desenvolvimento da aprendizagem do estudante.
>
> [...]
>
> Art. 2º O inciso V do *caput* do Art. 129 da Lei nº 8.069, de 13 de julho de 1990 (Estatuto da Criança e do Adolescente), passa a vigorar com a seguinte redação:
>
> Art. 129. [...]
>
> V obrigação de matricular o filho ou pupilo e acompanhar sua frequência e aproveitamento escolar, de acordo com o regime de estudos, se presencial ou domiciliar; [...][110]

Os critérios de inscrição e permanência em educação domiciliar no PL aprovado pela Câmara dos Deputados aproximam-se sobremodo do Decreto-Lei 70/2021, de Portugal. Os pais ou responsáveis legais

109 BRASIL, 2012, p. 5.
110 BRASIL, 2012, p. 9.

podem inscrever-se na alternativa de ensino, desde que: 1) façam a matrícula anualmente em alguma instituição regular de ensino básico; 2) não respondam a crimes hediondos ou contra crianças ou adolescentes, comprovadamente por certidão de antecedentes criminais; 3) indiquem o responsável pelo ensino, que deve ter escolaridade de nível superior ou em educação tecnológica; 4) realizem atividades pedagógicas de acordo com a Base Nacional Comum Curricular, enviando trimestralmente as atividades pedagógicas à escola de matrícula; 5) participem de encontros semestrais com o professor-tutor, representante da escola de matrícula; e 6) submetam seus filhos a avaliações nos exames do sistema nacional de avaliação da educação básica e, quando houver, nos exames do sistema estadual ou sistema municipal de avaliação da educação básica.

Além dos requisitos formais, os pais ou responsáveis legais teriam de garantir a convivência familiar e comunitária do estudante, o que, na prática, deve ser verificado pela escola de matrícula e pelo Conselho Tutelar municipal. São previstos também encontros semestrais da família *homeschooler* com a comunidade escolar pertencente à escola de matrícula, com o fim de promover interação social entre os envolvidos nesse processo educacional.

O texto normativo implica a participação do Conselho Nacional de Educação (CNE), por meio da edição de diretrizes nacionais a serem observadas pelos sistemas de ensino, as quais devem assegurar e viabilizar o exercício do direito de opção dos pais ou responsáveis legais pela educação domiciliar. Considera-se, numa observação teleológica, a interferência da esfera pública estatal em uma opção de escolha privada, cuja iniciativa se procedeu pela recusa ao modelo público de educação.

> Art. 23.
>
> § 3º É admitida a educação básica domiciliar, por livre escolha e sob a responsabilidade dos pais ou responsáveis legais pelos estudantes, ressalvado o disposto no Art. 81-A desta Lei e observadas as seguintes disposições:
>
> I formalização de opção pela educação domiciliar, pelos pais ou responsáveis legais, perante a instituição de ensino referida no inciso II deste parágrafo, ocasião em que deverão ser apresentadas:
>
> a) comprovação de escolaridade de nível superior ou em educação profissional tecnológica, em curso reconhecido nos termos da legislação, por pelo menos um dos pais ou responsáveis legais pelo estudante ou por preceptor;

b) certidões criminais da Justiça Federal e da Justiça Estadual ou Distrital dos pais ou responsáveis legais;

II obrigatoriedade de matrícula anual do estudante em instituição de ensino credenciada pelo órgão competente do sistema de ensino, nos termos desta Lei;

III manutenção de cadastro, pela instituição de ensino referida no inciso II deste parágrafo, dos estudantes em educação domiciliar nela matriculados, a ser anualmente informado e atualizado perante o órgão competente do sistema de ensino;

IV cumprimento dos conteúdos curriculares referentes ao ano escolar do estudante, de acordo com a Base Nacional Comum Curricular, admitida a inclusão de conteúdos curriculares adicionais pertinentes;

V realização de atividades pedagógicas que promovam a formação integral do estudante e contemplem seu desenvolvimento intelectual, emocional, físico, social e cultural;

VI manutenção, pelos pais ou responsáveis legais, de registro periódico das atividades pedagógicas realizadas e envio de relatórios trimestrais dessas atividades à instituição de ensino em que o estudante estiver matriculado;

VII acompanhamento do desenvolvimento do estudante por docente tutor da instituição de ensino em que estiver matriculado, inclusive mediante encontros semestrais com os pais ou responsáveis legais, o educando e, se for o caso, o preceptor ou preceptores;

VIII realização de avaliações anuais de aprendizagem e participação do estudante, quando a instituição de ensino em que estiver matriculado for selecionada para participar, nos exames do sistema nacional de avaliação da educação básica e, quando houver, nos exames do sistema estadual ou sistema municipal de avaliação da educação básica;

IX avaliação semestral do progresso do estudante com deficiência ou com transtorno global de desenvolvimento por equipe multiprofissional e interdisciplinar da rede ou da instituição de ensino em que estiver matriculado;

X previsão de acompanhamento educacional, pelo órgão competente do sistema de ensino, e de fiscalização, pelo Conselho Tutelar, nos termos da legislação relativa aos direitos da criança e do adolescente;

XI garantia, pelos pais ou responsáveis legais, da convivência familiar e comunitária do estudante;

XII garantia de isonomia de direitos e vedação de qualquer espécie de discriminação entre crianças e adolescentes que recebam educação escolar e as que recebam educação domiciliar, inclusive no que

> se refere à participação em concursos, competições, eventos pedagógicos, esportivos e culturais, bem como, no caso dos estudantes com direito à educação especial, acesso igualitário a salas de atendimento educacional especializado e a outros recursos de educação especial;
>
> XIII promoção, pela instituição de ensino ou pela rede de ensino, de encontros semestrais das famílias optantes pela educação domiciliar, para intercâmbio e avaliação de experiências.
>
> § 4º O Conselho Nacional de Educação editará diretrizes nacionais, e os sistemas de ensino adotarão providências que assegurem e viabilizem o exercício do direito de opção dos pais ou responsáveis legais pela educação domiciliar, bem como sua prática, nos termos desta Lei.[111]

Além das hipóteses aplicadas aos pais ou responsáveis legais que não poderiam inscrever seus filhos na educação domiciliar em razão de decisão transitada em julgado, conforme será visto a seguir, o PL também contempla o exercício do direito à alternativa educacional. No caso em que os estudantes em casa não consigam resultados satisfatórios nas avaliações respectivas da educação pré-escolar, ensino fundamental e médio e nas escolas de educação especial, perderão o direito à opção. Por outro lado, não se cogitou da necessidade de os pais ou responsáveis, nesses casos, matricularem seus filhos em alguma escola regular.

Quanto ao critério de frequência escolar, diferentemente do Decreto-Lei nº 70/2021, de Portugal[112], que cria atividades pedagógicas para o ensino presencial, o PL excepciona os estudantes domiciliares da fiscalização estatal quanto à frequência. O texto legal visou garantir ainda a esses estudantes o direito à certificação oficial oferecida pela escola de matrícula para cada etapa cumprida na educação básica.

> § 5º Os pais ou responsáveis legais perderão o exercício do direito à opção pela educação domiciliar caso:
>
> I incorram no disposto no Art. 81-A desta Lei;
>
> II a avaliação anual qualitativa, na educação pré-escolar, prevista no inciso I do § 3º do Art. 24 desta Lei, evidencie insuficiência de progresso do educando em 2 (dois) anos consecutivos;

111 BRASIL, 2012, p. 5.

112 PORTUGAL, 2021[c].

III o estudante do ensino fundamental e médio seja reprovado, em 2 (dois) anos consecutivos ou em 3 (três) anos não consecutivos, na avaliação anual prevista nos §§ 3º e 5º do Art. 24 desta Lei, ou a ela injustificadamente não compareça;

IV a avaliação semestral referida no inciso IX do § 3º deste artigo evidencie, por 2 (duas) vezes consecutivas ou 3 (três) vezes não consecutivas, insuficiência de progresso do estudante com deficiência ou com transtorno global do desenvolvimento, de acordo com suas potencialidades.

Art. 24. [...]

VI o controle de frequência fica a cargo da escola, conforme o disposto no seu regimento e nas normas do respectivo sistema de ensino, exigida frequência mínima de 75% (setenta e cinco por cento) do total de horas letivas para aprovação, ressalvado o disposto no § 3º do Art. 23 desta Lei;

[...]

§ 3º Para fins de certificação da aprendizagem, a avaliação do estudante em educação domiciliar, realizada pela instituição de ensino em que estiver matriculado, compreenderá:

I na educação pré-escolar, avaliação anual qualitativa cumulativa dos relatórios trimestrais previstos no inciso VI do § 3º do Art. 23 desta Lei;

II no ensino fundamental e médio, além do disposto no inciso I deste parágrafo, a avaliação anual, baseada nos conteúdos curriculares referidos no inciso IV do § 3º do Art. 23 desta Lei, admitida a possibilidade de avanço nos cursos e nas séries, previsto na alínea c do inciso V do *caput* deste artigo.

§ 4º A avaliação referida no § 3º deste artigo, para o estudante com deficiência ou com transtorno global de desenvolvimento, será adaptada à sua condição.

§ 5º Na hipótese de o desempenho do estudante na avaliação anual de que trata o § 3º deste artigo ser considerado insatisfatório, será oferecida uma nova avaliação, no mesmo ano, em caráter de recuperação.

Art. 31. [...]

IV controle de frequência pela instituição de educação pré-escolar, exigida a frequência mínima de 60% (sessenta por cento) do total de horas, ressalvado o disposto no § 3º do Art. 23 desta Lei;

[...]

> Art. 32. [...]
>
> § 4º O ensino fundamental será presencial, e o ensino a distância será utilizado como complementação da aprendizagem ou em situações emergenciais, ressalvado o disposto no § 3º do Art. 23 desta Lei.[113]

A vedação da opção pela educação domiciliar prevista no Art. 81-A do PL aplica-se aos pais ou responsáveis que tenham sido condenados ou estejam cumprindo pena pelos crimes previstos: no Estatuto da Criança e do Adolescente; na Lei Maria da Penha; no Código Penal (crimes contra a dignidade sexual); na Lei de Tóxicos; na Lei dos Crimes Hediondos. No entanto, não se faz menção aos pais ou responsáveis que estejam sendo investigados por crimes tipificados nesses regramentos, o que poderá gerar uma situação fática de perigo às crianças e adolescentes vítimas de abuso de qualquer espécie, praticado por pais ou responsáveis, em sede de investigação criminal ainda não concluída.

> Art. 81-A. É vedada a opção pela educação domiciliar prevista no § 3º do Art. 23 desta Lei nas hipóteses em que o responsável legal direto for condenado ou estiver cumprindo pena pelos crimes previstos:
>
> I na Lei nº 8.069, de 13 de julho de 1990 (Estatuto da Criança e do Adolescente);
>
> II na Lei nº 11.340 (Lei Maria da Penha), de 7 de agosto de 2006;
>
> III no Título VI da Parte Especial do Decreto-Lei nº 2.848, de 7 de dezembro de 1940 (Código Penal);
>
> IV na Lei nº 11.343, de 23 de agosto de 2006;
>
> V na Lei nº 8.072, de 25 de julho de 1990 (Lei dos Crimes Hediondos).[114]

De acordo com o PL, nos dois primeiros anos de vigência da lei, será admitido um período de carência aos pais ou responsáveis, desde que pelo menos um deles esteja matriculado em curso de nível superior ou em educação profissional tecnológica, em desprestígio da atividade pedagógica própria da pedagogia e das licenciaturas, mediante as seguintes condições:

113 BRASIL, 2012, p. 7.

114 *Ibidem.*

> Art. 89-A. Para o cumprimento do disposto na alínea a do inciso I do § 3º do Art. 23 desta Lei pelos pais ou responsáveis legais que formalizarem a opção pela educação domiciliar nos 2 (dois) primeiros anos de vigência deste artigo, será admitido período de transição, nos seguintes termos:
>
> I comprovação, ao longo do ano da formalização da opção pela educação domiciliar, de que pelo menos um dos pais ou responsáveis legais esteja matriculado em curso de nível superior ou em educação profissional tecnológica, em curso reconhecido nos termos da legislação;
>
> II comprovação anual de continuidade dos estudos, com aproveitamento, por pelo menos um dos pais ou responsáveis legais, no curso de nível superior ou em educação profissional tecnológica em que estiver matriculado;
>
> III conclusão, por pelo menos um dos pais ou responsáveis legais, do curso de nível superior ou em educação profissional tecnológica em que estiver matriculado, em período de tempo que não exceda a 50% (cinquenta por cento) do limite mínimo de anos para sua integralização, fixado pelas normas do Conselho Nacional de Educação.[115]

O Projeto de Lei 3.179-B/2012 altera o Art. 129, V, do Estatuto da Criança e do Adolescente, acerca da obrigação dos pais ou do responsável por matricular o filho ou pupilo e acompanhar sua frequência e aproveitamento escolar. A nova redação acrescenta ao artigo a expressão: "de acordo com o regime de estudos, se presencial ou domiciliar".

> Art. 2º O inciso V do *caput* do Art. 129 da Lei nº 8.069, de 13 de julho de 1990 (Estatuto da Criança e do Adolescente), passa a vigorar com a seguinte redação:
>
> Art. 129. [...]
>
> V obrigação de matricular o filho ou pupilo e acompanhar sua frequência e aproveitamento escolar, de acordo com o regime de estudos, se presencial ou domiciliar.[116]

Por fim, o Projeto de Lei 3.179-B/2012 alude ao abandono intelectual, disposto no Art. 246, do Código Penal Brasileiro. Segundo a

115 BRASIL, 2012, p. 8.
116 *Idem*, p. 9.

atual redação do Código, aplica-se penalidade aos pais ou responsáveis legais que deixarem, sem justa causa, de prover a instrução primária de filho em idade escolar. Consoante o Art. 3º do PL, aqueles que optarem pela oferta da educação básica domiciliar, nos termos da mesma lei, não serão atingidos pela tipificação penal que caracteriza o abandono intelectual.

> Art. 3º O disposto no Art. 246 do Decreto-Lei nº 2.848, de 7 de dezembro de 1940 (Código Penal), não se aplica aos pais ou responsáveis legais que optarem pela oferta da educação básica domiciliar, nos termos do Art. 1º desta Lei.[117]

6.2 A EDUCAÇÃO DOMICILIAR NO BRASIL E A APLICAÇÃO DO MELHOR INTERESSE DA CRIANÇA E DO ADOLESCENTE

Caso seja aprovado o projeto de lei que regulamenta a educação domiciliar no Brasil, corre-se o risco de haver uma banalização dessa opção educacional e de se abrirem precedentes para pessoas que queiram se exonerar da obrigatoriedade de instruírem seus filhos. Percebe-se uma intervenção considerável do sistema público de ensino na alternativa à escolaridade obrigatória, mas o texto silencia-se quanto a quem realmente teria justa causa para aderir a ela, diferentemente da exigência da legislação portuguesa. O Decreto-Lei nº 70/2021, de Portugal[118], exige que haja uma autorização do sistema regional de ensino para aqueles que se habilitem à adoção do ensino doméstico no país. Com isso, torna-se mais fácil averiguar as reais condições de negativa da obrigatoriedade escolar, o que poderia ser feito, no Brasil, pelo Conselho Municipal de Educação, por exemplo, tendo em conta requisitos objetivos de aprovação da solicitação. Nesse sentido, poderiam ser verificadas as condições de cada família no que se refere ao seu espaço geográfico, ao tempo disponível e aos recursos financeiros e peculiaridades dos candidatos ao *homeschooling* com suas motivações contextuais, culturais, ideológicas ou religiosas. Em todos os casos, repita-se, as crianças e adolescentes devem ser ouvidos, e suas opiniões, levadas a termo, uma vez que são sujeitos de direitos e deveres.

117 BRASIL, 2012, p. 9.
118 PORTUGAL, 2021[c].

Os princípios da proteção integral e da prioridade absoluta das crianças, constantes nas políticas públicas de educação básica, foram estabelecidos na *Declaração Universal dos Direitos da Criança* (1959): "O interesse superior da criança deverá ser o interesse diretor daqueles que têm a responsabilidade por sua educação e orientação; tal responsabilidade incumbe, em primeira instância, a seus pais".[119]

O Decreto nº 99.710, de 21 de novembro de 1990, que promulgou a *Convenção sobre os Direitos da Criança*, reconhece que elas – as crianças – são sujeitos de direitos e, por esse motivo, devem ter garantidas a expressão e a opinião quanto à fruição de suas prerrogativas legais.

> Art. 12:
>
> 1 Os Estados Partes assegurarão à criança que estiver capacitada a formular seus próprios juízos o direito de expressar suas opiniões livremente sobre todos os assuntos relacionados com a criança, levando-se devidamente em consideração essas opiniões, em função da idade e maturidade da criança.
>
> 2 Com tal propósito, se proporcionará à criança, em particular, a oportunidade de ser ouvida em todo processo judicial ou administrativo que afete a mesma, quer diretamente quer por intermédio de um representante ou órgão apropriado, em conformidade com as regras processuais da legislação nacional.
>
> Art. 13:
>
> 1 A criança terá direito à liberdade de expressão. Esse direito incluirá a liberdade de procurar, receber e divulgar informações e ideias de todo tipo, independentemente de fronteiras, de forma oral, escrita ou impressa, por meio das artes ou por qualquer outro meio escolhido pela criança. [120]

O Art. 18 do Decreto nº 99.710/1990 ratifica a prioridade dos pais na escolha do gênero da educação dada aos seus filhos, definida no Art. 26 da *Declaração Universal dos Direitos Humanos*[121]. Esse decreto estabelece a responsabilidade dos pais ou responsáveis pela educação da criança, visando ao seu maior interesse, com base no princípio do seu desenvolvimento integral.

119 ONU, 1959.

120 BRASIL, 1990[b].

121 ONU, 1948.

> Art. 18:
>
> 1 Os Estados Partes envidarão os seus melhores esforços a fim de assegurar o reconhecimento do princípio de que ambos os pais têm obrigações comuns com relação à educação e ao desenvolvimento da criança. Caberá aos pais ou, quando for o caso, aos representantes legais, a responsabilidade primordial pela educação e pelo desenvolvimento da criança. Sua preocupação fundamental visará ao interesse maior da criança.[122]

O grande desafio do Estado brasileiro consistiu em garantir a educação básica gratuita e universal a todas as crianças e adolescentes residentes no país e, dada sua importância para a equalização de condições e de oportunidades, a obrigatoriedade. Considerando a dimensão continental do país, não se está diante de uma conquista insignificante. Por outro lado, a oferta de educação para todos parece ainda colidir com a enorme desigualdade social brasileira, a qual, de várias formas, ajuda a manter o *status quo* quanto às condições de acesso a ela.

O Índice de Desenvolvimento da Educação Básica (Ideb), medido em 2019[123], por óbvio não consegue retratar a realidade brasileira, mas, ainda assim, aproxima-se do quadro geral que coloca os estados das regiões Sudeste e Sul - principalmente São Paulo - como centros dotados de melhores indicadores, enquanto nos estados das regiões Norte e Nordeste se observam os piores indicadores.

As escolas de referência têm em comum os resultados garantidos por boas estruturas físicas, aparelhamento tecnológico, maior investimento na qualificação dos profissionais da educação, distribuição gratuita de materiais didáticos e alimentação dos discentes. Com isso, o tempo de permanência e frequência dos alunos nas escolas das regiões brasileiras mais ricas aumenta consideravelmente em relação ao observado nas regiões mais pobres, marcadas pelo abandono e evasão escolar. Nesse cenário, o direito fundamental à educação básica gratuita, universal e obrigatória encontra-se comprometido pela desigualdade social.

> O que se pretende demonstrar neste estudo é que todo cidadão tem o direito fundamental à educação. Para que esta prerrogativa seja certamente efetivada não basta apenas o Estado ofertar vagas em

122 BRASIL, 1990[b].

123 Disponível em: https://undime.org.br/noticia/15-09-2020-15-37-ideb-2019-resultados-foram-divulgados-nesta-terca-feira-15. Acesso em: 22 fev. 2023.

> instituições de ensino e obrigar a frequência diária dos educandos nestes estabelecimentos, pois a educação ofertada deve ter qualidade, profissionais habilitados, bons materiais didáticos e ensinar temas atuais, haja vista que as informações devem ser reconstruídas e rediscutidas, o professor tem o dever de aguçar o pensamento dos educandos fazendo com que estes raciocinem sobre os temas antigos, mas sob uma nova visão.[124]

Os pais devem avaliar as melhores condições de acesso à educação básica para seus filhos; em muitos casos, as escolas disponíveis podem não ser a opção mais adequada, por motivos os mais variados possíveis. Deve prevalecer, sob o princípio da proteção integral da criança, a aplicação daquilo que for melhor para o seu desenvolvimento, dadas as condições de tempo, espaço, conveniência, oportunidade e possibilidade. Se a educação será ofertada na escola ou dada no lar – no caso de ser aprovado no Senado o PL 3.179-B, 2012 –, caberá a escolha aos pais, com a oitiva prévia das crianças e dos adolescentes, de cuja opinião não se deve prescindir, por serem os principais destinatários desses direitos.

> O que se pretende não é desmerecer o papel da escola e a importância em instruir a criança ou adolescente. E, menos ainda, deixar ao bel prazer destes decidirem, por si sós, o que pretendem fazer de suas vidas. Mas, evidenciar a importância em observar as atitudes e, sobretudo, em aprender a ouvir o que estes seres humanos ainda em fase de desenvolvimento têm a dizer.
>
> Nesse sentido, é amplamente reconhecido que a criança ou o adolescente são pessoas que se encontram em fase especial de desenvolvimento e construção de sua personalidade, o que solicita e fundamenta o instituto da autoridade parental. Por esse motivo, não podem exercer ilimitadamente o seu direito de liberdade, mas esta prerrogativa deve ganhar proporção à medida que aumenta a sua maturidade e discernimento.[125]

Pode-se afirmar que o *homeschooling* – ou a negação à escolarização – somente teve efetivo início, como forma excepcional de educação, facultada aos pais ou responsáveis que assumiram a educação

124 SÃO JOSÉ, 2014, p. 146-147.
125 SÃO JOSÉ, 2014, p. 208.

integral de seus filhos menores no âmbito doméstico, com a escolaridade obrigatória. As razões que justificariam essa escolha – que gera risco de processo aos pais ou responsáveis ou, o que seria pior, de prejuízo ao desenvolvimento sociocognitivo dos estudantes – são imensuráveis.

A escolarização, em sua atribuição constitucional, também é importante na tarefa concorrente de formação de crianças e adolescentes e, principalmente, como instância de preparação e formação para o exercício da cidadania.

> Assim como é possível verificar problemas na instituição escolar em sua oferta de socialização, não se pode deixar de considerar que o ensino em casa, como opção individual e de total controle dos pais no que diz respeito ao convívio social de seus filhos, pode também ser problemático à formação de crianças e adolescentes. Em outras palavras, mesmo que os dados internacionais revelem a opção pelo ensino em casa cada vez mais desvinculada da motivação religiosa, grande parte das famílias que opta por essa modalidade de ensino declara-se adepta a uma religião [...], o que pode incorrer em casos de famílias fundamentalistas que optem por essa modalidade de ensino como possibilidade de isolamento social de seus filhos ou mesmo de uma possível limitação que pode se revelar prejudicial para o convívio futuro na sociedade e sua formação para o exercício da cidadania.[126]

Existem outros motivos pessoais para a adoção do modelo de educação domiciliar centrados na avaliação que se pode fazer da escola, como instituição regular e obrigatória de ensino. Nesse ponto, destaca-se que somente os pais ou responsáveis têm as reais condições de avaliar se a frequência escolar constituirá a melhor opção ou se ela representa sofrimento, ou, em alguns casos, até mesmo risco de integridade física ou psicológica para seus filhos. Aliás, a precariedade física ou didático-pedagógica das escolas costuma fazer parte da recusa ao modelo tradicional de ensino. Outras questões também são apontadas como causas às adversidades por que passam muitos pais e seus filhos em razão do ambiente social que se possa enfrentar durante a escolarização obrigatória.

126 BARBOSA, 2013, p. 238.

Uma pesquisa *survey*, realizada por mim durante o período em que cursei o mestrado na Universidade de Itaúna, entre os dias 10 de outubro e 21 de novembro de 2016, com o apoio da *front page Homeschooling no Brasil* e da Associação Nacional de Educação Domiciliar (ANED), revelou alguns aspectos relevantes sobre o assunto[127]. Nessa pesquisa, vinte e três famílias brasileiras, todas adeptas da modalidade de educação domiciliar, responderam a um questionário, cujas respostas, na íntegra, encontram-se no Apêndice A.

A pesquisa mostra, entre as famílias participantes, que existe uma preocupação enorme com a violência nas escolas, nas suas mais diferentes formas: tráfico e uso de drogas; infrações relacionadas à dignidade sexual ou mesmo a iniciação precoce do sexo, sem as abordagens devidas e necessárias em sala de aula; lesões corporais; e – talvez a prática mais temida – o *bullying*.

Os ataques consistentes em ameaçar, intimidar, humilhar ou discriminar, na atualidade, anunciam mazelas sociais que, não raro, desembocam em agressões físicas e psicológicas, resultantes da intolerância, preconceito e falta de empatia com o outro. Em muitos casos, a escola pode ser a solução para o enfrentamento desses graves problemas sociais; em outros, porém, pode ser a origem deles.

> De forma geral, o aumento da violência nas escolas acontece na medida em que o tráfico de drogas utiliza-se do ambiente escolar para expansão do seu domínio. Uma das razões é que a distribuição de drogas ilícitas feita por menores infratores camufla-se na inimputabilidade destes em contraposição à punibilidade maior dos traficantes, que repassam as tarefas criminosas aos *aviõezinhos*.
>
> Outro aspecto que preocupa os pais está relacionado aos crimes sexuais, como abuso sexual, atos libidinosos e, não menos importante, a iniciação (ou abordagem) sexual muito precoce. Alguns alunos têm acesso a informações (ou até mesmo já mantiveram relações sexuais) muito novos e o confronto com outras crianças que ainda não tiveram essa orientação costuma ser deletério com efeitos às vezes irreparáveis. A gravidez na adolescência, por exemplo, aumenta vertiginosamente no Brasil, e, pelo seu risco imanente, é tratada no âmbito da saúde pública. Além dos fatores relacionados à saúde, a

127 BERNARDES, 2019.

> gravidez precoce de estudantes costuma ter efeitos psicossociais os mais diversos, culminando com a evasão escolar. As questões relacionadas à sexualidade precoce são, por conseguinte, preocupações apontadas por 75% das famílias entrevistadas.
>
> Para municiar os dados obtidos na pesquisa empírica, foram coletadas também informações de ocorrências policiais da 7ª Região da Polícia Militar, 5ª Cia. Independente do município de Itaúna (MG), ocorridas no âmbito escolar. Convém destacar que muitos crimes ocorridos não são registrados, por questões de segurança, preservação da integridade física ou outros motivos apresentados por funcionários ou alunos das escolas. A maioria das ocorrências policiais (janeiro a novembro de 2016) foi registrada para apurar crimes contra o patrimônio. Mas, considerando o quadro geral, mais de 50% delas constatou uma realidade que já é velha conhecida da comunidade escolar: a violência praticada no âmbito escolar, permeada por ameaças, crimes contra a honra, atritos verbais, desacatos e lesões corporais. Nesse ponto, consideram-se as agressões contra funcionários, de estudantes contra estudantes e, inclusive, e, essa talvez a maior gravidade, envolvendo gangues e facções criminosas. E a pesquisa *survey* realizada traduz um pouco dessa constatação. Ela revelou que a agressividade dos jovens estudantes foi apontada por 60% das famílias entrevistadas como um problema a ser considerado também em suas escolhas.[128]

Em contrapartida, deve-se registrar que a violência doméstica praticada contra crianças no país, no âmbito doméstico, cresceu significativamente durante o isolamento social provocado pela pandemia do Coronavírus. O relatório da Unicef sobre a violência letal e sexual contra crianças e adolescentes no Brasil, em 2020, denuncia um aumento considerável da violência física e sexual, principalmente no ambiente reservado do lar. Não se pretende inferir com isso que os jovens *homeschoolers* se enquadram no perfil de vítimas em potencial, mas, como já aqui manifestado, o temor da banalização do modelo *homeschooling* sem autorização dos poderes públicos pode acobertar negligências e abusos de toda natureza. Acrescente-se que a escola pode ser forte aliada na denúncia e conscientização de todos contra essas práticas abjetas.

128 BERNARDES, 2019, p. 142-143.

> Em 2020, 213 crianças de até 9 anos morreram de forma violenta no Brasil – com um aumento preocupante, de 2016 a 2020, no número de mortes de crianças de até 4 anos de idade. Na maioria dos casos, essas crianças morreram dentro de casa, vítimas de alguém conhecido. Para as crianças de até 9 anos de idade, a violência é, portanto, um fenômeno doméstico. Crianças são vítimas de morte violenta nos locais onde deveriam estar mais seguras: dentro de casa.[129]

A escola pode representar, pois, um conceito contraditório ao ambiente esperado pelos pais ou responsáveis, diante da escolha necessária à instrução básica de seus filhos. Pode simbolizar subjetivamente um palco de ideias anacrônicas, retrógradas, sexistas, autoritárias, misóginas, racistas e preconceituosas, assinaladas pela violência simbólica da maioria ou, em muitos casos, pela violência verbal ou física. As manifestações religiosas podem ser reprimidas ou, ao invés disso, destinadas a se enquadrarem nas orientações de escolas – confessionais ou não – que rejeitam o sincretismo. A igualdade de oportunidades na educação, segundo Illich (1985), não deve ser confundida com obrigatoriedade escolar, sob pena de se criarem alunos padronizados, obedientes a um currículo hierarquizado, imposto.

> A igualdade de oportunidades na educação é meta desejável e realizável, mas confundi-la com obrigatoriedade escolar é confundir salvação com igreja. A escola tornou-se a religião universal do proletariado modernizado, e faz promessas férteis de salvação aos pobres da era tecnológica. O Estado-nação adotou-a, moldando todos os cidadãos num currículo hierarquizado, à base de diplomas sucessivos, algo parecido com os ritos de iniciação e promoções hieráticas de outrora. O Estado moderno assumiu a obrigação de impor os ditames de seus educadores por meio de inspetores bem-intencionados e de exigências empregatícias; mais ou menos como o fizeram os reis espanhóis que impunham os ditames de seus teólogos pelos conquistadores e pela Inquisição.[130]

Segundo pressupõem Bourdieu e Passeron, "Toda ação pedagógica é objetivamente uma violência simbólica enquanto imposição, por um poder arbitrário, de um arbitrário cultural".[131] Para os autores,

129 UNICEF, 2021, p. 49.
130 ILLICH, 1985, p. 25.
131 BOURDIEU; PASSERON, 1992, p. 20.

o ensino materializado na ação pedagógica tende a assegurar o monopólio da violência simbólica e cultural. Assim, toda a ação pedagógica deverá ser considerada como violência simbólica, na medida em que impõe e inculca arbítrios culturais de um modo autoritário.

Bobbio (1987), ao dizer sobre a obrigatoriedade escolar, reconhece que a escola pertence ao rol de reformas igualitárias, em que se filia a defesa do movimento "escola para todos". Ao colocar ricos e pobres no mesmo plano, por meio da obrigatoriedade de frequência escolar, diminui-se a liberdade de escolha dos pais, em nome da coletividade.

> Essa tentativa de escolher as reformas que são ao mesmo tempo liberadoras e igualitárias, como seria o caso de qualquer reforma de tipo neoliberal, que oferece ampla margem de manobra aos empresários para se desvencilharem dos vínculos que advêm da existência de sindicatos e comitês de empresa, ao mesmo tempo que se destina a aumentar a distância entre ricos e pobres; por outro lado existem reformas igualitárias que não são liberadoras, como por exemplo toda reforma que introduz uma obrigação escolar, forçando todas as crianças a ir à escola, colocando a todos, ricos e pobres, no mesmo plano, mas por meio de uma diminuição da liberdade.[132]

Althusser (1992) entende que o Estado se impõe perante o cidadão de duas formas: por meio do aparelho repressivo, exercendo seu poder de polícia, e pela ideologia - igreja, família, sindicatos e partidos políticos. Ainda segundo ele, aquele que assumiu posição predominante é o aparelho ideológico escolar, imposto pela obrigatoriedade de frequência, em muitos casos, a uma única instituição de ensino.

> [A escola] se encarrega das crianças de todas as classes sociais desde o maternal, e desde o maternal ela lhes inculca, durante anos, precisamente durante aqueles em que a criança é mais "vulnerável", espremida entre o aparelho de Estado familiar e o aparelho de Estado escolar, os saberes contidos na ideologia dominante (o francês, o cálculo, a história natural, as ciências, a literatura), ou simplesmente a ideologia dominante em estado puro (moral, educação cívica, filosofia).[133]

132 BOBBIO, 1987, p. 23.
133 ALTHUSSER, 1992, p. 79.

Como as famílias, antes de escolherem a opção educacional para seus filhos, devem avaliar qual o melhor modelo a ser considerado dentro do contexto histórico, social e cultural, surge uma dualidade relacionada à visão subjetiva de como elas enxergam e avaliam o ambiente escolar. Pode-se levar em conta seus aspectos positivos – assinalados pela socialização e construção efetiva e participativa da cidadania (espaço de resistência à tirania) – ou o *locus* em que se produzem e reproduzem políticas administrativas de intolerância e autoritarismo. O atual movimento "escola sem partido", por exemplo, vindo a reboque do governo de direita, eleito em 2018, no Brasil, deseja substituir, paradoxalmente, uma ideologia, atribuída aos governos predecessores de matriz esquerdista, pela de direita cristã, cuja bandeira defende radicalmente a pátria, a família e a propriedade, sob um viés armamentista e excludente. As famílias podem aderir a esse modelo ou refutá-lo, optando tanto pela modalidade escolarizada quanto pela educação domiciliar, de acordo com suas escolhas ideológicas.

O Projeto de Lei 3.179-B/2012[134], caso seja aprovado, sem emendas legislativas, pelo Senado brasileiro, para além de resolver a atual anomia do *homeschooling* no Brasil, pode representar alguns prejuízos ao sistema público escolar. De acordo com o dispositivo, não há interferência do Estado no processo inicial de autorização ou não da prática do modelo de ensino. Com isso, uma vez que a proposição não buscou apenas regularizar a situação dos seus adeptos, criam-se precedentes para inúmeras famílias retirarem seus filhos menores das escolas, não por identificação ao *homeschooling* e sim por negligência e omissão.

A rede de proteção à criança e ao adolescente deveria ter uma proeminência maior na orientação do que seja o melhor interesse na aplicação dos direitos que são garantidos a eles pela Constituição da República, ECA e LDBEN. Outras formas de intervenção estatal dizem respeito ao deslocamento de profissionais do ensino público para o acompanhamento didático-pedagógico dos participantes dessa alternativa de ensino. Paradoxalmente, a mesma escola pública refutada pelos pais *homeschoolers* servirá de subsídio para a sua escolha privada, podendo haver, notadamente em casos de escolas com poucos recursos, prejuízo ao quadro de funcionários.

134 BRASIL, 2012.

Nesse ponto, surgem algumas questões: quais profissionais da escola teriam acesso a esses registros periódicos? Seria criada uma equipe multidisciplinar para análise deles? Quantas escolas teriam, efetivamente, condições de se dedicarem aos alunos da educação domiciliar? A considerar empiricamente a realidade escolar brasileira, seriam poucas as escolas públicas que estariam aptas a: 1) ignorarem, por algum tempo, os alunos matriculados; e 2) reservarem uma dedicação aos *homeschoolers*.

Por reconhecer que a instituição escolar se torna corresponsável pelo processo educacional, não há dúvida de que haveria também uma preocupação com a avaliação do material produzido e com o acompanhamento das crianças e adolescentes na fase de estudos. Isso demandaria recursos públicos aplicados para uma minoria de estudantes particulares em detrimento da maioria dos alunos das escolas públicas.

Em Portugal, o Decreto-Lei 70/2021, mesmo tratando do ensino doméstico como modalidade do ensino particular ou individual, também o submete à interferência do sistema público escolar. Pela leitura do PL 3.179-B/2012, alguns aspectos distinguem a proposição brasileira da legislação portuguesa, na medida em que o PL citado: 1) não prevê controle estatal das pessoas que se habilitarem à educação domiciliar; 2) não exige os registros do percurso pedagógico dos educandos, para que se iniciem no modelo educacional; 3) não prevê a obrigatoriedade de matrícula em alguma escola regular, no caso de perda dos direitos à escolha; 4) não obriga os pais a apresentarem atividades de compensação pela infrequência escolar. Os regramentos, no entanto, assemelham-se no que diz respeito ao deslocamento de recursos públicos e de profissionais para acompanhamento, fiscalização e avaliações dos estudantes em casa.

A liberdade de escolha dos pais ou responsáveis não pode servir à mitigação de direitos da maioria dos estudantes da escola pública. Dessa forma, a educação domiciliar deveria ser tratada, de fato, como modalidade decorrente do ensino particular ou individual, entendido como uma oferta da educação privada. Por outro lado, na medida em que se considerar o princípio da prioridade absoluta na defesa das crianças e dos adolescentes como sujeitos de direitos, o Estado deveria atuar firmemente no propósito de protegê-los de atos lesivos a sua integridade física e psicológica.

A avaliação dos candidatos ao modelo educacional e o acompanhamento do seu processo – tendo em vista o melhor interesse dos menores e a sua proteção – podem significar uma atuação necessária e salutar para a efetivação da educação domiciliar no Brasil. Alguns pais ou responsáveis que cometem abusos físicos, sexuais ou psicológicos e retiram seus filhos da escola, em continuidade da prática delitiva, não podem ter o mesmo tratamento dos demais que possuam realmente justa causa para a sua escolha. Nesse sentido, a rede municipal de apoio e proteção à criança e ao adolescente deve ser acionada e consultada, a fim de participar efetivamente do acompanhamento desse processo.

O Projeto de Lei aprovado na Câmara dos Deputados não deveria centralizar seu foco somente nas questões avaliativas a aferir aspectos cognitivos, mas também, em nome do princípio da proteção integral que assiste às crianças e aos adolescentes, considerar o melhor interesse deles, que, portanto, devem ser ouvidos e terem consideradas suas opiniões sobre qual modalidade de ensino seria mais apropriada em seu contexto sociocultural.

Uma vez que os interesses dos pais ou responsáveis não são absolutos, os direitos e garantias das crianças e adolescentes devem prevalecer em todos os casos, seja na opção pela escolarização ou na educação domiciliar. Neste último caso, a autorização e o acompanhamento do Estado, por meio da rede integral de proteção à criança e ao adolescente, tornam-se essenciais para o cumprimento da lei, em caso de aprovação no Senado brasileiro.

7

CONCLUSÃO

A pergunta-central que dirigiu a presente tese ao perquirir se os filhos são propriedades dos pais, do Estado ou são sujeitos de direito leva à evidente conclusão de que não se deve coisificar as crianças e adolescentes. Afinal eles são sujeitos de direito e suas opiniões sobre sua educação – se escolarizada ou domiciliar – sempre devem ser respeitadas.

A educação domiciliar, movimento conhecido mundialmente por *homeschooling*, ganhou especial destaque na década de 1970 nos Estados Unidos – país onde a modalidade é autorizada. Atualmente, ela é legalizada em países como Áustria, Bélgica, Canadá, Austrália, França, Noruega, Portugal, Rússia, Itália e Nova Zelândia, e proibida em outros, como Alemanha, Espanha e Suécia, por força da escolaridade obrigatória.

O estudo desenvolvido focalizou e evidenciou a experiência anterior de Portugal (previsto em lei desde 1911), um dos primeiros países a regulamentar o *homeschooling*. Considerando a relação colonial desse país com o Brasil, e a natural identidade sociolinguística e cultural entre os dois, ele constituiu o foco temático da pesquisa. Com esse escopo, delineou-se um breve histórico da educação básica em Portugal e no Brasil, ressaltando seus pontos convergentes e divergentes.

O direito social à educação integra um conjunto de medidas governamentais que devem consolidar-se na busca por políticas públicas destinadas à construção de uma educação de qualidade, com acesso público, sendo obrigatória, gratuita e universal.

A Teoria dos *Status* – no âmbito do direito-dever à educação fundamental – articula-se por meio da relação entre o cidadão e o Estado. Georg Jellinek (1851-1911), jusfilósofo alemão, teorizou essa relação, categorizando-a pela sujeição do indivíduo ao Estado (*status* passivo), evoluindo para a liberdade individual e a negação do Estado (*status* negativo), ganhando contornos de bem-estar social, com maior intervenção estatal (*status* positivo) e, finalmente, emancipando-se o cidadão, sujeito ativo de direitos e deveres coletivamente considerados (*status* ativo).

Essa teoria auxilia na compreensão da educação que se inicia na família (primeira socialização) e continua na escola, com a necessária participação do Estado – ora intervencionista, ora liberal. No caso dos adeptos da educação domiciliar, há o desejo de uma não intervenção estatal na escolha das famílias. Trata-se de recorte essencial para este estudo, uma vez que são levados em conta os direitos e os deveres do cidadão, sob a dicotomia das garantias e dos interesses – individuais e coletivos –, analisando-se a liberdade individual, mas não se descuidando da necessária e desejável interação social com o outro. Sob esse aspecto, não é prudente a divisão dos interesses sociais em públicos e privados, com foco principal no direito de propriedade. Não se pode conceber o Estado como inimigo do povo (e das famílias), mas como parte integrante de uma engenharia em que as liberdades individuais não são absolutas e devem harmonizar-se com o todo.

A função social da propriedade, inserida no Art. 5º, XXIII, da Constituição da República de 1988, ilustra bem a relação entre o cidadão e o Estado. Todos têm o direito à propriedade (liberdade), mas ela deverá, sob a necessária intervenção do Estado, atender à função social, baseada nos interesses coletivos. A educação domiciliar, antinômica ao direito social à educação, não pode, em nome de um projeto elitista, ser entendida como exercício absoluto da liberdade. Nesse sentido, ela se enquadra na responsabilidade solidária da família, do Estado e da sociedade, levando-se sempre em conta os direitos, deveres e interesses das crianças e dos adolescentes.

O direito-dever à educação de qualidade deve compreender o sistema de políticas públicas governamentais em unidade de propósitos com a sociedade e com a família, como célula desse tecido. As diferentes concepções de família nas legislações civis brasileira e portuguesa, ao longo do tempo, foram dialogicamente revisitadas, como forma de buscar a compreensão da sua mudança histórico-cultural. As legislações brasileira e portuguesa sobre educação básica escolar reproduzem a dinâmica dos acontecimentos sociais em perspectiva histórica e refletem a evolução e a involução do sistema educacional nos dois países. As breves considerações sobre a educação básica na legislação brasileira e portuguesa procuraram apresentar um panorama da obrigatoriedade escolar, sendo a educação domiciliar exceção.

No Brasil, a discussão sobre a educação domiciliar chegou ao Supremo Tribunal Federal, que, em setembro de 2018, fixou a tese (tema 822) de que: "Não existe direito público subjetivo do aluno ou de sua família ao ensino domiciliar, inexistente na legislação brasileira"[1]. Por outro lado, os ministros entenderam que não é vedada constitucionalmente a criação dessa alternativa, por meio de lei federal, editada pelo Congresso Nacional, na modalidade "utilitarista" ou "por conveniência circunstancial", sob a intervenção do poder público. A conveniência circunstancial pode ser definida por alguma situação (talvez a única opção, como na pandemia) em que se torna necessária a adoção da educação domiciliar por parte das famílias. Restou então a questão sobre como seria a modalidade utilitarista, mencionada pelo ministro Alexandre de Moraes, e como se daria a intervenção dos poderes públicos na fiscalização e acompanhamento da modalidade, o que aqui se buscou tratar.

Buscou-se estruturar a tese em capítulos que contextualizassem o *homeschooling* histórica e geograficamente, ainda que sem se aprofundar na legislação internacional sobre o assunto.

Após a Introdução (capítulo 1), apresentou-se, no capítulo 2, a prática do *homeschooling* em alguns países do mundo - onde é permitido e onde não se admite a modalidade, geralmente por decisões judiciais e não por legislação expressamente proibitiva. Pode-se inferir, pela maioria deles - talvez se excepcionando Estados Unidos e Portugal -, que ainda não há regulamentações oficiais completas para esse método de ensino, apesar de o fenômeno estar em crescimento.

No capítulo seguinte, pensando em adequar a decisão do STF em 2018 com o referencial teórico sobre a relação Estado e família, abordou-se a dicotomia do interesse público e privado no âmbito desta. Nesse escopo, a Teoria dos *Status*, de Jellinek, e o modelo liberal utilitarista, de Bentham e Mill, serviram para demonstrar que a opção pelo ensino em casa e a recusa da educação escolarizada pelos pais aproximam-se

1 BRASIL, 2019[b].

do *status libertatis* e da dimensão liberal e afastam-se do dever de prestação social do Estado. A dimensão ativa do cidadão, a necessidade de se viver em sociedade, o pensamento liberal – na medida em que admite a liberdade de escolha dos pais na educação dos seus filhos – e o bem-estar coletivo devem articular-se na redução de danos sociais e pedagógicos dos *homeschoolers*.

O capítulo 4 – A evolução do conceito de família: do *pater famílias* à emancipação dos filhos – busca tratar da dicotomia do interesse público e privado no âmbito da família. As modernas formações de estrutura familiar correspondem a novos anseios por alternativas de educação, que não se reduza ao ambiente tradicional da escola, cujo destaque seja somente o professor (a). As novas ferramentas de ensino, principalmente ambientadas na Internet representam um aliado na tentativa de promover uma educação básica de qualidade. Não se perdendo de vista que a tecnologia não é a única nem a melhor forma de educar e que os atores elencados pela Constituição Federal: família, sociedade e Estado devem ser considerados solidariamente no processo de ensino / aprendizagem.

Tendo em vista as recentes discussões legislativas sobre o assunto em Portugal, considerando o Decreto-Lei nº 70, de 2021 – apesar de menção legislativa já em 1911 –, e no Brasil, com a aprovação do PL 3.179-B, em 2022, apresentaram-se pontos divergentes e convergentes do *homeschooling* em capítulos próprios – o 5 e o 6. O ensino doméstico, como exceção à escolaridade obrigatória em Portugal, somente é permitido no país desde que os pais recebam autorização de órgão oficial de educação. Há outras condicionantes – por exemplo, a apresentação de portfólio do estudante – que não constam do projeto de lei brasileiro. Já a realidade atual da educação domiciliar no Brasil – diferentemente da que vigora na atualidade portuguesa – aponta ainda para a desobediência civil, apesar de a matéria ter reais chances de ser aprovada, em 2023, pela maioria do Senado Federal, cuja composição aproxima-se do movimento de direita, simpático à alternativa de ensino.

Ainda no capítulo 6, destacou-se a educação domiciliar no Brasil e a aplicação do melhor interesse da criança e do adolescente. Essa dimensão representou uma mudança em relação à situação pré-1988. Enquanto até 1988, a dimensão da presença rural, a falta de vagas faziam da educação no lar um substitutivo da escola obrigatória, o esforço por universalizar o ensino fundamental aliado a uma consciência da importância da escola em relação à cidadania fez com que a Constituição de 1988 no Brasil não mais se ocupasse da educação no lar. À mesma época, o crescimento das tendências de direita à luz de um neo-liberalismo, de um liberalismo próprio do *laissez-faire* e um mínimo de intervenção do Estado na vida econômico-social implicou um questionamento à obrigatoriedade de frequência à escola. Resultaram daí movimentos agora bafejados por outros princípios questionando a obrigatoriedade e postulando a educação doméstica. Convém ressaltar que nosso país é signatário de tratados e convenções internacionais que defendem os direitos, garantias e interesses das crianças, de cuja proteção não podemos prescindir. O direito público subjetivo à educação de qualidade deve ser considerado no momento da obrigatoriedade escolar dos filhos, mas essa mesma obrigatoriedade, como direito-dever, não pode ser absoluta. Nesse sentido, a educação domiciliar, em casos justificados – e desde que haja condições para ser realizada –, pode representar uma modalidade legítima de ensino. Na concepção liberal, por reverenciar a liberdade de escolha dos pais em relação aos seus filhos, sob o viés utilitarista, deve-se permitir à coletividade e aos poderes públicos intervirem nessa escolha, desde que fique comprovado o dano social, psicológico, cognitivo ou emocional das crianças e adolescentes submetidos ao *homeschooling*.

As experiências de Portugal e do Brasil – diante do desafio de abrir mão das conquistas históricas da educação pública escolar – podem simbolizar uma mudança de postura social arriscada no que diz respeito à efetivação do direito-dever à educação de qualidade. Não se pode, porém, descuidar da proteção integral reservada à criança e ao adolescente, garantida pelas declarações universais de direito, no pós-Segunda Guerra Mundial, e ratificadas pelo Brasil e por Portugal.

As decisões dos pais ou responsáveis por seus filhos no período da educação básica não devem ser absolutas. Nesse sentido, durante a escolha pela escolarização ou pela educação domiciliar, as crianças e adolescentes, sujeitos autônomos de direitos e deveres, devem ser consultados. Ambos os processos de educação – escolar ou doméstica – podem significar um avanço ou um retrocesso na condução dos cuidados com as crianças e adolescentes, pessoas em fase especial de desenvolvimento. Dessa forma, prevalecendo-se o mandamento constitucional, a família, o Estado e a sociedade devem participar dessa importante etapa do ensino-aprendizagem infanto-juvenil, na construção de uma sociedade efetivamente democrática, justa e fraterna.

Espera-se, pois, que, caso seja aprovada também pelo Senado Federal, a alternativa de ensino não seja vista como uma panaceia para os males da educação pública, multiplicando-se a evasão escolar no Brasil, que sempre foi gigantesca. Independentemente da aprovação do PL 3.179-B, deve ser mantido um olhar cuidadoso para os jovens das famílias que persistirão com a prática do *homeschooling*, em situação de desobediência civil ou amparados pela lei. Com isso, os poderes públicos e a sociedade têm o direito-dever de interferir nos casos em que sejam comprovados abusos de qualquer natureza por parte daqueles que têm o dever de cuidar. Não se olvide que a escola – refutada pelos pais – já possui essa importante função de denunciar todos os tipos de maltrato e, em outra frente, conscientizar as famílias e as comunidades em geral dos direitos, garantias e deveres das crianças e dos adolescentes. Em caso de educação domiciliar, pode haver graves dificuldades em estabelecer contato com a rede social de proteção à criança e ao adolescente.

Por fim, a regulamentação brasileira possibilitará o surgimento de novas pesquisas, sob o ponto de vista jurídico, educacional, psicossocial e em outras esferas do conhecimento, uma vez que se torna fundamental compreender como será o funcionamento da alternativa de ensino diante da possível legislação sobre o assunto, encaminhada pela decisão do STF. Na prática – e com base em dados estatísticos oficiais –, o comportamento dos estudantes sujeitos à educação domiciliar deve ser analisado sob a luz da nova lei e, em casos de ocorrência de danos aos jovens, a alternativa deve ser revista.

As pesquisas comparativas – cujos sujeitos sejam alunos escolarizados e não escolarizados –, principalmente as que considerem os sistemas avaliativos nacionais e internacionais de educação, careceriam de um exame mais acurado. Afinal, um recorte mínimo de uma parcela da população estudantil – os *homeschoolers* – não representaria a maioria escolarizada. Ainda assim, as informações obtidas por meio do sistema público de ensino, em face dos dados estatísticos coletados, podem significar uma nova experiência para a educação básica e, a partir disso, inspirar correções ou adequações de percurso para o ensino escolarizado.

REFERÊNCIAS

ALENCAR, José de. *Como e porque sou romancista*. Campinas: Pontes, 1990.

ALTHUSSER, Louis. *Aparelhos ideológicos de estado*. Rio de Janeiro: Graal,1992.

ALVES, Rubem. Gaiolas e asas. *In*: *Folha de São Paulo*, Opinião, São Paulo, 05 dez. 2001. Disponível em: https://www1.folha.uol.com.br/fsp/opiniao/fz0512200109.htm#:~:text=H%C3%A1%20escolas%20que%20s%C3%A3o%20asas,lev%C3%A1%2Dlas%20para%20onde%20quiser. Acesso em: 7 mar. 2023.

APPLE, Michael W. *"Endireitar" a Educação*: mercados, padrões, Deus e desigualdade. Trad.: João M. Paraskeva. Ramada: Publidisa, 2010.

AZEVEDO, Fernando de. *et al*. *Manifesto dos Pioneiros da Educação Nova*. 1932. Disponível em: https://download.inep.gov.br/download/70Anos/Manifesto_dos_Pioneiros_Educacao_Nova.pdf. Acesso em: 7 mar. 2023.

______. *Manifesto dos educadores: mais uma vez convocados*. 1959. Disponível em: https://www.fe.unicamp.br/pf-fe/publicacao/4922/doc2_22e.pdf. Acesso em: 7 mar. 2023.

AZIZ, Mona Lisa Duarte. *Homeschooling* (educação domiciliar) X direito fundamental à educação: um direito dos pais? *In*: BRANCO, Paulo G. Gonet.; SILVA NETO, Manoel Jorge e. *et all*. (Orgs.). *Direitos fundamentais em processo*: estudos em comemoração aos 20 anos da Escola Superior do Ministério Público da União. Brasília: ESMPU, 2020.

BARBOSA, Luciane Muniz Ribeiro. *Ensino em casa no Brasil*: um desafio à escola? 2013. Tese (Doutorado em Educação) – Universidade de São Paulo (USP), São Paulo, 2013. Disponível em: http://www.teses.usp.br/teses/disponiveis/48/48134/tde-07082013-134418/pt-br.php. Acesso em: 7 mar. 2023.

BARBOSA, Luciane Muniz Ribeiro; FERREIRA, Mariana dos Santos Segheto; TELES, Isabela Fernandes dos Santos Paim. v. 16 n. 35 (2022): As nuances do processo de regulamentação da educação domiciliar no Brasil in: *Dossiê: "O Ensino Domiciliar e o desmonte dos direitos à educação"*. Disponível em: https://www.cadernosdapedagogia.ufscar.br/index.php/cp/article/view/1846/770. Acesso em:30 jun. 2023.

BERGER, Peter L. LUCKMANN, Thomas. *A construção social da realidade*: tratado de sociologia do conhecimento. Petrópolis-RJ: Editora Vozes, 2004.

BERNARDES, Cláudio Márcio. *Educação domiciliar (*homeschooling*) no Brasil*: uma abordagem ético-jurídica. Porto Alegre-RS: Editora Fi, 2019.

BOBBIO, Norberto. Reformismo, socialismo e igualdade. *In*: *Novos Estudos Cebrap*, São Paulo, v. 3, n. 19, p. 12-25, dez. 1987.

______. *A era dos direitos*. Trad. Carlos Nelson Coutinho. Apresent. Celso Lafer. Rio de Janeiro: Elsevier, 2004.

BONAVIDES, Paulo. *Curso de direito constitucional*. 29. ed. São Paulo: Malheiros, 2014.

BOURDIEU, Pierre; PASSERON, Jean-Claude. *A reprodução*: elementos para uma teoria do sistema de ensino. 3. ed. Rio de Janeiro: Livraria Francisco Alves, 1992.

BRASIL. Constituição (1824). *Constituição Política do Império do Brazil*. Rio de Janeiro, 1824. Disponível em: http://www.planalto.gov.br/ccivil_03/constituicao/constituicao24.htm. Acesso em: 7 mar. 2023.

______. Poder Legislativo. Lei de 15 de outubro de 1827. *Manda crear escolas de primeiras letras em todas as cidades, villas e logares mais populosos do Imperio*. Disponível em: https://www2.camara.leg.br/legin/fed/lei_sn/1824-1899/lei-38398-15-outubro-1827-566692-publicacaooriginal-90222-pl.html. Acesso em: 7 mar. 2023.

______. Poder Executivo. Lei nº 16, de 12 de agosto de 1834. *Faz algumas alterações e addições á Constituição Politica do Imperio, nos termos da Lei de 12 de Outubro de 1832*. Disponível em: http://www.planalto.gov.br/ccivil_03/leis/lim/lim16.htm. Acesso em: 7 mar. 2023.

______. Poder Executivo. Decreto nº 1.331-A, de 17 de fevereiro de 1854. *Approva o Regulamento para a reforma do ensino primario e secundario do Municipio da Côrte*. Disponível em: https://www2.camara.leg.br/legin/fed/decret/1824-1899/decreto-1331-a-17-fevereiro-1854-590146-publicacaooriginal-115292-pe.html. Acesso em: 7 mar. 2023.

______. Poder Executivo. Decreto nº 7.247, de 19 de abril de 1879. *Reforma o ensino primario e secundario no municipio da Côrte e o superior em todo o Imperio*. Poder Executivo. Coleção de Leis do Império do Brasil – 1879, p. 196, v. 1, pt. II (publicação original). Disponível em: https://www2.camara.leg.br/legin/fed/decret/1824-1899/decreto-7247-19-abril-1879-547933-publicacaooriginal-62862-pe.html. Acesso em: 7 mar. 2023.

______. Poder Executivo. Decreto nº 981, de 8 de novembro de 1890. *Approva o Regulamento da Instrucção Primaria e Secundaria do Districto Federal*. Poder Executivo. Coleção de Leis do Brasil – 1890, p. 3474, v. fasc. XI (publicação original). Disponível em: https://www2.camara.leg.br/legin/fed/decret/1824-1899/decreto-981-8-novembro-1890-515376-publicacaooriginal-1-pe.html. Acesso em: 7 mar. 2023.

______. Constituição (1891). *Constituição Política dos Estados Unidos do Brasil*. Rio de Janeiro, 1891. Disponível em: http://www.planalto.gov.br/ccivil_03/constituicao/constituicao91.htm. Acesso em: 7 mar. 2023.

BRASIL. Poder Executivo. Decreto nº 8.659, de 5 de abril de 1911. *Approva a lei Organica do Ensino Superior e do Fundamental na Republica*. Disponível em: https://www2.camara.leg.br/legin/fed/decret/1910-1919/decreto-8659-5-abril-1911-517247-publicacaooriginal-1-pe.html. Acesso em: 7 mar. 2023.

______. Poder Legislativo. Lei nº 3.071, de 1º de janeiro de 1916. *Código Civil dos Estados Unidos do Brasil*. Coleção de Leis do Brasil. Disponível em: http://www.planalto.gov.br/ccivil_03/leis/l3071.htm. Acesso em: 7 mar. 2023.

______. Constituição (1934). *Constituição da República dos Estados Unidos do Brasil*. Rio de Janeiro, 1934. Disponível em: https://www.planalto.gov.br/ccivil_03/constituicao/constituicao34.htm. Acesso em: 7 mar. 2023.

______. Constituição (1937). *Constituição dos Estados Unidos do Brasil*. Rio de Janeiro, 1937. Disponível em: https://www.planalto.gov.br/ccivil_03/constituicao/constituicao37.htm. Acesso em: 7 mar. 2023.

______. Poder Executivo. Decreto-Lei 2.848, de 7 de dezembro de 1940. *Código Penal*. Diário Oficial da União, Rio de Janeiro, 31 dez. 1940. Disponível em: http://www.planalto.gov.br/ccivil_03/Decreto-Lei/Del2848.htm. Acesso em: 7 mar. 2023.

______. Constituição (1946). *Constituição dos Estados Unidos do Brasil*. Rio de Janeiro, 1946. Disponível em: http://www.planalto.gov.br/ccivil_03/constituicao/constituicao.htm. Acesso em: 7 mar. 2023.

______ Poder Executivo. CFE. *Revista Brasileira de Estudos Pedagógicos*, 12 de junho de 1949, v. 13 n. 36, p. 220-221. Disponível em: http://rbep.inep.gov.br/ojs3/index.php/rbep/issue/view/425/62. Acesso em: 2 jul. 2023.

______. Poder Legislativo. Lei nº 4.024, de 20 de dezembro de 1961. *Fixa as Diretrizes e Bases da Educação Nacional*. Disponível em: https://www2.camara.leg.br/legin/fed/lei/1960-1969/lei-4024-20-dezembro-1961-353722-publicacaooriginal-1-pl.html. Acesso em: 7 mar. 2023.

______. Poder Executivo. CFE. Parecer CNE CESU 474, de 2/9/1966. *Revista Documenta*, n. 59, p. 52-53.

______. Poder Legislativo. Emenda Constitucional nº 1, de 17 de outubro de 1969. *Edita o novo texto da Constituição Federal de 24 de janeiro de 1967*. Disponível em: http://www.planalto.gov.br/ccivil_03/constituicao/emendas/emc_anterior1988/emc01-69.htm. Acesso em: 7 mar. 2023.

______. Constituição (1988). *Constituição da República Federativa do Brasil*. Diário Oficial da União: seção 1, Brasília-DF, ano 126, n. 191-A, p. 1-32, 5 out. 1988. Disponível em: http://www.planalto.gov.br/ccivil_03/constituicao/constituicao.htm. Acesso em: 7 mar. 2023.

BRASIL. Poder Legislativo. Lei nº 8.069, de 13 de julho de 1990[a]. *Dispõe sobre o Estatuto da Criança e do Adolescente e dá outras providências*. Disponível em: http://www.planalto.gov.br/ccivil_03/leis/l8069.htm. Acesso em: 7 mar. 2023.

______. Poder Executivo. Decreto nº 99.710, de 21 de novembro de 1990[b]. *Promulga a Convenção sobre os Direitos da Criança*. Disponível em: http://www.planalto.gov.br/ccivil_03/decreto/1990-1994/D99710.htm. Acesso em: 7 mar. 2023.

______. Deputado federal João Teixeira (PL-MT). Projeto de Lei nº 4.657/1994. *Cria o Ensino Domiciliar de Primeiro Grau*. Disponível em: https://www.camara.leg.br/propostas-legislativas/223311. Acesso em: 7 mar. 2023.

______. Poder Legislativo. Lei nº 9.394, de 20 de dezembro de 1996. *Estabelece as diretrizes e bases da educação nacional*. Disponível em: http://www.planalto.gov.br/ccivil_03/leis/L9394.htm. Acesso em: 7 mar. 2023.

______. Superior Tribunal de Justiça. Mandado de Segurança nº 7.407-DF (2001/0022843-7). Relator: Ministro Francisco Peçanha Martins. Voto-vista. 1ª Seção, 24 out. 2001. Disponível em: https://processo.stj.jus.br/processo/revista/inteiroteor/?num_registro=200100228437&dt_publicacao=21/03/2005. Acesso em: 7 mar. 2023.

______. Poder Legislativo. Lei nº 10.406, de 10 de janeiro de 2002. *Institui o Código Civil*. Disponível em: https://www.planalto.gov.br/ccivil_03/leis/2002/l10406compilada.htm. Acesso em: 7 mar. 2023.

______. Supremo Tribunal Federal. ADI 4.277, de 5 de maio de 2011. *Arguição de Descumprimento de Preceito Fundamental 132*. Ministro Relator Ayres Britto. Disponível em: https://redir.stf.jus.br/paginadorpub/paginador.jsp?docTP=AC&docID=628635. Acesso em: 7 mar. 2023.

______. Deputado Federal Lincoln Portela (PR-MG). Projeto de Lei 3.179-B, de 8 de fevereiro de 2012. *Acrescenta parágrafo ao art. 23 da Lei nº 9.394, de 1996, de diretrizes e bases da educação nacional, para dispor sobre a possibilidade de oferta domiciliar da educação básica*. Disponível em: http://www.camara.gov.br/proposicoesWeb/fichadetramitacao?idProposicao=534328. Acesso em: 7 mar. 2023.

______. Deputado federal Eduardo Bolsonaro (PSC-SP). Projeto de Lei 3.261, de 8 de outubro de 2015. *Autoriza o ensino domiciliar na educação básica, formada pela educação infantil, ensino fundamental e ensino médio para os menores de 18 (dezoito) anos, altera dispositivos da Lei nº 9.394, de 20 de dezembro de 1996, que estabelece as diretrizes e bases da educação nacional, e da Lei nº 8.069, de 13 de julho de 1990, que dispõe sobre o Estatuto da Criança e do Adolescente e dá outras providências*. Disponível em: http://www.camara.gov.br/proposicoesWeb/fichadetramitacao?idProposicao=2017117. Acesso em: 7 mar. 2023.

BRASIL. Senador Fernando Bezerra Coelho (MDB-PE). Projeto de Lei do Senado nº 490, de 2017. *Altera a Lei nº 9.394, de 20 de dezembro de 1996, que estabelece as diretrizes e bases da educação nacional, e a Lei nº 8.069, de 13 de julho de 1990, que dispõe sobre o Estatuto da Criança e do Adolescente, para prever a modalidade da educação domiciliar no âmbito da educação básica*. Disponível em: https://www12.senado.leg.br/ecidadania/visualizacaomateria?id=131857. Acesso em: 7 mar. 2023.

______. Deputado Federal Alan Rick (DEM-AC). Projeto de Lei 10.185/2018. *Altera a Lei nº 9.394, de 1996, de diretrizes e bases da educação nacional, e a Lei nº 8.069, de 1990, o Estatuto da Criança e do Adolescente, para dispor sobre a possibilidade de oferta domiciliar da educação básica*. Disponível em: https://www.camara.leg.br/proposicoesWeb/fichadetramitacao?idProposicao=2174364. Acesso em: 7 mar. 2023.

______. Casa Civil. *Metas Nacionais Prioritárias*. Agenda de 100 dias de governo. Brasília, 2019[a]. Disponível em: https://www.gov.br/casacivil/pt-br/assuntos/noticias/2019/janeiro/casa-civil-apresenta-metas-e-acoes-para-os-primeiros-100--dias-de-governo-1. Acesso em: 7 mar. 2023.

______. Supremo Tribunal Federal. *Recurso Extraordinário 888.815/RS, publicado em 21/3/2019[b]*. Ministro Relator: Roberto Barroso. Ministro Redator do Acórdão: Alexandre de Moraes. Disponível em: https://portal.stf.jus.br/processos/detalhe.asp?incidente=4774632. Acesso em: 7 mar. 2023.

______. Poder Executivo. Projeto de Lei 2.401/2019, de 17 de abril de 2019[c]. *Dispõe sobre o exercício do direito à educação domiciliar, altera a Lei nº 8.069, de 13 de julho de 1990 – Estatuto da Criança e do Adolescente, e a Lei nº 9.394, de 20 de dezembro de 1996, que estabelece as diretrizes e bases da educação nacional*. Disponível em: https://www.camara.leg.br/proposicoesWeb/fichadetramitacao?idProposicao=2198615. Acesso em: 7 mar. 2023.

______. Deputada federal Natália Bonavides (PT-RN). Projeto de Lei 3.159, de 28 de maio de 2019[d]. *Adiciona o § 6º ao Art. 5º da Lei nº 9.394, de 20 de dezembro de 1996 (Lei de Diretrizes e Bases da Educação Nacional), para estabelecer que a educação domiciliar não poderá substituir a frequência à escola*. Disponível em: https://www.camara.leg.br/proposicoesWeb/fichadetramitacao?idProposicao=2205161. Acesso em: 7 mar. 2023.

______. Deputadas federais Chris Tonietto (PSL-RJ), Bia Kicis (PSL-DF), Caroline de Toni (PSL-SC) e outros. Projeto de Lei 3.262, de 3 de junho de 2019[e]. *Altera o Decreto-Lei nº 2.848, de 7 de dezembro de 1940 – Código Penal, para incluir o parágrafo único no seu art. 246, a fim de prever que a educação domiciliar (*homeschooling*) não configura crime de abandono intelectual.* Disponível em: https://www.camara.leg.br/proposicoesWeb/fichadetramitacao?idProposicao=2206168. Acesso em: 7 mar. 2023.

BRASIL. Deputado federal Pastor Eurico (PATRIOTA-PE). Projeto de Lei 5.852, de 5 de novembro de 2019[f]. *Altera a Lei nº 9.394, de 20 de dezembro de 1996, para permitir o ensino da educação básica por meio de tutores autônomos.* Disponível em: https://www.camara.leg.br/proposicoesWeb/fichadetramitacao?idProposicao=2228282. Acesso em: 7 mar. 2023.

______. Deputado federal Geninho Zuliani (DEM-SP). Projeto de Lei 6.188, de 27 de novembro de 2019[g]. *Acrescenta parágrafos ao Art. 58 da Lei nº 9.394, de 1996, de diretrizes e bases da educação nacional, para dispor sobre a educação domiciliar para educandos que se inserem na modalidade de educação especial.* Disponível em: https://www.camara.leg.br/proposicoesWeb/fichadetramitacao?idProposicao=2230887. Acesso em: 7 mar. 2023.

______. Poder Executivo. Recomendação nº 036, de 11 de maio de 2020. Disponível em: https://conselho.saude.gov.br/recomendacoes-cns/1163-recomendac-a-o-n-036-de-11-de-maio-de-2020. Acesso em: 15 jun. 2023.

______. Ministério da Mulher, da Família e dos Direitos Humanos/Gabinete da Ministra. Portaria nº 89, de 10 de janeiro de 2022. *Aprova o Regimento Interno do Ministério da Mulher, da Família e dos Direitos Humanos.* Disponível em: https://www.gov.br/mdh/pt-br/acesso-a-informacao/institucional/portaria-no-89-de-10-de-janeiro-de-2022. Acesso em: 16 fev. 2023.

BROWN, Heath. *Homeschooling the right*: how conservative education activism erodes state. New York: Columbia University Press, 2021.

CARVALHO, Rómulo de. *História do Ensino em Portugal.* Desde a fundação da nacionalidade até ao fim do regime de Salazar-Caetano. Lisboa: Fundação Calouste Gulbenkian, 1986.

CASTIGOS LANCASTERIANOS (1829). In: OLIVATO, Laís. Castigos Lancasterianos na Província de Minas Gerais. *Cadernos de História da Educação,* v. 16, n. 3, p. 846-858, set.-dez. 2017. Disponível em: https://seer.ufu.br/index.php/che/article/view/40943/21679. Acesso em: 7 mar. 2023.

COIMBRA FILHO, Leonardo. *Ensino elementar e doméstico.* Porto: Tipografia Costa Carregal, 1941.

CONFERÊNCIA GLOBAL DE EDUCAÇÃO DOMICILIAR, 2012, Berlim. *Declaração de Berlim.* Disponível em: http://ghex.world/wp-content/uploads/2018/05/Berlin-Declaration-Portuguese.pdf. Acesso em: 7 mar. 2023.

CONFERÊNCIA NACIONAL DE EDUCAÇÃO DE EDUCAÇÃO, 3, 1967, Salvador. *Anais*. Brasília: Ministério da Educação e Cultura, Instituto Nacional de Estudos Pedagógicos, 1968. Disponível em: http://www.dominiopublico.gov.br/download/texto/me002590.pdf. Acesso em: 7 mar. 2023.

COULANGES, Numa-Denys Fustel de. *A cidade antiga*. Trad. Frederico Ozanam Pessoa de Barros. São Paulo: Editora das Américas S.A. – EDAMERIS, 2006. Disponível em: http://bibliotecadigital.puc-campinas.edu.br/services/e-books/Fustel%20de%20Coulanges-1.pdf. Acesso em: 7 mar. 2023.

COVA, Anne; PINTO, António Costa. O salazarismo e as mulheres: uma abordagem comparativa. *In*: *Penélope*: revista de história e ciências sociais, Lisboa, n. 17, 1997. Disponível em: https://pt.scribd.com/document/351004890/O-Salazarismo-e-as-Mulheres-Uma-Abordagem-Comparativa-599784-pdf#. Acesso em: 7 mar. 2023.

CURY, Carlos Roberto Jamil. Educação escolar e educação no lar: espaços de uma polêmica. *In*: *Educ. Soc.*, Campinas, v. 27, n. 96 – Especial, p. 667-688, out. 2006. Disponível em: https://www.scielo.br/j/es/a/FCyfmtMmxjCXRvBZGwyfFxb/?format=pdf&lang=pt. Acesso em: 7 mar. 2023.

______. A desoficialização do ensino no Brasil: a Reforma Rivadávia. *In*: *Educ. Soc.*, Campinas, v. 30, n. 108, p. 717-738, out. 2009. Disponível em: https://www.scielo.br/j/es/a/LH9bkKhhg6G9rZ8pcLRBmnM/?format=pdf&lang=pt. Acesso em: 7 mar. 2023.

______. O direito de aprender: base do direito à Educação. In: ABMP – Todos pela educação. Justiça pela qualidade na educação. São Paulo: Saraiva, 2013. p. 104-116.

______. *Educação e direito à educação no Brasil*: um histórico pelas Constituições. Belo Horizonte: Mazza, 2014.

______. *Homeschooling*: entre dois jusnaturalismos?. *In*: *Revista Pro-Posições*, v. 28, n. 2, p. 104-121, Campinhas-SP, mai.-ago., 2017. Disponível em: https://periodicos.sbu.unicamp.br/ojs/index.php/proposic/article/view/8650330. Acesso em: 7 mar. 2023.

DISTRITO FEDERAL. Câmara Legislativa do Distrito Federal. Lei 6.759, de 16 de dezembro de 2020. *Institui a educação domiciliar no Distrito Federal e dá outras providências*. Câmara Legislativa do Distrito Federal. Disponível em: https://www.sinj.df.gov.br/sinj/DetalhesDeNorma.aspx?id_norma=2eff3f6df4a64d399f761da2b20000ab. Acesso em: 7 mar. 2023.

______. Tribunal de Justiça. *ADI 0752639-84.2020.8.07.0000*. Relator Desembargador Alfeu Machado. 13 de julho de 2021. Disponível em: https://www.jusbrasil.com.br/jurisprudencia/tj-df/1249796163/inteiro-teor-1249796183. Acesso em: 24 set. 2021. Acesso em: 7 mar. 2023.

DOUZINAS, Costas. *O fim dos direitos humanos*. Trad. Luzia Araújo. São Leopoldo-RS: Unisinos, 2009.

ENSINO doméstico continua a aumentar e já há 859 estudantes a fazer o percurso académico fora da escola. *Observador*, 2018. Disponível em: https://observador.pt/2018/11/10/ensino-domestico-continua-a-aumentar-e-ja-ha-859-estudantes-a-fazer-o-percurso-academico-fora-da-escola/. Acesso em: 10 fev. 2022.

FERNANDES, Rogério. *Os caminhos do ABC* – sociedade portuguesa e ensino das primeiras letras: do Pombalismo a 1820. Porto: Porto Editora, 1994.

FÓRUM BRASILEIRO DE SEGURANÇA PÚBLICA; DATAFOLHA. *A vitimização de mulheres no Brasil*. 3. ed. 2021. Disponível em: https://forumseguranca.org.br/wp-content/uploads/2021/06/relatorio-visivel-e-invisivel-3ed-2021-v3.pdf. Acesso em: 7 jun. 2022.

FREIRE, Paulo. *Pedagogia da autonomia*: saberes necessários à prática educativa. São Paulo: Paz e Terra, 1996. Disponível em: https://nepegeo.paginas.ufsc.br/files/2018/11/Pedagogia-da-Autonomia-Paulo-Freire.pdf. Acesso em: 16 fev. 2023.

FREITAS, Augusto Teixeira de. *Consolidação das leis civis*. Brasília: Senado Federal, Conselho Editorial, 2003. Disponível em: https://www.stj.jus.br/publicacaoinstitucional/index.php/colecaodc/article/view/85/63. Acesso em: 7 mar. 2023.

GADOTTI, Moacir. *A escola dos meus sonhos*. São Paulo: Instituto Paulo Freire, 2019.

GRINOVER, Ada Pellegrini. *Caminhos e descaminhos do controle jurisdicional de políticas públicas no Brasil*. O processo para solução de conflitos de interesse público [jul. 2015]. Salvador: JusPODIVM, 2017. Disponível em: https://www.direitoprocessual.org.br/download.php?f=fa4140c3851d5a385dee9482f92205d8. Acesso em: 7 mar. 2023.

GTEC – Grupo de Trabalho de Educação para a Cidadania. *Estratégia Nacional de Educação para a Cidadania*. Lisboa: República Portuguesa, set., 2017.

GUIMARÃES, Bernardo. *A escrava Isaura* [1875] s/a. Disponível em: http://www.culturatura.com.br/obras/a%20escrava%20isaura.pdf. Acesso em: 22 jul. 2022.

HABERMAS, Jürgen. *Três modelos normativos de democracia*. Lua Nova: São Paulo, 1995. Disponível em: https://www.scielo.br/j/ln/a/tcSTz3QGHghmfzbvL6m6wcK/?lang=pt. Acesso em: 7 mar. 2023.

ILLICH, Ivan. *Sociedade sem escolas*. Trad. Lúcia Mathilde Endlich Orth. Petrópolis: Vozes, 1985.

JELLINEK, Georg. *Sistema dei diritti pubblici subbiettivi*. Trad. Gaetano Vitagliano. Milano: Società Editrice Libraria, 1912.

______. *Teoria general del estado*. Trad. e pról. Fernando de los Ríos. México: FCE, 2000.

KUNZMAN, Robert; GAITHER, Milton. Homeschooling: a comprehensive survey of the research. *In*: *Other Education*, the journal of educational alternatives, v. 2, n. 1, 31 jan. 2013. Disponível em: https://www.othereducation.org/index.php/OE/article/view/10. Acesso em: 7 mar. 2023.

LOBO, Abelardo Saraiva da Cunha. *Curso de Direito Romano*: história, sujeito e objeto do direito; instituições jurídicas. v. 78. Brasília: Edições do Senado Federal, 2006.

MADALENO, Rolf. *Direito de família*. 8. ed., rev., atual. e ampl. Rio de Janeiro: Forense, 2018.

MAGALHÃES, Justino. *Da cadeira ao banco*. Escola e Modernização (Sécs. XVIII-XX). Lisboa: Guide Artes Gráficas, 2010.

MARIANO, Ricardo; GERARDI, Dirceu André. Eleições presidenciais na América Latina em 2018 e ativismo político de evangélicos conservadores. São Paulo, *Revista USP*, n. 120, 2019. p. 61-76. Disponível em: http://www.revistas.usp.br/revusp/article/view/155531/151189. Acesso em: 7 mar. 2023.

MARTINS, Ernesto Candeias. *A historiografia educativa do sistema escolar em Portugal*. Castelo Branco-Portugal: IPCBESE, 2004. p. 1-48. Disponível em: https://repositorio.ipcb.pt/handle/10400.11/5272?mode=full. Acesso em: 7 mar. 2023.

MAZUI, Guilherme; CASTILHOS, Roniara. Governo Bolsonaro apresenta metas prioritárias para 100 primeiros dias da nova gestão. *g1*, 2019. Disponível em: https://g1.globo.com/politica/noticia/2019/01/23/governo-bolsonaro-apresenta--metas-prioritarias-para-os-primeiros-100-dias-da-nova-gestao.ghtml. Acesso em: 6 jun. 2022.

MINAS GERAIS. Lei 13, de 28 de março de 1835. *Regula a criação das cadeiras de instrução primária, o provimento e os ordenados dos professores*. Assembleia Legislativa Provincial. Secretaria do Governo, 1835. Disponível em: https://www.almg.gov.br/legislacao-mineira/LEI/13/1835/. Acesso em: 7 mar. 2023.

MINAS GERAIS. Lei 41, de 3 de agosto de 1892. *Dá nova organização à instrução pública do Estado de Minas*. Palácio da Presidência do Estado de Minas Gerais, 1892. Disponível em: https://www.almg.gov.br/legislacao-mineira/texto/LEI/41/1892/. Acesso em: 7 mar. 2023.

______. Decreto n. 3.191, de 9 de junho de 1911. *Approva o Regulamento Geral da Instrucção do Estado*. Secretaria do Interior, 1911. Disponível em: https://mediaserver.almg.gov.br/acervo/212/394/1212394.pdf. Acesso em: 7 mar. 2023.

______. Projeto de Lei nº 713/2019. *Dispõe sobre a educação domiciliar no âmbito do Estado*. Disponível em: https://www.almg.gov.br/projetos-de-lei/PL/713/2019. Acesso em: 16 fev. 2023.

MONTESQUIEU, Charles de Secondat Baron de. *O espírito das leis*. Apres.: Renato Janine Ribeiro. Trad.: Cristina Murachco. São Paulo: Martins Fontes, 2000.

NÓVOA, António. *A imprensa de educação e ensino*: repertório analítico (séculos XIX-XX). Coleção Memórias da Educação. Lisboa: Tipografia Terra, 1993.

OLIVEIRA, R. L. P. de; BARBOSA, L. M. R. O neoliberalismo como um dos fundamentos da educação domiciliar. Pro-Posições, Campinas, SP, v. 28, n. 2, p. 193–212, 2017. Disponível em: https://periodicos.sbu.unicamp.br/ojs/index.php/proposic/article/view/8650334. Acesso em: 28 jun. 2023.

ONU – ORGANIZAÇÃO DAS NAÇÕES UNIDAS. *Declaração Universal dos Direitos Humanos*, 1948. Disponível em: https://www.unicef.org/brazil/declaracao-universal-dos-direitos-humanos. Acesso em: 7 mar. 2023.

______. *Declaração Universal dos Direitos das Crianças*, 1959. Disponível em: https://www.dge.mec.pt/sites/default/files/ECidadania/Docs_referencia/declaracao_universal_direitos_crianca.pdf. Acesso em: 7 mar. 2023.

PARANÁ. Vereador Olavo Santos (PODEMOS-Cascavel). Lei nº 7.160, de 25 de setembro de 2020[a]. *Dispõe sobre educação domiciliar (homeschooling) no município de Cascavel e dá outras providências*. Câmara Municipal de Cascavel-PR. Disponível em: https://leismunicipais.com.br/a/pr/c/cascavel/lei-ordinaria/2020/716/7160/lei-ordinaria-n-7160-2020-dispoe-sobre-educacao-domiciliar-homeschooling-no-municipio-de-cascavel-e-da-outras-providencias. Acesso em: 7 mar. 2023.

______. Câmara Municipal de Toledo. Lei Ordinária "R" nº 89, de 17 de dezembro de 2020[b]. *Dispõe sobre a Educação Domiciliar (Homeschooling) no Município de Toledo*. Disponível em: https://sapl.toledo.pr.leg.br/media/sapl/public/normajuridica/2020/1646/lei_r_89.2020.pdf. Acesso em: 7 mar. 2023.

______. Tribunal de Justiça. *ADI: XXXXX20208160000 * Não definida XXXXX-56.2020.8.16.0000 (Acórdão)*. Relator: Maria José de Toledo Marcondes Teixeira. Data de publicação: 22 de junho de 2021[a]. Disponível em: https://www.jusbrasil.com.br/jurisprudencia/tj-pr/1246715730. Acesso em: 7 mar. 2023.

PARANÁ. Câmara Municipal de Toledo. Lei Ordinária "R" nº 114, de 15 de dezembro de 2021[b]. *Revoga a lei "R" nº 89, de 17 de dezembro de 2020*. Disponível em: http://www.toledo.pr.gov.br/sapl/consultas/norma_juridica/norma_juridica_mostrar_proc?cod_norma=18108. Acesso em: 7 mar. 2023.

PORTUGAL. (Constituição). *Constituição Política da Monarquia Portuguesa*. Lisboa: Diário do Governo, 24 de abril de 1838, n. 98. Disponível em: https://www.fd.unl.pt/Anexos/Investigacao/1058.pdf. Acesso em: 7 mar. 2023.

______. *Código Civil Portuguez*, de 1º de julho de 1867. 2. ed. Lisboa: Imprensa Nacional, 1868. Disponível em: https://www.fd.unl.pt/Anexos/Investigacao/1664.pdf. Acesso em: 7 mar. 2023.

______. Decreto, de 29 de março de 1911. *Direcção Geral da Instrução Primária*. Diário do Governo nº 73, de 30 de março de 1911. Disponível em: http://193.137.22.223/fotos/editor2/1911.pdf. Acesso em: 7 mar. 2023.

______. (Constituição). *Constituição Política da República Portuguesa*. Lisboa: Diário do Governo, Suplemento, 22 de fevereiro de 1933, n. 43. Disponível em: https://files.dre.pt/1s/1933/02/04301/02270236.pdf. Acesso em: 7 mar. 2023.

______. Decreto-Lei nº 23.447, de 5 de janeiro de 1934. *Promulga o novo Estatuto do Ensino Particular*. Lisboa: Ministério da Instrução Pública, 1934. Disponível em: https://dre.pt/dre/detalhe/decreto-lei/23447-1934-472701. Acesso em: 7 mar. 2023.

______. *Parecer nº 32*, de 24 de fevereiro de 1949[a]. Assembleia da República de Portugal. Disponível em: https://debates.parlamento.pt/catalogo/r2/dan/01/04/04/167/1949-02-24?sft=true#p103. Acesso em: 14 mar. 2023.

______. Lei 2.033, de 27 de junho de 1949[b]. *Promulga as bases do ensino particular*. Lisboa: Diário do Governo n. 138, Série I. Disponível em: https://files.dre.pt/1s/1949/06/13800/04650467.pdf. Acesso em: 7 mar. 2023.

______. Código Civil Português. Decreto-Lei nº 47.344, de 25 de novembro de 1966. *Aprova o Código Civil e regula a sua aplicação – Revoga, a partir da data da entrada em vigor do novo Código Civil, toda a legislação civil relativa às matérias que o mesmo abrange*. Ministério da Justiça. Lisboa: Diário do Governo nº 274/1966, série I, de 25/11/1966. Disponível em: https://www.igf.gov.pt/leggeraldocs/DL_47344_66_COD_CIVIL_1.htm. Acesso em: 7 mar. 2023.

______. (Constituição). *Constituição da República Portuguesa*. Lisboa: Assembleia Constituinte, 2 de abril de 1976. Disponível em: https://www.parlamento.pt/Legislacao/Paginas/ConstituicaoRepublicaPortuguesa.aspx. Acesso em: 7 mar. 2023.

PORTUGAL. Ministério da Educação e Ciência. Decreto-Lei nº 553/80, de 21 de novembro de 1980. *Aprova o Estatuto do Ensino Particular e Cooperativo*. Ministério da Educação e Ciência. Lisboa: Diário da República Eletrônico. Disponível em: https://dre.pt/dre/detalhe/decreto-lei/553-1980-458182. Acesso em: 7 mar. 2023.

______. Assembleia da República. Lei nº 46, de 14 de outubro de 1986. *Lei de Bases do Sistema Educativo*. Assembleia da República Portuguesa. Lisboa: Diário da República, n. 237, Série I, 14 out. 1986. Disponível em: https://dre.pt/dre/detalhe/lei/46-1986-222418. Acesso em: 7 mar. 2023.

______. Ministério da Educação. Despacho Normativo nº 24/2000, de 11 de maio. *Define os parâmetros gerais relativos à organização do ano escolar, os quais serão desenvolvidos por cada escola e por cada agrupamento de escolas, no âmbito dos respectivos projectos educativos e planos anuais de actividades.* Diário da República, n. 109, Série I-B, 11 mai. 2000. Disponível em: https://dre.pt/dre/detalhe/despacho-normativo/24-2000-275393. Acesso em: 26 jun. 2022.

______. Assembleia da República. Lei n.º 85/2009, de 27 de agosto de 2009. *Estabelece o regime da escolaridade obrigatória para as crianças e jovens que se encontram em idade escolar e consagra a universalidade da educação pré-escolar para as crianças a partir dos 5 anos de idade.* Disponível em: https://dre.pt/application/dir/pdf1sdip/2009/08/16600/0563505636.pdf. Acesso em: 7 mar. 2023.

______. Assembleia da República. Lei nº 51/2012, de 5 de setembro. *Aprova o Estatuto do Aluno e Ética Escolar, que estabelece os direitos e os deveres do aluno dos ensinos básico e secundário e o compromisso dos pais ou encarregados de educação e dos restantes membros da comunidade educativa na sua educação e formação, revogando a Lei n.º 30/2002, de 20 de dezembro.* Assembleia da República. Lisboa: Diário da República, n. 172, Série I, 5 set. 2012. Disponível em: https://dre.pt/dre/detalhe/lei/51-2012-174840. Acesso em: 7 mar. 2023.

______. Ministério da Educação. Direção Geral de Educação. *Perfil dos Alunos à Saída da Escolaridade Obrigatória.* Lisboa: Editorial do Ministério da Educação e Ciência, 2017. Disponível em: https://dge.mec.pt/sites/default/files/Curriculo/Projeto_Autonomia_e_Flexibilidade/perfil_dos_alunos.pdf. Acesso em: 7 mar. 2023.

______. Presidência do Conselho de Ministros. Decreto-Lei nº 55, de 6 de julho de 2018. *Estabelece o currículo dos ensinos básico e secundário e os princípios orientadores da avaliação das aprendizagens.* Lisboa: Diário da República, n. 129, Série I, 6 jul. 2018. Disponível em: https://dre.pt/dre/detalhe/decreto-lei/55-2018-115652962. Acesso em: 7 mar. 2023.

______. Educação. Portaria nº 69/2019, de 26 de fevereiro. *Procede à regulamentação das modalidades educativas de ensino individual e de ensino doméstico previstas, respetivamente, nas alíneas b) e c) do nº 1 do artigo 8º do Decreto-Lei nº 55/2018, de 6 de julho.* Disponível em: https://dre.pt/dre/detalhe/portaria/69-2019-120272926. Acesso em: 7 mar. 2023.

PORTUGAL. Presidência do Conselho de Ministros. Proposta de Lei 82/XIV/2, de 31 de março de 2021[a]. *Autoriza o governo a legislar sobre o regime jurídico do ensino individual e do ensino doméstico.* Lisboa. Disponível em: https://www.parlamento.pt/ActividadeParlamentar/Paginas/DetalheIniciativa.aspx?BID=110619. Acesso em: 7 mar. 2023.

______. Assembleia da República. Lei nº 22/2021, de 3 mai. 2021[b]. *Autoriza o Governo a legislar sobre o regime jurídico do ensino individual e do ensino doméstico*. Lisboa: Diário da República, 1ª série, n. 85, 3 mai. 2021. Disponível em: https://dre.pt/dre/detalhe/lei/22-2021-162562463.pdf. Acesso em: 7 mar. 2023.

______. Educação. Decreto-Lei nº 70/2021, de 3 de agosto de 2021[c]. *Aprova o regime jurídico do ensino individual e do ensino doméstico*. Lisboa: Diário da República, 1ª série, n. 149, 3 ago. 2021. Disponível em: https://files.dre.pt/1s/2021/08/14900/0000900021.pdf. Acesso em: 7 mar. 2023.

______. Tribunal Constitucional. *Acórdão nº 255/2022*. Disponível em: https://www.tribunalconstitucional.pt/tc/acordaos/20220255.html. Acesso em: 7 mar. 2023.

QUINTANEIRO, Tânia. *Um toque de clássicos*: Marx, Durkheim e Weber. 2. ed. Belo Horizonte: UFMG, 2009.

REALE, Miguel. *Teoria do Direito e do Estado*. 5. ed. São Paulo: Saraiva, 2013.

RIBEIRO, Álvaro M. Chaves. *O ensino doméstico em Portugal*: uma abordagem sobre novas epistemologias organizacionais da educação, das subjetividades e dos quotidianos familiares. Tese (Doutorado em Educação) – Universidade do Minho, Braga, 2016. Disponível em: http://repositorium.sdum.uminho.pt/handle/1822/42533. Acesso em: 7 mar. 2023.

RIO GRANDE DO SUL. Deputado estadual Fábio Ostermann (Novo). Projeto de Lei 170/2019. *Dispõe sobre educação domiciliar e dá outras providências*. Disponível em: http://www.al.rs.gov.br/legislativo/ExibeProposicao.aspx?SiglaTipo=PL&NroProposicao=170&AnoProposicao=2019. Acesso em: 7 mar. 2023.

______. Governador Eduardo Leite (PSDB). Veto total ao Projeto de Lei 170/2019. Porto Alegre: Diário Oficial, 2 de julho de 2021. Disponível em: https://www.diariooficial.rs.gov.br/materia?id=565769. Acesso em: 21 set. 2021.

ROMANELLI, Otaíza de Oliveira. *História da Educação no Brasil* (1930 a 1973). Petrópolis-RJ: Vozes, 2017.

ROTHBARD, Murray N. *Educação*: livre e obrigatória. São Paulo: Instituto Ludwig von Mises Brasil, 2013.

SÃO JOSÉ, Fernanda Moraes de. *O homeschooling sob a ótica do melhor interesse da criança e do adolescente*. Belo Horizonte: Del Rey, 2014.

SÃO PAULO. Lei nº 9, de 22 de março de 1874. *Estabelece o ensino primário obrigatório na província*. São Paulo: Assembleia Legislativa do Estado de São Paulo, Secretaria Geral Parlamentar, 1874. Disponível em: https://www.al.sp.gov.br/norma/138072. Acesso em: 7 mar. 2023.

SARLET, Ingo Wolfgang. *Os direitos fundamentais sociais na Constituição de 1988*. Salvador, Revista Diálogo Jurídico, a. 1, n. 1, abr., 2001.

SAVIANI, Dermeval. *História das ideias pedagógicas no Brasil*. 4. ed. Campinas-SP: Autores Associados, 2013.

TABORDA, António Tavares (Org.). *Matrículas no ensino primário*: oficial, particular e doméstico. Lisboa: Fernandes, 1943.

UNICEF – FUNDO DAS NAÇÕES UNIDAS PARA A INFÂNCIA. Panorama da violência letal e sexual contra crianças e adolescentes no Brasil. Brasília: out. 2021. Disponível em: https://www.unicef.org/brazil/media/16421/file/panorama-violencia-letal-sexualcontra-criancas-adolescentes-no-brasil.pdf. Acesso em: 12 dez. 2022.

VASCONCELOS, Maria Celi Chaves. *A casa e os seus mestres*: a educação no Brasil de Oitocentos. Rio de Janeiro: Gryphus, 2005.

VERGARA, Francisco. *Introdução aos fundamentos filosóficos do liberalismo*. Trad. Catherine M. Mathieu. São Paulo: Nobel, 1995.

VOLTAIRE, François Marie Arouet. *Tratado sobre a tolerância*. Trad. Paulo Neves. São Paulo: WMF Martins Fontes, 2015.

APÊNDICE

QUESTIONÁRIO: ENSINO DOMÉSTICO (*HOMESCHOOLING*) NO BRASIL – MESTRADO

PERGUNTA 1) Quantas pessoas fazem parte do núcleo familiar?

Opções de resposta	Respostas
01 a 02 membros	0,00%
03 a 04 membros	73,91%
05 a 06 membros	21,74%
07 a 08 membros	4,35%
Mais de 08 membros	0,00%
Total	23

PERGUNTA 2) Do núcleo familiar, quantos alunos estudam pela modalidade de ensino doméstico?

Opções de resposta	Respostas
01 aluno	30,43%
02 alunos	52,17%
03 alunos	8,70%
04 alunos	4,35%
Mais de 04 alunos	4,35%
Total	23

PERGUNTA 3) Desse mesmo núcleo, alguém já estudou pela modalidade de ensino doméstico?

Opções de resposta	Respostas
01 aluno	50,00%
02 alunos	25,00%
03 alunos	16,67%
04 alunos	0,00%
Mais de 04 alunos	8,33%
Total	12

PERGUNTA 4) Algum aluno estuda pela modalidade escolarizada?

Opções de resposta	Respostas
01 aluno	100,00%
02 alunos	0,00%
03 alunos	0,00%
04 alunos	0,00%
Mais de 04 alunos	0,00%
Total	3

PERGUNTA 5) Algum ente familiar já estudou pela modalidade escolarizada?

Opções de resposta	Respostas
01 aluno	25,00%
02 alunos	65,00%
03 alunos	0,00%
04 alunos	5,00%
Mais de 04 alunos	5,00%
Total	20

PERGUNTA 6) A família já foi ou está sendo processada por causa da escolha da modalidade de ensino doméstico?

Opções de resposta	Respostas
Sim	4,35%
Não	95,65%
Total	23

PERGUNTA 7) Houve alguma retaliação ou hostilidades por causa dessa escolha?

Opções de resposta	Respostas
Sim	9,52%
Não	90,48%
Total	21

PERGUNTA 8) A família se arrependeu da escolha pela modalidade de ensino doméstico?

Opções de resposta	Respostas
Sim	0,00%
Não	100,00%
Total	23

PERGUNTA 9) Os alunos submetidos à modalidade de ensino doméstico têm uma rotina social-padrão, ou seja, têm uma convivência com outras pessoas, compensando a falta de contato com os colegas de escola?

Opções de resposta	Respostas
Sim	100,00%
Não	0,00%
Total	23

PERGUNTA 10) Assinale a opção que retrata a renda aproximada do núcleo familiar.

Opções de resposta	Respostas
☐ Entre um e três salários mínimos	17,38%
☐ Entre três e cinco salários mínimos	43,48%
☐ Entre cinco e dez salários mínimos	21,74%
☐ Entre dez e vinte salários mínimos	17,39%
☐ Acima de vinte salários mínimos	0,00%
Total	23

PERGUNTA 11) Marque a(s) opção(ões) abaixo, de acordo com os critérios que levaram a família a optar pela modalidade de ensino doméstico, em vez de matricular em uma escola regular.

Opções de resposta	Respostas
☐ *Bullying* contra crianças e adolescentes	60,00%
☐ Aumento da violência nas escolas	70,00%
☐ Tráfico de drogas no ambiente escolar	55,00%
☐ Estrutura precária das escolas públicas	65,00%
☐ Investimento escolar muito alto	10,00%
☐ Abuso sexual, atos libidinosos, iniciação (ou abordagem) sexual muito precoce	75,00%
☐ Dificuldade de concentração dos alunos, por causa de barulhos e mau comportamento	65,00%
☐ Agressividade dos colegas da escola	60,00%
☐ Incompatibilidade religiosa entre a escola e o núcleo familiar	65,00%
Total de respondentes	20

PERGUNTA 12) Qual o grau de escolaridade dos pais ou responsáveis? Favor considerar o maior grau. Exemplo: pai: ensino médio; mãe: superior (considerar esse grau).

Opções de resposta	Respostas
☐ Ensino fundamental	0,00%
☐ Ensino médio	13,04%
☐ Curso superior completo	39,13%
☐ Pós-graduação	26,09%
☐ Mestrado	17,39%
☐ Doutorado	4,35%
☐ Pós-Doutorado	0,00%
Total	23

PERGUNTA 13) Assinale os itens abaixo que são tratados no âmbito da família.

Opções de resposta	Respostas
☐ Identidade de gêneros	62,50%
☐ Casamento homoafetivo	31,25%
☐ Sexualidade e temas afins, como gravidez precoce, masturbação etc.	37,50%

☐ Uso de drogas lícitas (álcool, por exemplo) e ilícitas	56,25%
☐ Legalização do aborto em caso de estupro	18,75%
☐ Redução da maioridade penal	31,25%
☐ Descriminalização do uso da maconha	12,50%
☐ Processo de impeachment no Brasil	87,50%
☐ Operação Lava Jato e corrupção na Petrobras	75,00%
☐ Reforma política	50,00%
☐ Conectividade com os temas trazidos à tona pelas Paraolimpíadas no Brasil, com destaque à oportunização de efetiva inclusão dos portadores de necessidades especiais na vida social	31,25%
☐ Tolerância à ideia do outro (religião, ateísmo, política, sexualidade etc.)	62,50%
Respostas adicionais espontâneas sobre os assuntos tratados em família	
"Internet; livros; contato com profissionais das áreas."	
"Reportagens na TV, internet, jornais, etc."	
"Jornais, internet, placas, livros, outros."	
"Jornal, pesquisa na Internet, bate papo sobre o assunto."	
"Esses temas ainda não são tratados devido a idade da criança."	
"À medida que as situações vão surgindo (TV, situações do dia a dia) vamos tendo boas conversas pra aferir e ensinar às nossas pequenas aspectos relacionados a caráter, cuidado com o corpo, etc."	
"Os temas são tratados apenas quando ocorre curiosidade e de acordo com os valores da família."	
"Conversas em família."	
"Política internacional, eventos importantes em outros países. Pesquisamos na rede em geral."	
"Nossas crianças são pequenas e esses temas são abordados apenas de forma a esclarecer certos pontos quanto aos fatos sociais mais tangíveis."	
"Livros e Internet."	